中小学数学教学设计

俞宏毓 著

东南大学出版社

·南京·

图书在版编目(CIP)数据

中小学数学教学设计 / 俞宏毓著. — 南京 : 东南大学出版社，2024.1
ISBN 978-7-5766-0534-1

Ⅰ.①中… Ⅱ.①俞… Ⅲ.①数字课-教学设计-中小学 Ⅳ.①G633.602

中国版本图书馆 CIP 数据核字(2022)第 247119 号

中小学数学教学设计
Zhongxiaoxue Shuxue Jiaoxue Sheji

著　　者	俞宏毓
责任编辑	史　静　责任校对　咸玉芳　封面设计　毕　真　责任印制　周荣虎
出版发行	东南大学出版社
社　　址	南京市四牌楼2号(邮编：210096　电话：025-83793330)
出 版 人	白云飞
经　　销	全国各地新华书店
印　　刷	广东虎彩云印刷有限公司
开　　本	700 mm×1000 mm　1/16
印　　张	19.5
字　　数	301 千字
版　　次	2024 年 1 月第 1 版
印　　次	2024 年 1 月第 1 次印刷
书　　号	ISBN 978-7-5766-0534-1
定　　价	62.00 元

本社图书若有印装质量问题，请直接与营销部调换。电话(传真)：025-83791830

前　言

　　本书的撰写源于作者多年来从事数学师范专业本科生、研究生的培养工作和中小学数学课堂教学研究工作。一本书的撰写工作量大、头绪繁多，尤其对于作者来说，兼顾工作和家庭更是不易。本书从 2020 年初开始酝酿，到现在成书，历经三年半的时间，用的几乎是像"海绵里的水"那样挤出来的时间写出来的。

　　本书共十一章，另外有三组附录。第一章数学教学设计概述，阐述数学教学设计的有关概念和理论基础，简要介绍数学教学设计的基本要素和过程；第二章前端分析，主要阐述如何进行教学内容分析和学情分析；第三章数学教学目标与重难点设计，详细介绍了数学教学目标和教学重点、难点该如何设计；第四章数学教学模式，介绍几种常见的数学教学模式和几个著名教改实验中的教学模式；第五章常用数学教学方法，介绍数学教学中常用的教学方法以及教学方法的选择依据；第六章部分教学环节的设计，主要介绍数学问题情境和数学例题、习题如何设计；第七章数学概念教学设计，概述数学概念，介绍数学概念的定义方法、数学概念如何获得，阐述数学概念的教学过程；第八章数学命题教学设计，阐述数学命题教学的有关理论，介绍数学命题教学策略；第九章数学问题解决教学设计，概述数学问题及数学问题解决，介绍数学问题解决的典型研究及数学问题解决教学的一般模式；第十章数学探究教学设计，阐述探究教学存在的问题，介绍探究教学的一般模式和实施探究教学的策略，并剖析典型教学案例；第十一章说课，概述说课及其基本内容，介绍怎样说好课；三组附录中，附录 1 包含五个典型教学设计案例，附录 2 包含两个典型课堂实录，附录 3 包含两个优秀说课案例。

　　最近几年，关于中小学数学教学设计的书籍越来越多，且各有所长。本书如果说有些特色的话，在于教学设计理论与教学实践的结合。在说理的基础上，佐以大量典型案例说明、示范，而且很多案例都是作者多年课堂教学研究的积累，相关论文也在《教师教育研究》《数学教育学报》等重要教育类期刊发表过。

  本书参阅了大量的文献资料，引用了很多学者的研究成果和一线教师的教学案例，尽可能注明了出处，如有疏漏，敬请谅解。本书的出版获得南京信息工程大学2020年教材建设基金项目的支持，同时得到南京信息工程大学教师教育学院杨作东院长的支持和帮助。此外，本书的撰写与出版也得到南京师范大学喻平教授的指导和关心。在此一并致谢！由于作者水平有限，本书仍存在很多不足之处，敬请各位同仁、读者批评指正！

俞宏毓

2023年9月27日

目录

第一章　数学教学设计概述 ··· 001
　　第一节　数学教学设计的有关概念 ··· 002
　　第二节　数学教学设计的理论基础 ··· 006
　　第三节　数学教学设计的基本要素与过程 ································· 024

第二章　前端分析 ·· 027
　　第一节　教学内容分析 ·· 028
　　第二节　学情分析 ··· 042

第三章　数学教学目标与重难点设计 ··· 055
　　第一节　数学教学目标的设计 ·· 056
　　第二节　数学教学重点的设计 ·· 072
　　第三节　数学教学难点的设计 ·· 075

第四章　数学教学模式 ··· 079
　　第一节　常见的数学教学模式 ·· 080
　　第二节　著名教改实验中的教学模式 ······································ 086

第五章　常用数学教学方法 ·· 095
　　第一节　教学方法概述 ·· 096
　　第二节　数学教学中常用的教学方法 ······································ 096
　　第三节　数学教学方法的选择依据 ··· 124

第六章 部分教学环节的设计 127
第一节 问题情境的创设 128
第二节 例题、习题的设计 137

第七章 数学概念教学设计 143
第一节 数学概念概述 144
第二节 数学概念的定义 147
第三节 数学概念的获得 151
第四节 数学概念的教学过程 155

第八章 数学命题教学设计 161
第一节 数学命题教学的有关理论 162
第二节 数学命题教学设计 168

第九章 数学问题解决教学设计 175
第一节 数学问题与问题解决概述 176
第二节 关于数学问题解决的典型研究 179
第三节 数学问题解决教学的一般模式 183

第十章 数学探究教学设计 187
第一节 探究教学存在的问题 189
第二节 探究教学的一般模式 192
第三节 实施探究教学的策略 193
第四节 探究教学典型案例 194

第十一章 说课 209
第一节 说课概述 210

第二节　说课的基本内容 ………………………………… 212
第三节　怎样说好课 ……………………………………… 220

附录 1　数学教学设计案例 …………………………… **225**

附录 2　典型课堂教学实录 …………………………… **271**

附录 3　优秀说课案例 ………………………………… **287**

第一章

数学教学设计概述

凡事预则立,不预则废。无论做什么工作,都要做好充分准备,否则可能会事倍功半、劳而无功,教学亦然。为使教学工作获得成功,教师必须做好充分准备,最重要的是要做好教学设计工作。

第一节　数学教学设计的有关概念

与"数学教学设计"相关的基本概念有教学、设计、教学设计和数学教学设计等。

一、教学

"教学"(instruction)一词包含两个方面,即"学"与"教"。先有"学",然后才有"教"。没有"学","教"也就无从谈起了。从行为上看,"学"是学习者通过与环境相互作用,改变自身能力和倾向以适应环境的行为,如读书、看报、做数学题和写作等行为都可能出现"学"。"教"是教者帮助学习者学习的行为,如教师为学生指定阅读的书籍、指导学生做练习等。将"学"与"教"两个词组合成"教学"一词,其含义是教师帮助学习者学习的一切活动。[①]

狭义上,"教学"指师生在课堂上的双向互动,其英文单词是 teaching;广义上,"教学"不仅包含狭义的教学,即课堂上的师生互动,而且包括教师和其他相关人员的课前教学准备,如制定教学目标,开发教材、教具等,以及准备课后的测量、评价、诊断和补救教学措施等,其英文单词是 instruction。[②]

二、设计与教学设计

(一)设计

根据《现代汉语词典》,设计就是在正式做某项工作之前,根据一定的目的要求,预先制定方法、图样等。[③] 设计意味着在解决问题前,有系统的和充分的计划,然后实施计划,并开发新的产品。作为解决具体问题的设计,大

[①] 皮连生.教学设计[M].2版.北京:高等教育出版社,2009:4.
[②] 同①6.
[③] 中国社会科学院语言研究所词典编辑室.现代汉语词典[M].6版.北京:商务印书馆,2014:1147.

多涉及的是结构不良领域的知识经验,不可能像解决结构良好的问题一样有统一的标准答案,它需要创新。所以,设计是一个解决问题的过程,也是一个创新、学习的过程,要求设计者具备专门的知识和能力,尤其是创造能力和高水平的思维。

(二) 教学设计

由于人们对教学含义理解的多样性,教学设计也没有一个统一的、公认的定义。

在国外,对教学设计研究得较早,关于教学设计的含义的描述也较为丰富。例如,迪克等人用系统观看待教学设计,把教学设计定义为"用系统方法描述教学,分析、设计、开发、评价和修改的全过程"。[①] 此处的系统可以从两方面理解:一是把教学过程看成一个完整的系统,二是用系统方法来研究和解决教学问题。

P. L. 史密斯和 T. J. 雷根则指出:"教学设计指将学习与教学的原理转化为教学材料、教学活动、信息资源和教学评价计划的系统化和反思性过程。"[②]这一定义除了有迪克等人的定义中的系统和反思的思想之外,还强调教学设计是从学习原理和教学原理转化而来的,是学习与教学原理的具体运用。

乌美娜将上述两个定义加以综合,对教学设计做如下定义:"教学设计是运用系统方法分析教学问题和确定教学目标,建立解决教学问题的策略方案,试行解决方案、评价试行结果和对方案进行修改的过程。它以优化教学效果为目的,以学习理论、教学理论和教育传播学理论为基础。"[③]

国内其他学者也对教学设计进行了界定,和乌美娜的定义一样都属于客观主义倾向的定义,具有如下特点:运用系统方法促进高效学习的系统工程;运用学与教的原理或传播理论;以学习者为出发点的教学设计;有效组织教师、学生及学习资源之间的关系;为教学活动提供可操作的实施蓝图;

[①] 迪克,凯瑞 L,凯瑞 J O. 系统化教学设计[M]. 庞维国,等译. 6 版. 上海:华东师范大学出版社,2007:2-4.
[②] 史密斯,雷根. 教学设计[M]. 庞维国,等译. 上海:华东师范大学出版社,2008:4.
[③] 乌美娜. 教学设计[M]. 北京:高等教育出版社,1994:10-11.

是一个解决问题的过程。①

三、数学教学设计

（一）数学教学设计的概念界定

由于人们对教学设计内涵认识的多样性，导致人们对数学教学设计概念的界定也不同，但在本质上没有太大的区别。如奚定华认为："数学教学设计是以数学学习论、数学教学论等理论为基础，运用系统方法分析数学问题，确定数学教学目标，设计解决数学教学问题的策略方案、试行方案、评价试行结果和修改方案的过程。"②何小亚认为："数学教学设计是教师根据学生的认知发展水平和课程培养目标，来制定具体的教学目标、选择教学内容、设计教学过程各个环节的过程。"李祎和贾雪梅认为："数学教学设计是以教育学、心理学和数学教学理论为基础，运用系统科学的方法，分析数学教学内容、了解学生基本学情、确定数学教学目标、选择数学教学方法、安排数学教学过程、制定数学教学方案的过程。"③简单来说，数学教学设计就是指数学教师为达成一定的数学教学目标，对数学教学活动进行的系统规划与安排。数学教学设计应该既具有设计学科的一般性质，又具有数学学科的特点。

（二）数学教学设计的基本问题

开展数学教学设计，首先要搞清楚数学教学设计的基本问题，抓住基本问题，才能较好地完成数学教学设计。进行数学教学设计的根本目的是优化教学过程，开展高效教学，从而促进学生学习，并促使学生全面发展。因此，数学教学设计的基本问题包括教学任务（内容）的领会、教学对象的了解、教学目标的制订、教学模式（方法）的选择与运用、教学过程的预设、教学效果的反思与方案的改进。

（三）数学教学设计的类型

在数学教学活动中，数学教学对象是多种多样的，可以是：一个学习领

---

① 蒋亦华，周友士.中学数学教学设计与案例分析[M].苏州：苏州大学出版社，2016：3.
② 奚定华.数学教学设计[M].上海：华东师范大学出版社，2001.
③ 李祎，贾雪梅.中学数学教学设计[M].北京：高等教育出版社，2016：4.

域，如数与代数、图形与几何、统计与概率；一个具体内容，如函数、图形的认识；一个确定的课题，如二元一次方程组、三角形、随机事件。

不同的数学教学对象会导致不同类型的数学教学设计，根据数学教学对象的不同可以把数学教学设计分为以下三类。

1. 整体设计

整体设计即学习对象是某个知识领域的教学设计。整体设计涉及的教学对象都比较"大"，与此相关的教学活动都是一个教学系列。因此，整体设计应当从相对应的教学设计内容的整体分析与定位开始。

2. 局部设计

局部设计主要针对学习内容是某个具体内容，如认识图形或认识函数等。相对来说，这一层面的教学设计比整体设计要更具体、更明确，但比单元设计要宏观、有弹性。局部设计是实现整体设计的一个重要环节，局部设计必须遵循整体设计的基本思路，以实现整体设计的基本教学目标。同时，局部设计也是指导单元设计的一个"纲目"，即规范相应部分单元设计的基本要素，也为不同的教学单元设计留有一定的创造空间。

3. 单元设计

单元设计即学习对象是某个确定课题的教学设计，是最为具体的教学活动设计。单元设计的目的是研究一个特定的课题，或者一个具体的对象，如一元一次方程、反比例函数等。一般来说，单元设计所针对的数学对象多为一个概念、定理和法则，所涵盖的教学时间一般为几节课。

（四）数学教学设计的原则

1. 系统性原则

教学设计是一项系统工程，由学情分析、教学内容分析、教学目标确立、教学方法选择及教学过程设计等子系统组成，各子系统既相互独立，又相互依存、相互制约，组成一个有机的整体。同样，数学教学设计把教学过程视为一个由诸要素构成的系统，需要用系统思想和方法对参与教学过程的各个要素及其相关关系做出分析与判断。

2. 科学性原则

数学教学设计的科学性，主要体现在要最大限度地摆脱凭借主观经验进行教学设计的倾向,特别是要充分考虑数学教学系统的复杂性,以及注重对学习者本身进行细致且全面的分析,强调科学原理对教学活动的指导性,避免教学的盲目性和随意性。教学设计的科学性要求教师注重理论对实践的指导,在具体教学设计活动中,不但要指出"做什么"和"怎么做",还要明白"为什么这样做"。

3. 可行性原则

教学设计要能付诸实践,必须具备两个可行性条件。一是符合主客观条件。主观条件指的是学生的年龄特点、已有知识基础和认知水平,以及教师的水平;客观条件指的是教学设备、地区差异等因素。二是具有可操作性。教学设计是教学实施的蓝图,所制定的教学目标、教学过程必须是可以操作的,否则就失去了意义。

4. 多样性原则

教师在进行教学设计时,要考虑教学形式和教学方法的多样性,力求采用多种不同形式的活动和手段来达成目标。教学多样性不仅可以解决教学内容与形式的适切性问题,而且可以激发学生的学习兴趣。教师可根据教学实际需要,设计灵活多变的教学模式,同时注意教学手段的多样化。

第二节 数学教学设计的理论基础

做任何事情都需要理论的指导,进行数学教学设计也不例外。数学教学设计需要多种理论的支撑,主要有系统理论、传播理论、学习理论以及新课程理念。

一、系统理论

近30多年,系统论被引入教育领域,并取得了丰硕的成果。系统论为教学设计提供了指导思想和方法。

英文中系统(system)一词来源于古希腊文(systema),意为部分组成的整体。系统论创始人贝塔朗菲将系统定义为:"系统是相互联系、相互作用

的诸元素的综合体。"这个定义强调了元素间的相互作用以及系统对元素的整合作用。① 系统具有以下特点:

(一) 整体性

整体性是系统的本质特征。系统的各个部分有机地构成一个整体。组成系统的元素是相互关联的,它们之间受一定的规律制约。系统的功能不等于其元素功能之和。一个系统的功能是否优良,不仅要看每一个元素的功能是否优良,而且要看各要素之间的配合是否协调。如果配合得当,那么整体功能就大于部分功能之和;如果配合不当,那么各元素的功能就会相互抵消,整体功能就小于部分功能之和。数学教学过程就是一个系统工程,数学教学设计中,教师、学生和资源、环境就是一个整体,是教学系统的主要部分。教学设计就是要充分考虑和组织好这些要素之间的作用和关系,使教学过程达到最优化。

(二) 层次性

系统是由各个元素按照一定的次序和方式构成的。系统的结构是分层次的,各个元素根据自己在系统中所处的地位和所起的作用不同,分别处于不同的层次。运用系统方法分析事物时,要对一个系统分别就各个层次进行研究。教学设计系统可以分成两个层次:第一个层次是宏观教学设计,它是教学的总体规划设计,包括设计课程方案、设计课程标准、编写教材等;第二个层次是微观教学设计,它是课堂教学过程设计,包括单元教学设计、课时教学设计等。

(三) 动态性

任何一个系统总是处于不断运动、发展、变化的状态,都有一个产生、形成、完善和消亡的过程。在系统内部、系统与环境之间,不断进行着物质、能量和信息的交换。系统的状态随着时间而变化,系统的稳定性是相对的。教学设计是一个系统,是动态的。如预定的教学设计方案通过教学实践得到反馈信息,对原有的教学设计方案进行评价,然后进行修改,得到新的符合教学实际的方案。

---

① 蒋亦华,周友士.中学数学教学设计与案例分析[M].苏州:苏州大学出版社,2016:4-5.

系统论不仅为数学教学设计提供指导思想(从整体出发,全面综合地考虑教学设计过程中的每一个因素,使教学设计获得最佳的效果),而且为教学设计提供系统方法(系统分析方法、系统综合方法和系统模型方法等)。此外,还提供了具体的分析和决策的操作过程和程序。系统的分析和决策分为系统分析、系统决策和系统评价三个阶段。在系统分析阶段,通过系统分析技术,确定系统的需求和系统的功能、目标;在系统决策阶段,通过方案优选技术,考虑环境等约束条件,优选解决问题的策略;在系统评价阶段,通过评价调试技术,鉴定方案有效性,进而完善现有方案。

二、传播理论

传播是指两个相互独立的系统之间,利用一定的媒介和途径所进行的、有目的的信息传递活动。传播理论是研究信息的传播过程、信息的结构和形式、信息的效果和功能的一门科学。

(一) 两种重要的传播模型与教学设计

1. 两种重要的传播模型

这里首先介绍两种信息传播模型:香农-韦弗的传播模型和奥斯古德-施拉姆循环模型。

(1) 香农-韦弗的传播模型。C. 香农和 W. 韦弗在 1949 年出版的《传播的数学理论》(*mathematical theory of communication*)中提出了自己的信息传播模型,如图 1-1 所示。这一模型也被称为单一的线性模式。

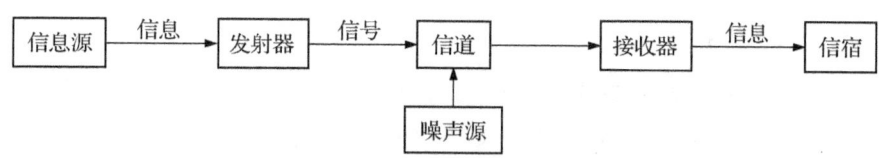

图 1-1 香农-韦弗的传播模型[①]

该模式包括 5 个正功能和 1 个负功能,即噪声。第一步,信息源发出信息;第二步,发射器将信息转换成适宜于通向接收器信道的信号;第三步,接收器接收信号;第四步,将接收到的信号转换成信息储存起来。该模式为传

[①] 蒋亦华,周友士. 中学数学教学设计与案例分析[M]. 苏州:苏州大学出版社,2016:6.

播过程研究提供了重要的启发。

（2）奥斯古德-施拉姆循环模型。这一模型由查尔斯·E.奥斯古德（Charles E. Osgood）首创，威尔伯·L.施拉姆（Wilbur Lang Schramm）提出，如图1-2所示。在这个模型中，编码类似于发出信息和转换信号，译码类似于接收信号和还原信息，传送者和接受者是相对的，通过信息反馈，实现二者角色的相互转换。

该模型强调了社会的互动性，并把传播双方都看作传播行为的主体，这是正确的，但也有缺陷。它把传播双方放在完全对等或平等的关系中，与社会传播的现实情况有不符之处；它能够体现人际传播特别是面对面传播的特点，却不能适用于大众传播的过程。

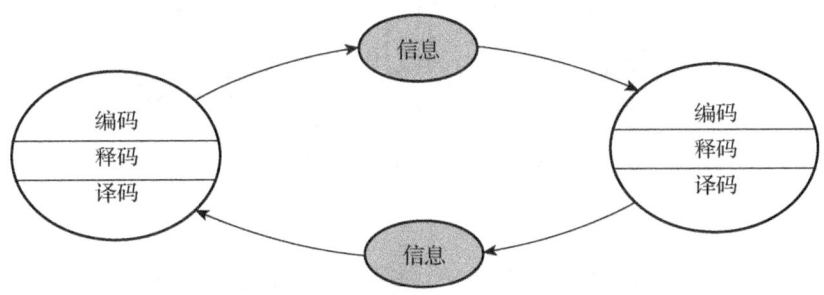

图1-2　奥斯古德-施拉姆循环模型①

2. 对教学设计的指导意义

课堂教学过程就是一个信息传播的过程，教师是信息源（从反馈角度看，教师也是接收者），学生是接收者，教学内容就是信息，教学方法和手段就是信息传播通道，教学反馈是评价教学信息传播效果的工具。因此，拉斯韦尔根据信息传播模式，提出了教学传播的"5W"模式，如图1-3所示。

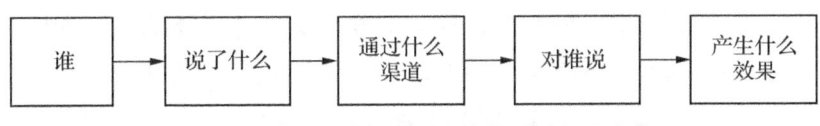

图1-3　"5W"模式及相应的传播过程要素②

---

① 蒋亦华，周友士.中学数学教学设计与案例分析[M].苏州：苏州大学出版社，2016：7.
② 同①.

（二）SMCR 传播模式与教学

教育作为一种传承活动，其过程也是一种传播，而且是一种有目的、有组织的传播。如课堂教学中，教师是信息源（从反馈角度看，教师也是接收者），学生是接收者，教学内容就是信息，教学方法和手段就是信息传播通道，教学反馈是评价教学信息传播效果的工具。借用 D. 贝罗（D. Berlo）于 1960 年提出的 SMCR（Source-Message-Channel-Receiver）传播模式解读教学过程，如图 1-4 所示。

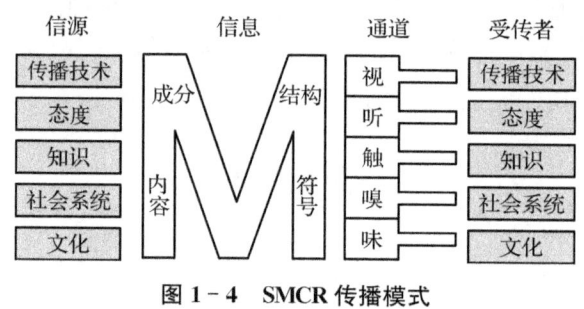

图 1-4　SMCR 传播模式

1. 信源

信源即传授信息和知识的人——教师，处在信息交换的发送端。其主要任务和功能是提供信息和信息编码。就教师这一传播要素来说，至少有四个要素影响传播效果，即传播技能、态度、知识水平、生活及文化背景。① 传播技能，如教师的书写、表达等技能，这些技能的掌握程度直接影响教学效果。② 态度，包括对自我的态度、对所有教学内容的态度、对教学对象的态度等。如果一个教师对自己所教的学科毫无兴趣和信心，则很难设想其教学会有好的效果。③ 知识水平，教师的知识水平不仅决定着其对文本信息解读水平的高低和准确性，也包括了解学生、如何有效地将知识技能传递给学生，即如何将书本知识再加工，并选择恰当的教学方法。④ 生活及文化背景，教师本人的生活阶层及文化背景，均影响他们对内容的选择和理解，传播方法、传播目的的确定及对事物的认识等。

2. 信息

信息即传播的内容和事实——教学内容。教学内容的组织形式、编排顺序、难易程度、呈现方式及教师对教学内容的处理等都是影响传播效果的重要因素。

3. 通道

通道即传递信息的渠道——教学方法和手段。不同教学方法和媒体的选择以及与它们所传递信息的匹配程度，会造成对学生感官的不同刺激，从而影响传播效果。

4. 受传者

受传者即信息的接收端——学生。就传播过程来看，受传者需要将接收信息后产生的反应与行为，以反馈方式向传播者发送信息；传播者与受传者在信息传递和交流的过程中，不断地改变他们的位置，发挥着传播信息与接收信息的作用。从这个意义上来说，受传者亦是传播者，具有与传播者相类同的基本素质和相关因素。因此，教学活动可以被认为是教师与学生之间的一种互动传播。学生已有的认知水平、知识经验以及学习兴趣、态度、动机等因素都对信息的传播、接收、加工和理解起决定性作用。同时，学生的身心状况、学习风格等也会对教学传播过程产生影响。

SMCR模式更进一步说明了教学效果不是由教学传播过程中的某一个要素决定的，而是由组成信息传播过程的各个要素及其之间的相互关系共同决定的，解释了教学过程各要素间的动态关系。

三、学习理论[①]

学习是获得信息、知识、技能、习惯、态度和信念的过程。学习的结果是由学习过程中经验的变化而导致的相对持久的行为变化。学习是否发生一般是根据学习后的行为表现来确定的。根据行为的类型可以将学习分为三类：动作学习、情感学习、认知学习。有关对学习的研究，在教育领域比较有影响的有行为主义学习理论、认知主义学习理论、人本主义学习理论以及由认知主义学习理论发展演变的建构主义学习理论。

（一）行为主义学习理论

行为主义作为解释学习的第一个流派，主要通过研究学习后可观察、可

---

① 蒋亦华，周友士. 中学数学教学设计与案例分析[M]. 苏州：苏州大学出版社，2016：9-17.

预测的行为,以及影响个体行为或可能引起行为的条件之间的关系,即反应与刺激之间的关系,并把学习看作是刺激与反应的联结。该理论也被称作刺激—反应理论。

1. 主要观点

行为主义学习理论主要包括桑代克的试误学习理论、巴甫洛夫的条件反射理论和斯金纳的操作学习理论等。尽管他们的理论不完全相同,但基本观点一致。

(1) 学习的联结说

行为主义学习观认为,学习的本质就是刺激—反应之间的联结,当学习者对某种特殊的刺激做出了适当的反应时,学习便发生了。他们都把环境看作是刺激,而把伴随而来的有机体行为看作是反应,强调环境在个体学习中的重要性。学习者的行为是他们对环境刺激做出的反应,所有行为都是习得的。

(2) 学习的试误说

联结通过尝试与错误的过程建立联系,因而学习就是一种试误的过程。这个过程包括:以各种不同的反应来试探;逐步发现正确的反应;选择正确的反应,减少错误的反应;经过多次联系而将正确的反应固定下来。尝试与错误是学习的基本形式,学习是一种渐进的、盲目的、尝试错误的过程,在尝试过程中,错误反应逐渐减少,正确反应逐渐增加,最终形成了固定的刺激反应,即形成了刺激与反应之间的联结。

(3) 学习律

桑代克提出了以下三条主要的学习律:

准备律:是指联结的产生、加强或削弱取决于学习者的心理准备和心理调节状况。当学习者有充分准备时,就能促成刺激与反应的联结。

练习律:是指刺激与反应重复的次数越多,它们之间的联结就越牢固;反之,如果不予练习,联结就会减弱。

效果律:是指在刺激与反应之间联结的形成,同时伴有愉快的情绪体验,这种联结就会增强,否则就会减弱。

华生提出了学习的频因律和近因律。频因律是指在其他条件相同的情况下,某种行为练习越多,习惯形成越迅速。近因律是指当反应频繁发生时,最新的反应、比较早的反应更容易得到加强。

斯金纳对强化进行了较为详细的研究,在此基础上提出了学习的积极性原则、小步子原则、及时强化原则、自定步调原则和低错误率原则等。

2. 对教学设计的指导意义

行为主义把人类的学习完全归结为行为反应,认为只要分析强化的效果并依此设计控制强化安排的技术,就可以塑造或除去人的任何行为。这些观点虽然具有很大的局限性,但我们应当看到它的有益成分。例如,行为主义学习理论强调对学习结果可见行为的评价,要求教学设计要重视教学目标确定的可测性、教学策略的操作性。再如,教学设计要考虑学生的个别差异,适合个人的特点,使不同的学生在学习过程中可以充分发挥自己的潜力;教学设计要充分运用积极有效的强化手段,及时总结,及时讲评,使学生及时知道自己的学习效果,强化正确的学习行为,抑制不良的学习行为。教学设计要遵循循序渐进的原则,尤其是对一些较抽象的内容,应该将它划分为一些小步子,分散难点,各个击破。

另外,桑代克的试误理论对探索问题解决的思路具有重要的参考价值;斯金纳的强化学习理论对数学练习教学、化解难点、提高解题技能以及形成良好的学习习惯等都具有直接的指导作用。

(二)认知主义学习理论

认知主义学习理论主要包括格式塔顿悟学习理论、布鲁纳的发现学习理论、奥苏贝尔的有意义学习理论和加涅的学习的信息加工模式。

行为主义者在研究人的学习时撇开了意识的作用,只关注环境刺激如何引起人的行为的变化,忽略了人类认知的内部心理过程。而意识具有认知的功能,具有目的性,具有情感因素,能区分我与非我,它对学习有重大的、不可忽视的影响作用。认知主义者克服了行为主义的这一缺陷,将心理过程与外显行为的研究结合起来。他们认为,学习不是刺激与反应之间简单的联结过程,而是个体与其环境相互作用的结果,是学习者积极主动形成认知结构的过程。但他们对认知结构形成的观点是不同的。格式塔学派强调通过顿悟,即知觉重组来构造完形,布鲁纳主张学习者通过认知操作即动作表征、映像表征、符号表征,采取发现学习的方式来发现自己的认知结构。

奥苏贝尔强调有意义学习，通过同化来发展认知结构。加涅则提出了学习的信息加工模式。

1. 布鲁纳的认知结构学习理论

（1）主要观点

关于学习的过程和本质，布鲁纳认为，学习就是认知结构的组织和重新组织。知识的学习就是在学生的头脑中形成一定的认知结构。认知结构是所获得的概念和思维能力的组合。简单的结构由较少的几个概念组成，并通过新概念的加入而发展成较为复杂的结构。① 认知结构既是知识在头脑中的组织和表征形式，也是人们加工外来信息的依据。儿童的认知发展过程就是头脑中认知结构的发展过程。

新知识的获得不是被动的刺激—反应过程，而是一种主动的、积极的认知过程。知识的获得不管其形式如何，都是一种积极的过程。个体的认知需要和内部动机比外部强化在学习中的效果更强、更有效，也更为持久。

关于学习方式，布鲁纳强调发现学习，发现学习是指学生独立获得知识的方式，并不局限于发现人类尚未发现的事物，而是指学生通过自己独立地阅读书籍和文献资料，独立地思考而获得对于学习者来说是新知识的过程。

关于学习内容，布鲁纳强调对学科知识结构的学习，学习知识结构就是学习事物是怎样相互联系的。布鲁纳强调，不论选教什么学科，务必使学生理解各门学科的基本结构。学科的基本结构就是指学科领域的基本概念、基本原理、基本思想，以及学习的态度和方法。

（2）对教学设计的指导意义

布鲁纳重视认知需要和内在动机在学习中的作用，这就要求教学设计不仅需要考虑知识理解，而且要在知识的引入、展开过程中激发学生的认知需求和求知的欲望，注意调动学生学习的积极性、主动性和学习兴趣；在学习方法上，提倡发现学习、探究学习，使学生在掌握知识的同时学会发现学习的方法。

2. 奥苏贝尔的同化学习理论

（1）主要观点

关于学习的过程和本质。奥苏贝尔认为影响学习的最重要因素是学习

---

① 喻平.数学教育心理学[M].南宁:广西教育出版社,2015.

者已经知道什么。基于这一理念,奥苏贝尔提出了学习的认知同化理论。认知同化论把学习解释为学习者利用原有认知结构中与新学习知识有关的观念去同化新知识,将新知识纳入认知结构,并对其进行改组和重构,形成新的认知结构的过程。同化就是新旧知识或观念相互作用的过程,相互作用的结果使习得的知识或观念获得心理意义。与此同时,原有的认知结构也发生了量变或质变。在这个过程中,原有的良好的认知结构是基础,是用于"固定"或"归属"新知识的。

关于学习方式。奥苏贝尔认为,学生的知识学习主要是通过对语言文字所表述的概念、原理和事实信息的意义的理解来获得知识的。知识学习的真正目的在于理解语言文字或符号所代表的知识的实质性内容。因此,认知同化的最佳方式是有意义学习。有意义学习的实质是符号所代表的新知识与学习者认知结构中已有的适当概念建立非人为的和实质性的联系。所谓非人为的联系,指新知识与认知结构中有关观念存在某种合理的或逻辑基础上的联系;而实质性的联系,指新的符号或符号所代表的观念与学习者认知结构中已有的表象、已有意义的符号、概念或命题的联系。

有意义学习的更多表现形式是接受学习,即有意义地接受学习,这也是学生在学校学习的主要方式。学习材料本身具有逻辑意义,构成有意义学习的外部条件,而学生产生有意义学习的心向、具备适当的观念(有关的认知结构)和"思维潜能"是构成有意义学习的内部条件,这样学生就能充分地利用已有的认知结构去吸纳新知识、内化新知识,主动地建构新知识的意义,形成新的认知结构。

关于教学策略。奥苏贝尔认为先行组织者教学策略是促进学习迁移的一种有效策略。先行组织者教学策略就是在向学生传授新知识之前,给学生呈现一种具有概括性和引导性的说明。这个概括性的说明或引导性材料用简单、清晰和概括的语言介绍新知识的内容和特点,并说明它与哪些旧知识有关,有什么样的关系。设计先行组织者的目的,一是为新知识的学习提供可利用的固定点,即唤醒学生认知结构中与新知识学习有关的旧知识或旧观念,增强旧知识的可利用性和稳定性;二是为了说明新旧知识之间的本质区别,增强新旧知识之间的可辨别性。

（2）对教学设计的指导意义

进行教学设计不仅要设计教学的内容,也要设计教学对象——学生,因为学生已有的知识经验是教学设计的依据和起点,只有清楚学生已有的知识经验,教学才能有的放矢。

如何才能做到使学生真正理解知识的意义? 在教学设计过程中,必须全面考量有意义学习发生的内部、外部条件,并采取有效的教学策略。奥苏贝尔的有意义学习的实质、条件以及先行组织者教学策略等理论,为开展教学设计提供了设计思路和技术指导。

3. 加涅的信息加工学习理论

（1）主要观点

关于学习的过程和本质。加涅等心理学家以计算机处理信息的过程做比拟,来说明人类的学习和头脑加工信息的过程。他把学习解释为一种信息加工的过程,包括信息的输入、加工、储存、提取和输出过程,并给出了一个学习的信息加工模式,如图 1-5 所示。

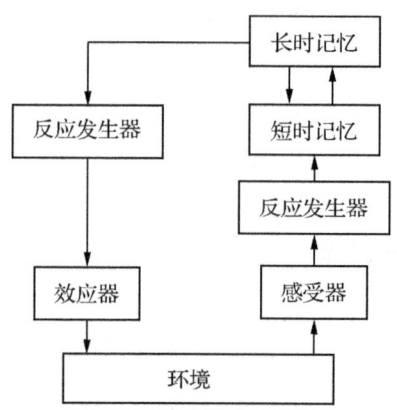

图 1-5　学习的信息加工模式①

感受器从环境中接受刺激或输入信息,信息进入短时记忆,经过复述、精加工和组织编码而转移到长时记忆中被储存起来。从短时记忆或长时记忆中检索提取出来的信息通过反应发生器,反应发生器具有信息转换或动作功能,这一神经传导信息使效应器活动起来,产生一个影响学习环境的操

---

① 蒋亦华,周友士. 中学数学教学设计与案例分析[M]. 苏州:苏州大学出版社,2016:15.

作行为,从而完成信息加工过程。

加涅将学习过程划分为期望、注意和选择性知觉、编码、记忆储存、检索、迁移、反应、强化八个阶段,相应的教学过程也有动机、了解、获得、保持、回忆、概括、作业、反馈八个阶段。

关于学习的结果和分类。学习会使学生发生什么样的变化?行为主义者认为是学生行为的持久变化,布鲁纳和奥苏贝尔认为是学生头脑中认知结构的变化,加涅则认为是学生能力和倾向的改变。能力和倾向就是那种具有习得性和持久性的心理状态,包括言语信息、心智技能、认知策略、运动技能和态度这五个方面。加涅最终将学习类型分为五类:联结与链索学习、辨别学习、概念学习、规则学习、高级规则(解决问题)学习。

(2) 对教学设计的指导意义

加涅有关学习过程以信息加工的模式描述更为具体,有利于教师在进行教学设计时考虑在每一个阶段如何激发和指导学生学习,如何有效地帮助学生加工信息、理解知识意义、保持和提取信息,如何形成良好的认知结构;对学习结果和学习类型的划分,有利于教师分析不同的学习结果应当采取怎样的教学策略,简单的低级学习是复杂的高级学习的基础,既要有简单知识的学习,又要重视复杂的学习。

(三) 人本主义学习理论[①]

人本主义于 20 世纪 50～60 年代在美国兴起,70～80 年代迅速发展,它既反对行为主义把人等同于动物,只研究人的行为,不理解人的内在本性,又批评弗洛伊德只研究神经症和精神病人,不考察正常人心理,因而被称为心理学的第三种运动。该学派的主要代表人物是 A. H. 马斯洛(1908～1970)和 C. R. 罗杰斯(1902～1987)。

1. 主要观点

(1) 人类先天就具有学习的潜能

人本主义心理学的主要创始人马斯洛认为,人生来就具有内发的成长潜力,学习是内发的,而不是一种外部强加的行为。马斯洛的这一观点是建立在他的学习动机理论之上的。

---

① 喻平. 数学教育心理学[M]. 南宁:广西教育出版社,2015:27-37.

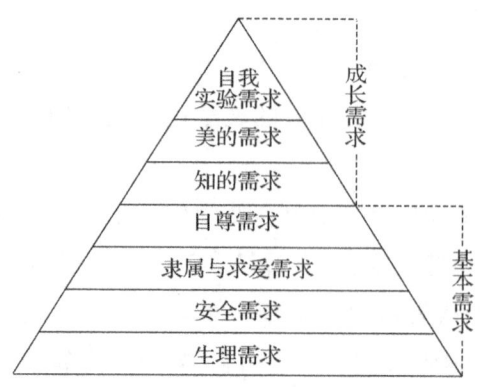

图 1-6　马斯洛的动机层次分类①

马斯洛认为人类的动机是由多种不同性质的需求组成,各种需求之间有先后顺序与高低层次之分,如图 1-6 所示。生理需求指维持生存及延续种族的需求;安全需求指期望受保护、免于遭威胁从而获得安全感的需求;隶属与求爱需求指被人接纳、爱护、关注、鼓励及支持等需求;自尊需求指获取并维护个人自尊心的一切需求;知的需求指个人对认知事物的需求,属于学习的动机;美的需求指对美好事物欣赏的需求;自我实现需求指个人理想实现的需求,是一种至高人生境界的需求。自我实现需求是多种需求连续满足后所出现的心理需求。

(2) 教育应该以学生为中心

罗杰斯提出了以学生为中心的教育理念。和奥苏伯尔一样,罗杰斯把学习分为无意义学习和意义学习两类。所谓意义学习,不是指那种仅仅涉及事实累积的学习,而是指一种使个体的行为、态度、个性以及在未来选择行动方针时发生重大变化的学习。这不仅是一种增长知识的学习,而且是一种与每个人各部分经验都融合在一起的学习。奥苏伯尔的"意义学习"关注的是当前材料与学习者已有知识之间的联系,而罗杰斯则强调学习者当时整个身心状态与学习材料的关系。罗杰斯认为只有左右脑都共同发挥作用的学习才是整个人都参与了学习,即把逻辑与直觉、理智与情感、概念与经验、观念和意义等结合起来的学习才叫做意义学习。

罗杰斯认为,意义学习主要包括四个要素:第一,学习具有个人参与的

---

①　喻平.数学教育心理学[M].南宁:广西教育出版社,2015:28.

性质,即整个人(包括情感和认知两方面)都投入学习活动;第二,学习是自我发起的,即便在推动力或刺激来自外界时,也要求发现、获得、掌握和领会的感觉是来自内部的;第三,学习是渗透性的,也就是说,它会使学生的行为、态度,乃至个性都产生变化;第四,学习是由学生自我评价的,因为学生最清楚这种学习是否满足自己的需要、是否有助于导致他想要知道的东西、是否明了自己原来不甚清楚的某些方面。

罗杰斯的学习观以意义学习为核心。真正有价值的学习是意义学习,当学习内容对学习者产生个人意义,和学习者的内在情感、需要、兴趣、能力、知识经验等因素相联系时,学习才是有意义的。因此,教学应以学生为中心,只有以学生为中心,才能产生意义学习。

(3) 以自由为基础的学习原则

罗杰斯坚持以自由为基础的学习原则,概括起来有如下六个方面:第一,人皆有其天赋的学习潜力;第二,教材有意义且符合学生目的才会产生学习;第三,在较少威胁的教育情境下才能有效学习。威胁指个人在求学过程中因种种因素承受精神压力,导致自卑,丧失自信自尊;第四,自发地全心投入的学习才会产生良好效果;第五,自评学习结果可养成学生的独立思维能力和创造力;第六,重视知识之外的生活能力以适应社会的发展。

有效的学习只能产生于以自由为基础、学生自发地全心投入。学生的学习应当在宽松的、没有威胁感的环境中进行,教师在组织教学时,只需提供学习活动的范围,让学生自由地去探索、发现结果。

2. 对人本主义学习理论的反思

人本主义学习理论形成了一种对学习过程的本质和特点的独特见解,丰富了学习理论的内涵。在数学教学中,既要肯定人本主义教育观积极的一面,又要对其缺陷有清醒的认识。

人本主义对建立师生平等地位、促进师生关系和谐与融洽、建立良好的教学氛围等起到了积极的启发性作用,但却对教师在教学中应当扮演的角色和能发挥的潜能产生影响,可能导致学生放任自流。而数学学科的抽象性决定了数学教学是离不开教师的主导的。此外,人本主义者不主张教学内容的系统性,认为教学内容的选取与编排应合乎儿童的兴趣和要求。而严谨性是数学学科的一个基本特征,数学学习是不能脱离数学学科自身的逻辑体系的。

(四) 建构主义学习理论

建构主义是认知主义的进一步发展。建构主义学习理论的代表人物是皮亚杰和维果茨基。

1. 主要观点

关于学习的过程和本质。建构主义认为,学习是学习者在一定的情境下,借助必要的资源,利用自己已有的知识经验主动地建构知识意义的过程。外部信息本身没有什么意义,意义是学习者通过新旧知识经验间反复的、双向的相互作用过程而建构的。这种建构过程包括同化和顺应两种方式,是学习者认知结构发展变化的两种途径。

关于教师和学生的地位。建构主义强调,学生并不是空着脑袋进入学习情景中的。在日常生活和以往各种形式的学习中,他们已经形成了有关的知识经验,这种知识经验影响他们对事情的看法。教师不是简单的知识传递者,而是学生建构知识意义的支持者,教师应当为学生学习提供具有实际背景的真实问题,创设一种良好的学习环境,是学生建构知识意义的积极帮助者、引导者和合作者。

2. 对教学设计的指导意义

建构主义突出学生在学习过程中的主体地位,要求教学设计应当围绕学生的意义建构来设计教学,教师在课堂上的所有活动应当是为学生建构知识意义提供方便和帮助。知识的意义是教师无法传递的,教师只能传递信息,而意义必须靠学生自己建构。建构主义对教师角色和地位的设计提出了更高的要求,如《义务教育数学课程标准(2011版)》要求"教师应成为学生学习活动的组织者、引导者、合作者,为学生的发展提供良好的学习环境和条件"。另外,建构主义强调学习具有现实意义的问题、强调合作学习、强调意义理解等,对教学设计都具有直接的指导作用。

四、新课程理念

2000年初,我国开始实施第八次数学课程改革,教育部先后制定了《全日制义务教育数学课程标准(实验稿)》和《普通高中数学课程标准(实验)》,

并不断对两个标准进行修订,先后出版了《义务教育数学课程标准(2011年版)》(以下简称《义务教育标准(2011年版)》)、《普通高中数学课程标准(2017年版)》(以下简称《普通高中标准(2017年版)》)和《义务教育数学课程标准(2022年版)》(以下简称《义务教育标准(2022年版)》)。此次改革力度很大,引起了教与学的深刻变革。

(一) 学生观[①]

《义务教育标准(2011年版)》指出"数学课程……要面向全体学生,适应学生个性发展的需要",《普通高中标准(2017年版)》指出"高中数学课程以学生发展为本"。课程标准都倡导"一切为了每一位学生的发展"的学生观,具体来说包括3个方面:学生是发展的人,学生是独特的人,学生是具有独立意义的人。

1. 学生是发展的人

把学生看成是发展的人,主要包括以下3个方面的认识:

(1) 学生的身心发展是有规律的。教师需要掌握学生身心发展的理论,熟悉不同年龄阶段学生身心发展的特点,并依据学生身心发展规律和特点开展教育教学活动,以促进学生身心的健康发展。

(2) 学生具有巨大的发展潜能。人的才能表现为外在能力和潜在能力两种形式,外在能力是已经形成的并表现出来的能力,而潜在能力则是尚未开发和显现出来的能力,只要有合适的环境,具备一定的条件,个体的这种潜能就会迸发显现出来。教师要相信学生身上潜藏着巨大的发展潜能,坚信学生是有培养前途、可以获得成功的,对教育好每一个学生都充满信心。

(3) 学生是处于发展过程中的人。学生是正在成长、尚未成熟的人。学生主要是在教育过程中发展起来的,是在教师的指导下成长起来的。学生的生活与命运在一定程度上掌握在学校和教师的手中。学生对生活是否有信心,是否觉得幸福快乐,其能力是否得到充分发展,是否能健康成长,都和其所在的学校与所遇到的教师有很大的关系。

2. 学生是独特的人

学生是独特的人,主要包括以下3个方面的含义:

[①] 何小亚.中学数学教学设计[M].北京:科学出版社,2012:10-11.

(1) 学生是完整的人。学生并不是单纯、抽象的学习者,而是有着丰富个性的完整的人。在教育活动中,作为完整的人而存在的学生,不仅具备全部的智慧力量和人格力量,而且体验着全部的教育生活。教学过程中需要把学生作为完整的人来对待,还学生完整的生活世界,丰富学生的生活,给予学生全面展现个性力量的时间和空间。

(2) 每个学生都有自身的独特性。每个学生都有自身独特的"心理世界",他们在兴趣、爱好、动机、需要、气质、性格、智力和特长等方面是各不相同的。教师应正视学生的这些独特性,培养具有独特个性的人。独特性也意味着差异性,教师不仅要正视学生之间的差异,而且要尊重差异,使每个学生都得到发展。

(3) 学生与成人之间存在着巨大的差异。学生和成人之间有很大的差别,他们在行为方式、思维方式、价值观和生活经历、体验等方面都和成人有明显的不同。在教育过程中,教师应注意进行角色换位思考,多从学生的角度考虑问题,探索适合学生的教育方式。

3. 学生是具有独立意义的人

把学生看成是具有独立意义的人,主要包括以下3个方面的含义:

(1) 每个学生都是独立于教师之外、不以教师的意志为转移的客观存在。教师应视学生以不以自己的意志为转移的客观存在,把学生当作具有独立性的人来看待,使自己的教育和教学适合学生的需要和发展。

(2) 学生是学习的主体。学生是学习的主人,教师不可能代替和包办学生学习,只能创造条件让学生自己思考、自己体验。

(3) 学生是责权主体。学生不仅是法律上的责权主体,而且是伦理上的责权主体。视学生为责权主体的观念,是建立民主、道德、合法的教育关系的基本前提。因此,学校和教师既要保护学生的合法权利,又要引导学生勇于承担责任。

(二)教学观及教师角色的转变

1. 教学是师生参与、交往互动、共同发展的过程

《义务教育标准(2011年版)》指出:"教学活动是师生积极参与、交往互动、共同发展的过程。有效的教学活动是学生学与教师教的统一,学生是学

习的主体,教师是学习的组织者、引导者与合作者。"教学被看成是师生交往、积极互动、共同发展的过程,是学与教统一的过程。在这一过程中,教师与学生分享彼此的思想、知识和经验,交流彼此的感受和体验,实现教学相长。交往意味着人人参与,意味着尊重、信任、平等对话和理解。交往使得学生的主体性得到体现,个性得到表现,创造性得到发展。

相应的,教师的角色也要做出转变。教师要从课堂支配者、知识传授者的角色转变为学习的组织者、引导者与合作者。教师要发挥主导作用,处理好教师讲授与学生自主学习的关系,想办法激发学生的学习兴趣、调动学生学习的积极性、引发学生的数学思考、鼓励学生的创造性思维;同时要注重培养学生良好的数学学习习惯,使学生掌握恰当的数学学习方法。[①]

2. 教学不仅是要关注结果,更要使学生经历求知的过程

《义务教育标准(2011年版)》指出:"学生学习应当是一个生动活泼的、主动的和富有个性的过程……学生应当有足够的时间和空间经历观察、实验、猜测、计算、推理、验证等活动过程。"《义务教育标准(2011年版)》和《普通高中标准(2017年版)》都指出,评价不仅要关注学生学习的结果,而且要重视学生学习的过程。教师不仅要创造条件使学生经历观察、实验、猜想等活动过程,在教学中也要充分揭示概念的形成过程、结论的发现过程和问题解决的思路探索过程。

3. 教学要面向全体学生、适应学生个性发展的需要

《义务教育标准(2011年版)》和《普通高中标准(2017年版)》都提出"人人都能获得良好的数学教育,不同的人在数学上得到不同的发展",也就是说教学要以人的发展为本,面向全体学生,并且能够因材施教、适应学生个性发展的需要。以学生的发展为本,不仅要注重学生的知识、技能的发展,而且要关注学生的思维发展、情感体验、兴趣激发、学习习惯养成等方面,如《义务教育标准(2011年版)》指出的使学生"获得适应社会生活和进一步发展所必需的数学的基础知识、基本技能、基本思想、基本活动经验",《普通高中标准(2017年版)》指出"高中数学教学以发展学生数学学科核心素养为导向"。

---

① 中华人民共和国教育部. 义务教育数学课程标准(2011年版)[M]. 北京:北京师范大学出版社,2012.

4. 合理运用信息技术于教学

现代信息技术的发展对数学教育的价值、目标、内容以及教学方式产生了很大的影响。[①] 将信息技术运用于教学是顺应时代的要求,但信息技术的运用切忌盲目和滥用,需要注意恰当性、合理性和有效性。《义务教育标准(2011年版)》指出:"应根据实际情况合理地运用现代信息技术,要注意信息技术与课程内容的整合,注重实效。要充分考虑信息技术对数学学习内容和方式的影响,开发并向学生提供丰富的学习资源,把现代信息技术作为学生学习数学和解决问题的有力工具,有效地改进教与学的方式……"《普通高中标准(2017年版)》也强调"注重信息技术与数学课程的深度融合,提高教学的实效性"。

第三节 数学教学设计的基本要素与过程

数学教学设计是为数学教学活动制定蓝图的过程,是为了达到教学活动的预期目的,减少教学中的盲目性和随意性,其最终目的是使学生能更高效地学习,以促进学生的全面发展。既然是设计,就需要思考、立意和创新。因此,数学教学设计是一个既要满足常规教学要求,又要进行个人创造的过程。

一、数学教学设计的基本要素

数学教学设计通常包括教学内容分析、学情分析、教学目标设计、教学方法选择、教学过程设计和教学设计评价6个要素。

1. 教学内容分析

要使教学设计取得好的效果,首先要分析教学内容。通过对教学内容的分析,厘清知识的结构和逻辑体系,把握知识的主干。实际操作时,首先

[①] 中华人民共和国教育部.义务教育数学课程标准(2011年版)[M].北京:北京师范大学出版社,2012.

从宏观角度确定教学内容在教材中的地位和作用,联系相关的内容确定学习该内容所需的基础,明确其对后续学习的作用,然后微观剖析各知识组块的主体部分,形成知识结构图,确定教学重点,并为确定教学难点奠定初步基础。①

2. 学情分析

学情分析指与学习某些知识和技能相关的学生情况分析。在确定教材知识体系和教学重点基础上,从学生学的视角分析学生学习该内容的起点,剖析学生学习该内容存在的认知障碍,从而确定教学难点,弄清楚学生容易出错和混淆的地方,同时明确哪些内容对于学生来说是比较容易、没有难度的。学情分析为后续教学目标的设计、教学方法的选择等提供依据,是实现精准针对性教学的关键。

3. 教学目标设计

数学教学目标是教学设计者希望学生通过数学教学活动达到的理想状态,是教学的起点和归宿,是教学方法选择和教学过程设计的方向标。数学教学目标需要围绕教育目的和学校培养目标来确立,同时需要考虑当下的数学课程标准要求、作为行为主体的学生的实际情况和教学内容及其特点。

4. 教学方法选择

教学方法是教师在教学活动中采用的方法,包括教师教的方法和学生学的方法。选择恰当的教学方法,有助于教学目标的达成。选择教学方法除需要考虑教学目标、学情、教学内容的特点外,还需要考虑不同教学方法的适用范围和使用条件,考虑教师自身的驾驭能力和学校环境、教学设备等外在条件。

5. 教学过程设计

教学过程设计是把教学目标具体化的过程,是教学设计的中心环节。教学过程设计是在确定教学重难点、选定教学方法的基础上,结合学生学习的顺序、知识内容的顺序和教学活动的顺序,设计教学模式、安排教学顺序、设计教学活动和教学媒体等。

---

① 吴立宝.中学数学教学设计[M].北京:清华大学出版社,2021.

6. 教学设计评价

为确定教学设计是否能取得理想的教学效果,最后需要对教学设计的方案进行评价,判断它达到教学目标的程度,并在此基础上对整个方案进行修改和完善。

二、数学教学设计的基本过程[①]

一般的,教学设计分为如下三个阶段:第一个阶段是教学设计的分析与准备阶段。在这个阶段,设计者对教学内容、学情和教学任务进行分析和把握。第二个阶段是教学设计的决策和生成阶段。在这个阶段,设计者对教学目标、教学素材、教学方法等做出选择和设计,并且创造性地设计出教学过程。第三个阶段是教学设计的评价阶段,即对整个设计方案进行反思与评价,并修改完善。

拓展阅读

1. 皮连生.教学设计[M].2版.北京:高等教育出版社,2009.
2. 喻平.数学教育心理学[M].南宁:广西教育出版社,2015.

[①] 顾继玲.中学数学教学设计[M].北京:北京师范大学出版社,2015.

第二章

前端分析

前端分析(Front-end analysis)是美国学者哈利斯(Joseph Harless)于1968年提出的一个概念,指的是在教学设计过程开始的时候,先分析若干直接影响教学设计但又不属于具体设计事项的问题。[①] 顾泠沅指出,前端分析主要包括学情分析和教学内容分析两部分,而且这两部分是密切相关的。前端分析是制定教学目标、选择教学策略、设计教学活动的基础。

---

① 杨九民,梁林梅.教学系统设计理论与实践[M].北京:北京大学出版社,2008:45.

第一节　教学内容分析

一、教学内容分析的基本方法[①]

在教学设计实践中,学者们根据不同的理论,提出了很多不同的教学内容分析方法。下面介绍几种常用的方法,在教学设计时可根据实际需要选择运用这些方法。

(一) 归类分析法

归类分析法是对有关信息进行分类的方法,主要应用于数学言语信息学习内容的分析,或用图示或列提纲,把知识归纳成若干方面。其目的是确定为达到教学目标而需要学习的数学知识项目,也就是厘清数学教材的知识体系。如图2-1所示为应用这种方法分析三角形学习内容的一个实例。

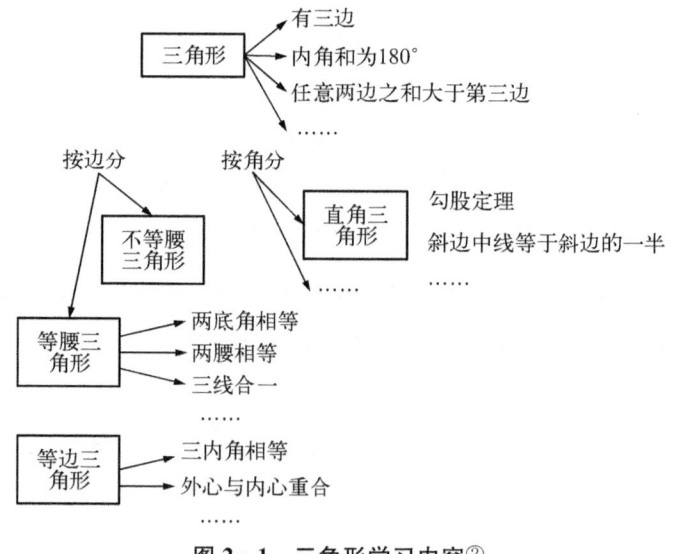

图2-1　三角形学习内容[②]

[①] 蒋亦华,周友士.中学数学教学设计与案例分析[M].苏州:苏州大学出版社,2016:30-32.
[②] 同①30.

在厘清知识体系以后,分两步确定具体的知识点。第一步,从知识体系中确定哪些内容是需要学生掌握的。第二步,在所确定的知识内容中引出相对独立的成分,并确定重、难点。

(二)图解分析法

图解分析法是一种用直观形式揭示教学内容要素及其相互联系的分析方法,是简明扼要、提纲挈领地从内容和逻辑上高度概括教学内容的一套图表或符号,主要用于认知领域教学内容的分析。这种方法的优点是使分析者容易察觉内容的残缺或多余部分以及相互联系中的割裂现象。其具体步骤是:① 列出与教学目标相关的数学事实、概念、原理等;② 把所列内容按逻辑顺序排列;③ 用线条把各要素连接起来;④ 图解成型后,全面核查内容的完整性、要素之间的逻辑性,并补充或修改;⑤ 提供实例,撰写教学建议。

如图 2-2 所示为有理数知识结构图。而在图 2-1 中,除了按角分、按边分外,每个方框外所列的内容就是一种图解分析法,只要再在每个知识点之间加上连线就可以了。

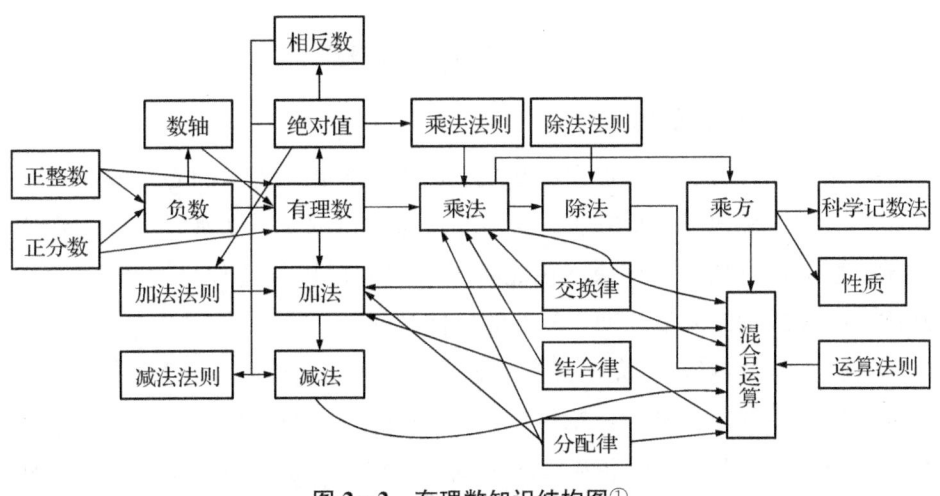

图 2-2 有理数知识结构图①

(三)层级分析法

层级分析法是用来揭示教学目标所要求掌握的从属技能的一种内容分

---
① 喻平.核心素养指向的数学教学内容组织[J].数学通报,2022(4):5-10.

析方法。这是一个逆向分析的过程,即从已确定的教学目标开始考虑:要求学习者获得教学目标规定的能力,他们必须具有哪些次一级的从属能力?而要培养这些次一级的从属能力,又需具备哪些再次一级的从属能力?依此类推……可见,在层级分析法中,各层次的知识点具有不同的难度等级,愈是在底层的知识点,难度等级愈低,愈是在上层的知识点,难度等级愈高。如图2-3所示是应用层级分析法的一个实例。

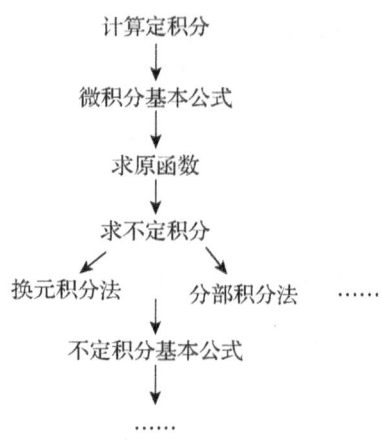

图2-3 计算定积分的层级图①

(四)信息加工分析法

信息加工分析法是由加涅提出的,是将教学目标要求的心理操作过程揭示出来的一种内容分析方法。这种心理操作过程及其所涉及的能力构成教学内容。信息加工分析法不仅能将内隐的心理操作过程显示出来,而且适用于描述或记录外显的动作技能的操作过程。

在许多学习内容中,完成任务的操作步骤不是按"1→2→3→…→n"的线性程序进行的。当某一步骤结束后,需根据出现的结果判断下一步怎么做,在这种情况下,就要使用流程图表现该操作过程。流程图除可以直观地表现出整个操作过程及各步骤外,还表现出其中一系列决策点及可供选择的不同行动路线。如图2-4所示是运用信息加工分析法解决两位数减法的实例。

---

① 蒋亦华,周友士.中学数学教学设计与案例分析[M].苏州:苏州大学出版社,2016:31.

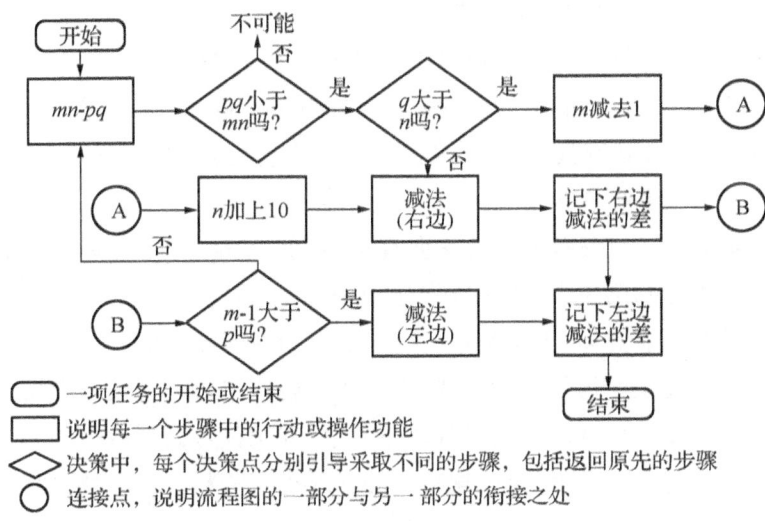

图 2-4　两位数减法的信息加工分析法①

二、教学内容分析的四个方面②

对教学内容的分析,一般包括基本分析、背景分析、教学功能分析和结构分析四个方面。

(一) 基本分析

1. 研读"标准"

"标准"(指的是《义务教育数学课程标准》和《普通高中数学课程标准》)是国家课程的纲领性文件,是国家对基础教育课程的基本规范和要求,是教材编写、教学、评估和考试命题的依据。它体现了国家对不同阶段的学生在知识与技能,过程与方法,情感、态度和价值观等方面的基本要求,规定了各门课程的性质、目标、内容框架,提出教学和评价建议。准确把握"标准",是课程实施的基本前提,而准确理解"标准"的内涵,并将其物化到教学设计、课堂教学等具体教学环节中,是教师的首要工作之一。

对"标准"的研读,可以直接阅读"标准",理解"标准"的基本理念、课程目标、内容要求、教学建议等;可以通过实例分析"标准"的变化;可以阅读

---

① 顾泠沅. 数学课堂及教师发展的跨国研究[R]. 杭州:杭州师范大学,2011.
② 顾继玲. 理解教材,研究学生:中学数学教学设计[M]. 北京:北京师范大学出版社,2015:20-31.

《义务教育数学课程标准(2011年版)解读》,其是研制者审视自身、深入寻找理论依据和阐释课程观念的;也可以阅读与"标准"学习和落实有关的期刊文献,最好选择核心以上的期刊文献。一般来说,阅读"标准"使人知道"是什么";阅读《义务教育数学课程标准(2011年版)解读》,使人知道"为什么";阅读相关文献,使人知道"做什么"。

[案例2-1] 《义务教育数学课程标准(2011年版)解读》对《义务教育标准(2011年版)》第三学段"代数式"内容的解读。[1]

《义务教育标准(2011年版)》规定了如下的内容和要求:

(1) 借助现实情境了解代数式,进一步了解用字母表示数的意义。

(2) 能分析具体问题中简单的数量关系,并用代数式表示。

(3) 会求代数式的值;能根据特定的问题查阅资料,找到所需要的公式,并会代入具体的值进行计算。

由于形成代数式的概念需要逐步完成,一开始就严格定义代数式及相关概念难以实现。因此,以上的内容与要求,只是对代数式的初步认识;而其中"求代数式的值"则是沟通数与式的桥梁,应成为贯穿始终的一项基本训练。

代数式的概念建立在字母表示数的基础上,因此,《义务教育标准(2011年版)》提供了例49:结合实例解释$3a$。

希望学生理解用字母表示的代数式是有一般意义的。a可以表示数量,如葡萄的价格是每千克3元,则$3a$表示买a千克的金额;a可以表示长度,如一个等边三角形的边长为a,则$3a$表示这个三角形的周长,等等。

2. 研读教材

研读教材,首先要从整体上把握教材,了解教材的体系结构,各内容领域的编写意图和编写特点等。整体上把握数学课程,有助于开阔视野、把握数学课程的内在联系,有助于削枝强干、抓住知识的主干,同时也有助于教学目标的实现。

(1) 梳理教材各内容领域的结构和内容[2]

教材各领域的结构和内容的梳理可以按照"标准"所规定的各学段内容

---

[1] 史宁中,义务教育数学课程标准修订组.义务教育数学课程标准(2011年版)解读[M].北京:北京师范大学出版社,2012:163.

[2] 顾继玲.理解教材,研究学生:中学数学教学设计[M].北京:北京师范大学出版社,2015:22-23.

要求进行梳理,如初中数学各领域的结构和内容如下:

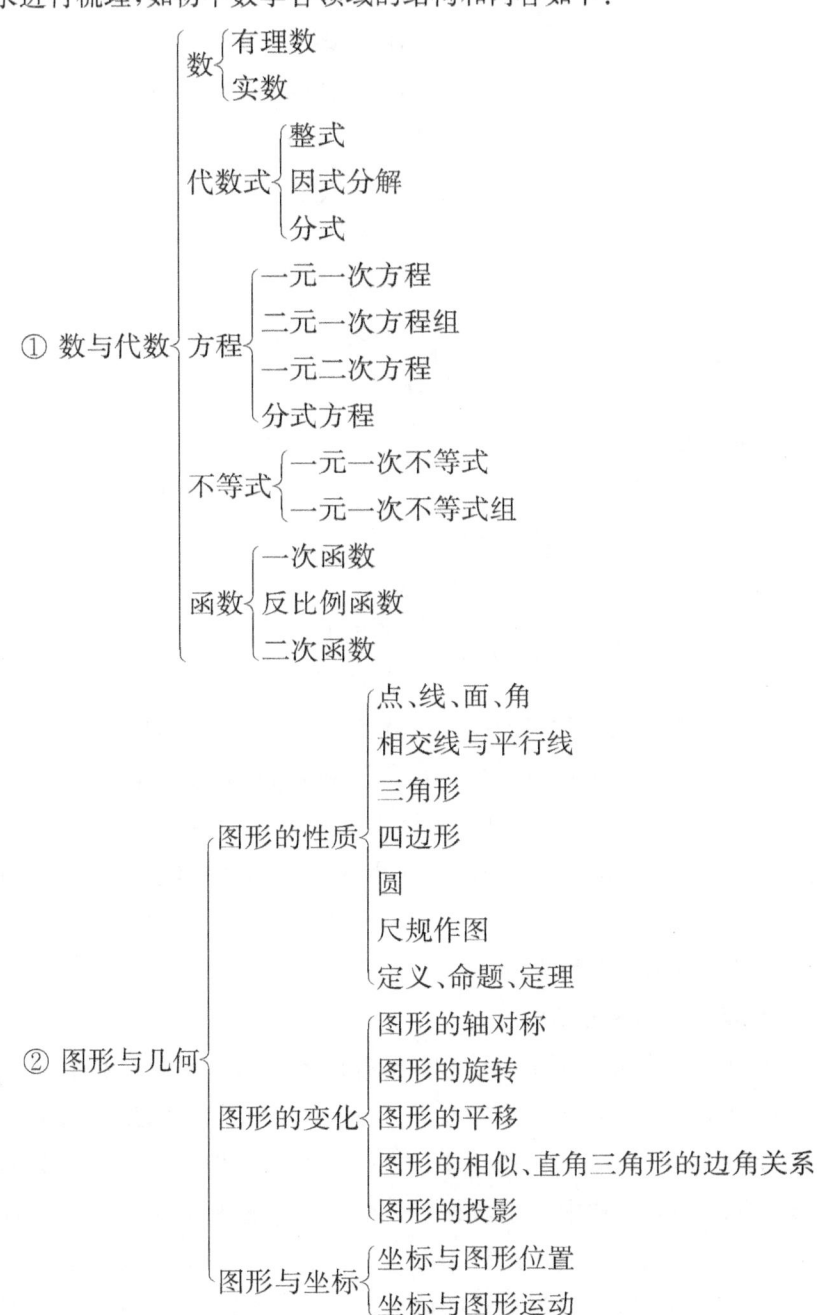

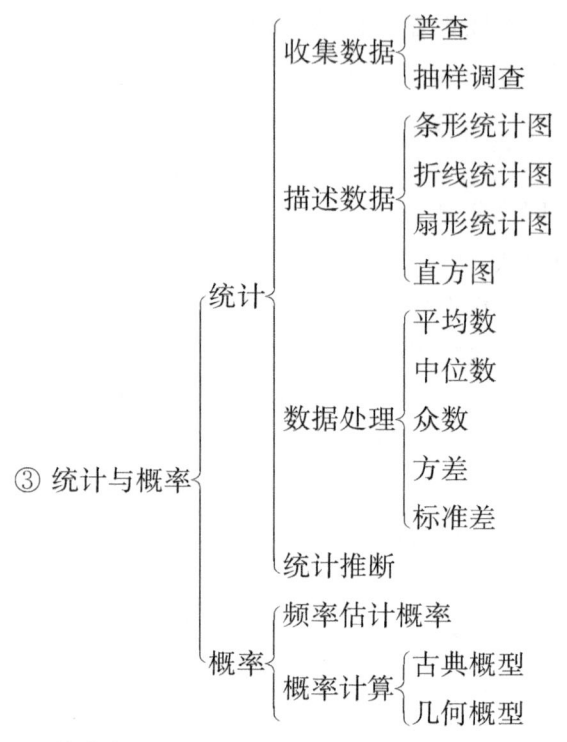

④ 综合与实践:设置的目的在于结合实际情境,经历设计解决具体问题的方案,并加以实施的过程,体验建立模型、解决问题的过程,并在此过程中,尝试发现和提出问题;会反思参与活动的全过程,将研究的过程和结果形成报告或小论文,并能进行交流,进一步获得数学活动经验;通过对有关问题的探讨,了解学过的知识(包括其他学科知识)之间的关联,进一步理解有关知识,发展应用意识和能力。

(2) 读懂教材的编排结构

首先浏览教材的章节目录,可以看出各内容领域的编排结构和各章节内容的编排顺序;其次阅读相关参考书,进一步理解其编写意图。例如,初中数学中无理数和勾股定理的先后顺序,很多教材一般是先学无理数后学勾股定理,而北师大版初中数学教材是先学勾股定理后学无理数。为什么这样编排?北师大版初中数学培训材料(2013)详细解释了教材的编写意图:先学习无理数再学习勾股定理的好处是,先准备好了根式的有关知识,然后利用勾股定理解决问题时,数据可以更加真实,运算更为便捷。但也存在不足:违背了数学历史发展的规律,难以揭示无理数研究的必要性;只能设计有关面积的问题背景,十分单调。

作为平面几何有关度量的最基本定理,勾股定理有着悠久的历史,人类文明的早期基本自主地得到了勾股定理;而古希腊人从几何图形研究中,发现了一些量是不可公度的(这些量不能同时是某个基本度量单位的整数倍),也就是说这两个量的比不是整数,因而得出不可比的数(由于翻译的偏差,误译为无理数);至于无理数的小数表示和小数定义(无限不循环小数),那是以后的事(古希腊当时还没有十进位制)。也就是说,历史上是先在理性思考的基础上,发现不可比的数(无理数),接着才研究其小数和根式表示的。先学习无理数再学习勾股定理,不符合历史顺序。

先学习无理数再学习勾股定理,也无法让学生感受无理数学习的必要性。如学生可能会产生这样的疑问"有平方等于2的数吗"?而先学习勾股定理再学习无理数,则避免了上述缺点,顺应了历史发展的顺序,也符合学生的认知顺序,后面无理数一章的题目背景更为丰富。

(3) 读懂教材的编写特色

在遵循"标准"的基础上,每个版本的教材又会有各自的特色,如教材的体例、内容处理等。如苏教版高中数学教材的基本体例为:①

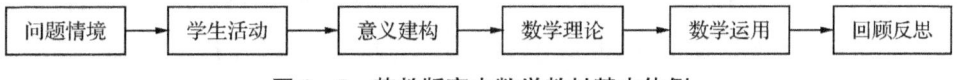

图 2-5 苏教版高中数学教材基本体例

问题情境:包括实例、情景、问题、叙述等。意图:提出问题。

学生活动:包括观察、操作、归纳、猜想、验证、推理、建立模型、提出方法等个体活动,也包括讨论、合作、交流、互动等小组活动。意图:体验数学。

意义建构:包括经历过程、感受意义、形成表象、自我表征等。意图:感知数学。

数学理论:包括概念定义、定理叙述、模型描述、算法程序等。意图:建立数学。

数学运用:包括辨别、解释、解决简单问题、解决复杂问题等。意图:运

---

① 顾继玲.理解教材,研究学生:中学数学教学设计[M].北京:北京师范大学出版社,2015:25.

用数学。

回顾反思：包括回顾、总结、联系、整合、拓展、创新、凝缩（由过程到对象）等。意图：理解数学。

在内容处理上，力图做到"入口浅，寓意深"。"入口浅，寓意深"是一种指导思想，目的是让学生在丰富的、现实的、与他们的经验紧密联系的背景中建立数学理论，获得数学理论后又能及时运用到他们的生活中。这种思想体现在教科书的每一个环节的编写上，而不仅仅是引入部分。如章头图给出本章核心概念或原理的直观形象；引言说明数学的来历，提出本章的核心问题或研究方法；正文建立数学理论、给出运用、研究方法；本章回顾是由厚到薄的反思过程，对全章做概括、整理和提升。每一个环节"入口"紧密相连，循序渐进，"寓意"不断加深。

（4）对待教材的态度

研读教材的过程，也是教师理解教材的过程，对待教材要有正确的态度。教材的编写涉及太多的方面，很难做到尽善尽美，教师需要辩证地看待教材，切忌把教材当"圣经"。教师的教学应是"用教材教"，而不是"照着教材教"。如斯苗儿提出"研读教材应遵循的基本思路：接受—比较—质疑—完善—超越"。[①] 接受指尊重教材，不轻易改动和更换；比较是指新旧教材和不同版本教材的比较，进一步领会教材的编写意图；质疑是指提出自己的问题或想法，如"这样安排是否合适？""有没有更好的处理方法？"，等等；完善是指在质疑基础上的行动、在实践中的落实，如改变了定理的教学方式、拓展了例题或习题等；超越则是对教材的创造性使用，不拘泥于教材，在内容编排或教学形式上做出较大的改变。如"长方形、正方形的面积与周长"教学案例就是超越教材的一个典型。

[案例2-2] "长方形、正方形的面积与周长"教学案例[②]。

2012年下半年，顾泠沅教授研究团队在上海市青浦区某实验小学以"长方形、正方形的面积与周长"为教学主题，进行了教学研究活动。该实验小

[①] 顾继玲.理解教材,研究学生:中学数学教学设计[M].北京:北京师范大学出版社,2015:27.

[②] 俞宏毓."长方形和正方形的面积与周长"教学指导研究报告[J].数学教育学报,2014(3):71-75.

学用的是上海教育出版社的教材。"长方形、正方形的面积"安排在三年级上册的第四章"几何小实践"的第三节,基础是"面积"(是通过数格子比较各种图形大小得出面积概念)。而"长方形、正方形的周长"安排在三年级下册的第五章"几何小实践"的第二节,基础是"周长的认识"。本次教学研究的出发点是"为学生的理解而教",根据儿童认知从简单到复杂、从一维到二维的逻辑顺序,先教"长方形、正方形的周长",在这个基础上进行"长方形、正方形的面积"的教学。由认识发展从简单到复杂、从规则到不规则的原理,本次研究对周长和面积的教学都是从最简单的图形长方形和正方形开始的,组合图形作为在这个基础上的延伸。另外,根据顾泠沅教授强调的抓教学主干和增加教学效率的思想,在学情分析的基础上,去掉了"周长的认识"的教学,直接进行"长方形、正方形的周长"教学;淡化了"通过数格子比较图形大小",将面积的概念放在"长方形、正方形的面积"一节课中教学。周长和面积的教学各有三个要素:概念、运算与单位。根据知识和方法的类比迁移原理,本次实验通过周长概念、运算法则及单位的教学迁移到面积概念、运算法则及单位的教学。

(二) 背景分析

背景分析主要是了解相关数学知识产生的背景和发展历程以及与其他知识、学科、实际的联系,挖掘其教学价值。

分析数学知识的产生、发展过程,可以使教师更深入地理解蕴含其中的数学思想实质和数学发展规律,更准确、更灵活地把握数学教学内容,教学设计时做到深入浅出。分析所教部分与数学学科其他部分之间的知识联系,可以使教师联系前后内容,整体理解数学的知识体系,教学设计时力图相生相济。分析数学知识在社会生活、生产和科学技术中的应用,可以使教师获取数学建模的素材,更广泛明了教学内容的意义与价值,教学设计时加强学以致用。

[案例 2-3][①] "圆锥曲线与方程"单元的知识背景分析:

圆锥曲线是椭圆、双曲线和抛物线的统称。圆锥曲线名称的由来,顾名

---

① 熊惠民.中学数学教学设计与案例研究[M].北京:科学出版社,2013:20-21.

思义与圆锥有着密切的联系。圆锥曲线是用一个不经过圆锥面顶点的平面去截这个圆锥面(圆锥面可双向无限延伸)得到的,故也称圆锥截线。设圆锥面的半顶角是 α,截面和圆锥面的轴所成的角是 θ,则圆锥截线有三种可能:① 当 $\alpha<\theta\leqslant\frac{\pi}{2}$ 时,截线是椭圆,特别的,当 $\theta=\frac{\pi}{2}$ 时,截线是圆;② 当 $\theta=\alpha$ 时,截线是抛物线;③ 当 $\alpha\leqslant\theta<\frac{\pi}{2}$ 时,截线是双曲线。

圆锥曲线的定义方法有很多。例如,椭圆也可定义为圆伸缩变换后得到的图形,还可定义为不经过轴线的圆柱面(可无限延伸)的平面截线。特别重要的,圆锥曲线有一个统一定义:平面上一个动点到一个定点和一条定直线的距离之比是一个常数,动点的轨迹叫做圆锥曲线。这个定义涉及圆锥曲线的三个基本几何量(或几何对象):定点是焦点,定直线是准线,常数是离心率。由此出发,还可以方便地得到统一的圆锥曲线极坐标方程 $\rho=\frac{ep}{1-e\cos\theta}$,其中 p 为焦点到准线的距离,e 为离心率。

圆锥曲线的研究始于古希腊,阿波罗尼著有《圆锥曲线论》八卷。解析几何建立后,英国数学家沃利斯首先把圆锥曲线定义为二次曲线,从而使得圆锥曲线的研究摆脱了圆锥曲面的局限。作为一种基本的几何图形,圆锥曲线在历史上得到了广泛而深入的研究。

圆锥曲线是仅次于直线和圆的简单平面图形。圆还是圆锥曲线(椭圆)的特例,而直线则可以看成是过圆锥面顶点的平面截圆锥面所得的圆锥曲线。从曲线方程来看,直线即一次曲线,圆与圆锥曲线即二次曲线。不仅如此,直线、圆、圆锥曲线事实上组成了一个完整的二次曲线谱系,此时直线成为二次曲线的退化情形。在高中数学课程里,圆锥曲线与方程、直线与方程、圆与方程同属平面解析几何的内容,仍沿用坐标法来研究,可进一步体会数形结合的思想。同时,圆锥曲线标准方程是后续二次曲线讨论的基础,而其中关于二次曲线的化简与分类则是坐标法更高级内容坐标变换、几何变换等的最基本运用实例。

圆锥曲线是一个非常重要的几何模型,有很多非常好的几何性质。这些几何性质在日常生活、社会生产和科学技术中有着广泛的应用。圆锥曲线的应用实例罗列如下:

（1）抛物体在重力的作用下的运动轨迹是抛物线。

（2）探照灯和汽车前灯的反射镜面的形状，是由一条抛物线绕着它的对称轴旋转而成的。电影放映机用的放映灯泡的反射镜面是椭圆绕轴旋转而成的椭球面。

（3）有很多拱桥的桥孔是抛物线拱。

（4）烟囱的直角弯头处的边缘曲线是椭圆。

（5）隧道的横断面是椭圆拱。

（6）激光机中的聚光罩是椭圆柱面，把棒状的氙灯和棒状激光材料分别装置在横截面椭圆的焦点所组成的两条焦线位置上，氙灯发出的光线经过反射后，集中在激光材料上，发出方向性好、亮度高的激光。

（7）海轮在海洋上航行，常采用"双曲线时差定位法"测定自己在海洋上的位置。

（8）通风塔的外形是双曲线的一部分绕其虚轴旋转所成的曲面。

（9）太阳系各行星运行的轨道是椭圆，有些彗星运行的轨道是抛物线或双曲线。

（10）人造卫星和宇宙火箭运行的轨道。当发射的速度大于第一宇宙速度，且小于第二宇宙速度时，运行的轨道是椭圆；当发射的速度等于第二宇宙速度时，运行的轨道是抛物线；当发射的速度大于第二宇宙速度时，运行的轨道是双曲线。

[案例2-4] 对于高中教材中"向量"引入的背景，分析如下：

一方面是向量的双重性特征。向量是一个具有几何和代数双重身份的概念，同时向量代数所依附的线性代数是高等数学中的一个完整的体系，具有良好的分析方法和完整结构。通过运用向量对传统问题的分析，可以帮助学生更好地建立代数与几何的联系，也为中学数学向高等数学过渡奠定一个直观的基础。

另一方面是数学与物理学"联姻"的需要。数学和物理学的关系是有目共睹的，一个良好的物理或现实背景是学生对数学产生兴趣和学好数学的重要因素，使学生尽早地认识到数学与物理世界的紧密关系，不仅可以增强学生学习的兴趣，而且可以使学生认识到数学伟大的社会性。

(三) 教学功能分析[1]

教学功能分析的目的在于了解学习内容在整个知识体系中的地位和作用，以及对于学生发展的意义。教学功能分析也就是对教学内容学习价值的分析。

数学教学内容一般可以从知识价值、智力价值和思想教育价值等三方面进行教学功能分析。知识价值是指教学内容的理论价值和应用价值；智力价值是指数学思维品质的培养、思想方法的训练、数学能力的提高等；思想教育价值是指个性品质的培养、人格精神的塑造、世界观和人生观的形成等。这些价值隐含在教学内容中，需要教师深入钻研、积极挖掘。

[案例 2-5] 平面几何"圆"这一部分内容的教学功能分析：

（1）知识价值。圆的学习为学生今后参加科学研究和社会生产奠定了基础。圆的知识是进一步学习三角、立体几何、解析几何、物理和其他学科的前提；圆的知识在工农业生产、交通运输、土木建筑、日常生活和科学技术中有着广泛的应用。

（2）智力价值。圆的学习是平面几何的综合提高阶段，有利于培养学生的分析、综合、归纳、演绎等逻辑思维能力和综合运用数学知识解决实际问题的能力。

（3）思想教育价值。圆的学习内容包含很多辩证唯物主义因素，可以使学生理解自然界的事物都在不断地运动和变化，彼此之间是相互联系、相互依赖的。

(四) 结构分析[2]

结构分析主要是分析教学内容前后知识之间的关系，包括本章节内容与其他章节的关联，以及本章节内容前后之间的关联。知识结构有表层和深层之分，因此可分为表层知识结构分析和深层知识结构分析两种。

1. 表层知识结构分析

教材的表层知识，主要侧重于分析教材知识系统各知识点之间的联系，

---

[1] 熊惠民.中学数学教学设计与案例研究[M].北京:科学出版社,2013:21.
[2] 李祎,贾雪梅.中学数学教学设计[M].北京:高等教育出版社,2016:25-27.

每个知识点在该系统或其子系统中的作用、意义和重要性,确定各知识点应掌握的程度和训练的要求等。

[**案例 2-6**] "数列"的表层知识结构分析,如图 2-6 所示。

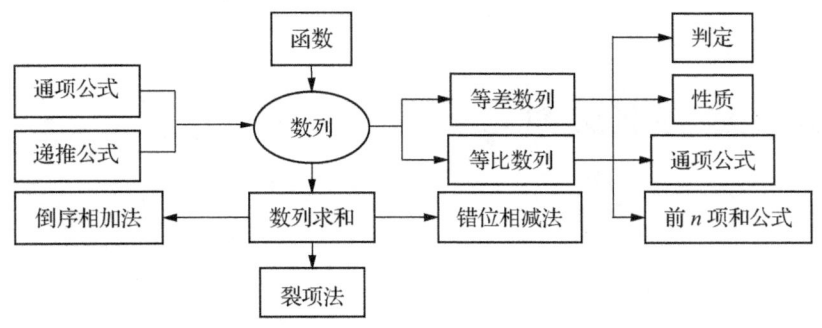

图 2-6 数列知识结构图①

本章从内容上看,可以分为数列、等差数列、等比数列 3 个部分。在"数列"这一部分,主要介绍数列的有关概念、数列的表示方法,并给出求数列通项公式和前 n 项和的常规方法。这些常规的求通项和求和的方法对所有数列都是通用的。"等差数列"和"等比数列"内容结构基本一致,首先都是相关概念,然后是通项公式和前 n 项和的求法。等差数列和等比数列都有自身的求通项和求和的特殊方法,且这两类特殊数列都要研究项与项之间的关系、项与和的关系、和与和之间的关系等。为促进学生对数列的深入认识和理解,在数列学习中会强调数列是特殊的函数。

2. 深层知识结构分析

深层知识结构分析是在表层知识结构分析的基础上,深入到数学知识的本质特征和内在联系,着重挖掘表层知识背后蕴含的数学的精神、思想和方法等。

仍以"数列"为例来进行分析。由于本章处在知识交汇点,所蕴含的数学思想方法较为丰富,教材在这方面也力求充分挖掘。教材注意从函数的观点去看数列,在这种整体的、动态的观点之下使数列的一些性质显得更加清楚,某些问题也能得到更好的解决。方程或方程组的思想也体现得较为充分,不少例题、习题均属这种模式:已知数列满足某一条件,求这个数

---

① 李祎,贾雪梅.中学数学教学设计[M].北京:高等教育出版社,2016:26.

列。对于复杂的数列求和问题,经常要转化为等差、等比或常见的特殊数列的求和问题,其中蕴含了等价转化的思想。此外,还有数形结合思想、分类讨论思想、递推归纳思想、算法思想等。

第二节 学情分析

一、学情分析的概念[①]

(一)学情的内涵

界定学情的概念是理解和实施学情分析的前提。目前为止,学术界对学情内涵的界定有很多,尚无公认的、一致的界定。根据界定的学情的范围大小,可以将界定方式分为广义和狭义两种;根据界定方式的不同,可以分为概括型、列举型和效果型三种。

1. 广义和狭义界定

邵燕楠和黄燕宁提出学情有学生情况和学生学习情况两种解读方式。这两种不同的解读方式导致了学情概念的广义和狭义之分。广义的学情指学生成长、发展的方方面面,包括身体、心理、智力、情感态度等;狭义的学情指与学习某些知识和技能相关的学生情况。

学情的广义和狭义界定都有其道理,从分析的价值及可行性来说,研究者和教师更应该关注狭义的学情。

2. 概括型、列举型和效果型

谢晨和胡惠闵在分析研究 58 篇具有代表性的研究文献基础上,将学情概念的界定方式归纳为三种:概括式界定、列举式归纳和从是否影响教学的角度描述。这三种界定方式即毛耀忠和许尔伟归纳的概括型、列举型和效果型。概括型既有广义的界定,如吴银银指出"学情分析就是要对学生的实

[①] 俞宏毓. 近十多年来我国学情分析研究的发展与反思[J]. 上海教育科研,2019(3):60-64.

际情况进行分析",也有狭义的界定,如马文杰等指出"学情分析主要指在教学前对与课堂教学直接相关的学生情况的研究与分析"。实际上学情分析不仅在教学前进行,而且可以在教学中和教学后进行,如有的学者主张的课前、课中、课后学情分析。另外,从事学情分析的也不仅局限于教师群体,其他如教育研究者、教师发展指导者等都应该研究学情。学情的概括式界定比较简捷,但是过于笼统和抽象,于是有学者对学情进行了列举式的归纳,具体指出学情包括哪些方面,即列举型。如有学者认为"学情分析是对学生起点的知识技能水平、认知学习方式以及情感、态度、价值观念等个性特征的全面了解分析"。从是否影响教学的角度描述或者说效果型则比较现实,它强调对教学效果会产生影响的学情才是真正应当关注的学情。从分析的价值及可行性来说,学情也应该是能够对教学产生直接影响的。

(二) 学情分析的内容

1. 广义学情分析内容

钱军先对学情分析的内容有较全面的阐述,他认为学情分析的内容包括学生学习起点状态和学生潜在状态两个层面,主要着力于以下四个方面:学生已有经验、学生认知能力、学生心理特征和学生学习风格。李伟雄和李杨也有类似的概括。也有研究者更为具体地列举出学情分析有如下十个方面的内容:学生的知识掌握情况、学习兴趣、学习需要、学习方法、学习习惯、学习态度、学习环境、学生情绪以及自我状态、学生文化、学生生活。陈燕等对职前和职后中学化学教师的学情分析情况做了调查,发现教师们对学生的认知特征、生理特征、情感特征和社会性特征四个方面都有不同程度的关注。

2. 狭义学情分析内容

也有很多研究者概括了狭义的学情分析内容。如张航立足英语学科,指出学情分析包括起点学情、课中学情、课后学情三方面内容,其中起点学情指学生语言学习水平和需求水平,课中学情指学生在课堂学习过程中的状态,课后学情主要指学生学习结果。陈隆升通过对语文教师学情分析的案例研究,发现语文教师学情分析的内容主要有两大方面:一是对学生学习需要的分析;二是对学生学习准备的分析。俞宏毓则提出了学情分析的四个关注点:起点、难点、容易点和易错点。这四个关注点虽然不能囊括学情的全部,但是却非常具体且操作性强,对分析学情非常有指导意义。相比较而言,广义学情分析内容更为全面,但有些方面间接影响教学且很难分析。狭义学情分析内容跟教学直接相关,且便于分析。

(三) 学情分析的价值

有很多学者对学情分析的重要价值进行了阐述。张航将学情分析内容分为三个方面来阐述学情分析的价值:课前学情分析是教学设计的基础,课中学情分析是及时调整教学与不断创生教学的重要依据,课后学情分析为教学反思与改进提供了必要的信息。马文杰等除阐述学情分析对教学的意义外,还指出学情分析可以"为教学理论与学习理论的生成提供丰富素材与有益启发"。顾泠沅特别强调学情分析的重要价值,指出学情分析是"以学生的发展为中心"理念的体现,是以学定教、实现精准针对性教学的关键。这是学情分析最重要的价值。

二、学情分析存在的问题[①]

学情分析目前尚是中国基础教育的瓶颈,概括起来,学情分析存在如下六个方面的问题:① 无视或轻视学情分析。马文杰等指出目前很多教师未意识到学情分析的重要性,认为学情分析可有可无。② 对学情分析的内涵存在误解。目前学术界对学情分析没有统一的界定,教师对学情分析的内涵存在误解。史晓玲指出,很多教师在分析学情时,只注重学生的知识准备。③ 学情分析犯主观经验主义错误。目前很多教师在分析学情时,依赖于主观经验,对学情认识存在偏差。④ 学情分析流于形式,内容空泛,缺乏与具体教学内容的匹配。教师的教学设计或说课稿中,一般都有学情分析环节,但考察其内容不难发现一些所谓的学情分析往往流于形式、泛泛而谈,缺乏与具体教学内容相关的知识技能方面的分析。⑤ 学情分析方法手段单一。大多数教师在进行学情分析时,或者基于个人经验判断,或者直接从教学参考资料中"移植",极个别教师会采用实证方法分析,学情分析缺乏科学的方法。⑥ 学情分析侧重群体共性分析,忽略个体差异。为实现分层

---

① 俞宏毓.学情分析存在的问题与有效方法[J].现代中小学教育,2016(12):27-31.

教学、因材施教,教学需要考虑个体差异,对学情的分析不仅应有共性分析,还要有个体差异分析。但现有的学情分析往往局限于对学生群体共性的分析和归纳,缺乏对学生个体的独特性和差异性的分析。

俞宏毓从教材编写、教师教学和教师发展指导三方面举例说明目前基础教育学情分析存在的问题。

1. 教材编写忽视学情

国内基础教育教材有很多版本,各版本的教材也都有自己的特色。但教材编写是一项繁杂的工作,很难面面俱到、尽善尽美。通过对一些教材的研究发现,目前有些教材部分内容的编写是忽视学情的。如"异分母分数的加减法",如图2-7所示,有的教材首先以"$\frac{1}{2}+\frac{1}{3}=\frac{2}{5}$"这样一个错误辨析引入。这种类型的错误在西方的课堂教学中常出现,而中国的学生是很少犯这种类型错误的。关于这种错误,俞宏毓曾对一线经验教师进行过访谈,教师的回答是极少有学生(不到5%)会犯这样的错误;对学生的测试及该内容的课堂教学观察也发现,学生出现类似错误的频率是极低的。因此,这样的错误辨析引入是不符合学生学情的,根本没有必要。

图2-7 异分母分数的加减法引入①

再如北京师范大学出版社教材数学六年级上册内容"比赛场次",首先通过列表法[如图2-8(a)]解释循环赛问题的计算公式。在执教这节课之前,研究者曾对学生做过前测,结果发现75%以上的学生倾向于用画图法[如图2-8(b)]来解决这类问题,用列表法的学生不到2%。用何种方式来解释算理要以贴近学生实际、能促进学生理解为出发点,也就是要针对学

---

① 上海中小学课程教材改革委员会.数学:六年级第一学期[M].上海:上海教育出版社,2008.

情,教材的这种处理方式不符合学情,理想的做法应该以学生惯用的画图法解释公式,而列表法可以作为第二种方法教给学生。

参加比赛人数	示意图	画"√"数	比赛场数
2	生1 生2 生1 生2 √	1	1
3	生1 生2 生3 生1 生2 √ 生3 √ √	1+2=3	3
4	生1 生2 生3 生4 生1 生2 √ 生3 √ √ 生4 √ √ √	1+2+3=6	6

(a)

参加比赛人数	示意图	各点之间连线数	比赛场数
2	⌒	1	1
3	 △	1+2=3	3
4	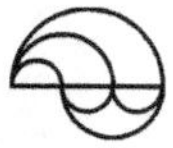 ◇	1+2+3=6	6

(b)

图 2-8 "比赛场次"教材剪辑①

2. 教学中学情分析存在问题

目前教师教学中的学情分析也存在很多问题。如马文杰和鲍建生指出,当前的教学存在"无视或轻视学情分析""学情分析经验主义、主观主义现象严重""学情分析中形式主义现象严重""学情分析过于空泛""学情分析视角单一、方法简陋"等问题。另外有学者还指出,学情分析仅关注课前分

---

① 刘坚,孔企平,张丹,等.数学:六年级上册[M].2版.北京:北京师范大学出版社,2006.

析,缺乏课中和课后的分析,注重对学生群体共性的分析而缺乏对学生个体差异的考察,等等。

目前教学中学情分析存在的比较严重的问题是脱离具体的教学内容、流于形式。如说课要求要有学情分析,很多说课稿即使有学情分析也是泛泛而谈。如某初中教师写的《菱形的性质》说课稿中的学情分析:"学生刚刚学完平行四边形和矩形,已具备平行四边形的相关知识及探究矩形的方法,有了一定的活动经验。同时初二的学生思维活跃,求知欲强,对实验、猜想、探索性的问题充满好奇,有一定的动手能力和获取新知识的能力。"这个学情分析试图分析学生学习本节课的基础,但不够具体,至于学生学习菱形的性质存在什么困难等问题则完全没有提及。再如一些小学教师的学情分析:"四年级学生活泼好动,学习新知识的速度快,敢于发表自己的想法,具备一定的探索知识的能力。"这样的学情分析则完全和教学的内容不沾边。

从课堂教学来看,教师的教学很多时候是无视学情的。如"两位数减两位数退位减法"一课的教学,教师用如图 2-9 所示的具象的方格子和小棒来说明算理。课堂观察发现,学生在学习两位数减两位数退位减法时,其实不需要借助这种具象的操作来理解了。根据布鲁纳认知思维发展的三水平理论,儿童的认知需要经历一个从具象到表象再到抽象的数学化过程。学生在初学整数加减时,如在学习"10 以内数的分与合"及"20 以内加减法"时可以选用小棒、圈画等说明算理,而到了"两位数减两位数退位减法"的时候,学生的认知已经达到表象或抽象水平,这个时候再用具象的小棒等来解决其实是认知的倒退,是忽视学情的结果。①

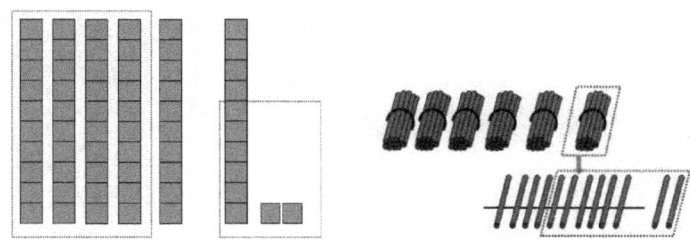

图 2-9 教师演示"两位数减两位数退位减法"算理的方法

---

① 俞宏毓.教师发展指导者工作的案例研究[D].上海:华东师范大学,2013.

3. 教师发展指导忽略学情

根据对教师发展指导现状的考察了解到,现有的教师发展指导虽然有一定的成效,但也存在一些问题,其中对学情的忽略是主要问题之一。如以"两位数减两位数退位减法"为教学主题的教师发展指导实验,是以全国知名教研员为指导主体的"原生态"指导,在一定程度上反映了以教研员为主体的教师发展指导工作的现状。该教学指导实验采取的是顾泠沅教授的行动教育模式,该教学主题经历了三轮课的教学实践,教师发展指导者分别在第一次课后和第二次课后对执教教师进行了指导。顾泠沅教授将教师发展指导内容分为六个方面,第一次课后指导六方面内容占总时间的百分比如表 2-1 所示。显然教师发展指导对学情是忽略的,学情分析时间仅占 4%。

表 2-1 "两位数减两位数退位减法"教师发展指导六方面内容所占时间百分比

指导内容	学科一般知识	教学理论知识	学情分析	任务设计	过程测评	教学改进
占比/%	11	7	4	31	2	45

再如"异分母分数的加减法"教学指导实验,考虑到图示比较直观形象,教师发展指导者首先是以"吃匹萨饼"的实际问题引入异分母分数的加减法,并试图用饼图的分割来说明异分母分数相加减的算理(图 2-10)。然后通过具体的运算,让学生归纳出异分母分数的加减法法则。课堂观察发现,饼图如何呈现是个难题。根据课前测和课堂观察结果,学生在具备了通分和同分母分数的加减法知识以后,一般都自然通过通分将简单的异分母分数化成同分母分数再加减。在学习分数的初步认识、分数的意义和性质时,是借助饼图、线段图等图示法来帮助学生理解的。到了异分母分数的加减法时,不仅学生对分数的认识已经上升到了抽象的数字水平,不需要再借助图示这种直观形式来理解,而且直观也很难再演示了。教师发展指导者的这个设计思路没有充分考虑学生的学情。[①]

---

① 俞宏毓,潘勇. 教师发展指导者工作的案例研究:以"异分母分数的加减法"教学指导为例[J]. 教育学术月刊,2013(7):103-105,111.

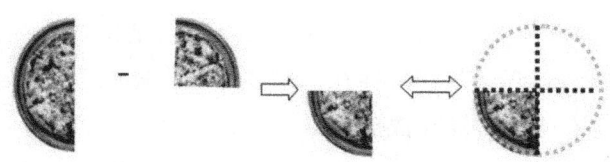

图 2-10 异分母分数减法图示①

三、学情分析的方法②

关于学情分析的策略和方法,教育研究常用的问卷调查法、访谈法、观察法和资料分析法等都可用于学情分析。近些年,随着信息技术的发展,又有新的方法涌现。

(一) 常见的分析方法

1. 资料分析法

资料分析法是了解学情的有效方法之一,通常指通过对包括学习档案、笔记本、练习本、作业和试卷等文本材料的分析,了解学情。如通过翻看学习档案可以了解学生的总体学习情况,通过查看学生课堂笔记本可以了解学生课堂专注程度、对课堂教学内容的把握程度,等等。除此以外,相关参考书籍和网络资源也是应该参考借鉴的资料。

2. 经验分析法

经验分析法(或经验梳理法)是一线教师分析学情的常用方法之一。徐梦杰和曹培英对上海市静安区"教学前端分析案例征集"活动获一等奖的案例进行分析,发现教师们用于进行学情分析的方法中,有近 37% 的案例用了经验分析法。经验分析法一般是教师基于已有的教学经验对学情进行一定的分析与研究。相对来说,运用这种方法经验教师更占优势。

3. 观察法

观察法是教育研究的重要方法之一,也是比较容易实施的学情分析方法之一,很多研究者都有强调。观察主要是指课堂观察,当然为了研究需要也可以进行实验室观察。对于一线教师来说,课堂观察法非常便捷,随时可以进行。课堂观察除了通过观察学生表情了解学生的学习状态、学习心理、

---

① 俞宏毓,潘勇.教师发展指导者工作的案例研究:以"异分母分数的加减法"教学指导为例[J].教育学术月刊,2013(7):103-105,111.

② 俞宏毓.近十多年来我国学情分析研究的发展与反思[J].上海教育科研,2019(3):60-64.

学习效果等学情以外,还可以通过提问、课堂巡视、学生板演等常规手段了解学生对相关内容的掌握情况、存在的问题等。大多数教师都会进行课堂观察,但却很少有教师能够在课后仔细总结课堂观察的内容并据此改进自己的教学。除一线教师以外,从事教育教学研究的人员、教研员等也可以进入活生生的课堂了解学情。由于课堂教学转瞬即逝,不可能当堂记录课堂发生的所有事件,因此可以采取拍摄课堂教学录像的方法来弥补。研究人员经常采用录像带分析法来分析课堂教学,一线教师也可以通过观察课堂教学录像来研究如何提高教学水平。

4. 问卷调查法

问卷调查法是教育研究常用的方法,亦可用于学情分析。对于问卷调查来说,最需要技巧的环节是问卷的设计,问卷设计不合理一般是得不出想要的结果的。用于分析学情的问卷和常规的测试题、练习题是有区别的,不仅很少做研究的一线教师很难设计好学情分析问卷,一些资深教育研究者也不一定能设计出合理的学情分析问卷。

[案例 2-7] "长方形、正方形的面积与周长"前测试题:①

1. 分别计算下面长方形和正方形一周的长。

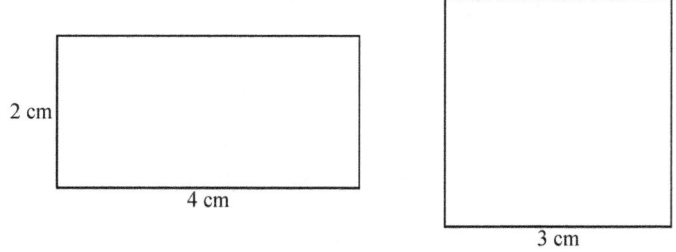

2. 比较下面长方形和正方形的大小。

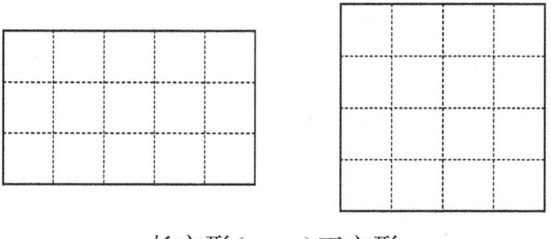

长方形（　　）正方形

---

① 俞宏毓. 教师发展指导者工作的案例研究[D]. 上海:华东师范大学,2013.

你怎么知道的?＿＿＿＿＿＿＿＿＿＿＿＿＿＿＿＿＿＿＿＿＿＿

3.

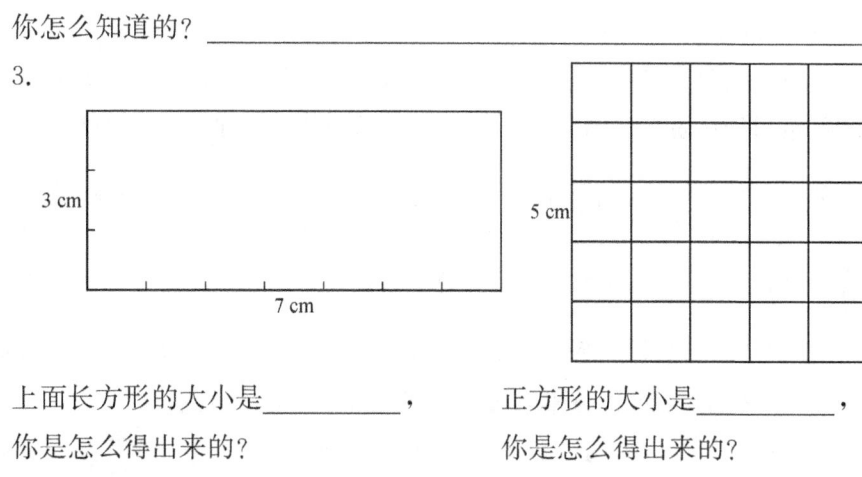

上面长方形的大小是＿＿＿＿， 正方形的大小是＿＿＿＿，
你是怎么得出来的? 你是怎么得出来的?

5. 访谈法

访谈法是教育研究常用的方法，也是研究学情的一种有效方法。访谈可以独立进行，但更多时候是作为其他方法如测量或问卷调查的辅助方法运用，因为通过访谈往往可以发现其他研究发现不了的东西。为研究学情的访谈，除了直接访谈学生本身外，也可以访谈经验教师、教研员、教育研究者、学生家长等。访谈前需要事先设计好访谈提纲或者访谈问题，当然也可以根据访谈进展灵活应变。

6. 基于理论和知识的分析法

马文杰等提出"基于一定的教育教学理论进行分析"的方法，指在一定的教育教学理论指导下，科学运用多元方法对学情进行深入分析。俞宏毓在此基础上提出"基于理论和知识的分析法"，指教育研究者根据教育理论和学习理论、基于学科知识本身的分析对学情做出的分析和判断。这种自上而下的分析方法需要经实践检验或者联合其他方法分析运用。

(二) 其他方法

除上述常用的学情分析方法外，毛耀忠和张锐在分析西方学情分析现状时，还提到西方崇尚定量方法的学情分析，研究者常采用大样本测试与调查的方式分析学情。在信息技术高度发达的今天，大样本测试比过去更便捷，如在线开放学习测试、微信平台测试等。邵朝友和朱伟强提出以课例研究为载体开展学情分析，并按照课堂教学的进程分课前学情、课中学情和课后学情开展观察与分析。此外，开展教学实验进行学情分析也是一种理想的分析方法。

教学实验可以是大型的实验,也可以是一些微型的实验。如俞宏毓做的一系列行动研究案例,不仅是解决教学中存在问题的一些典型案例,同时也分析了相关学情。如"扇形的面积"教学案例验证了 $S=\dfrac{n}{360}\pi r^2$ 是学生的容易点,$S=\dfrac{1}{2}lr$ 是难点并成功突破了该难点;"长方形、正方形的面积与周长"教学案例则验证了先学周长再学面积更符合学生的认知规律。开展教学实验分析学情,可以运用上述各种常用的学情分析方法。

学情分析是对人的分析,是个复杂的过程,如前所述,学情分析目前存在很多问题。要达到全面正确地把握学情,上述分析方法可以几种结合起来运用,运用单一方法分析易得到片面的结果。

四、学情分析的关注点

具体到教师的教学来说,俞宏毓认为学情分析需要特别关注四个点:起点、难点、易错点、容易点。

(一) 起点

教学首先要了解学生的起点,所谓的起点指的是学生已有的基础。如曾峥和李劲指出的,教师学情分析需要关注如下方面:学生对将要学习的新知识、与之相关的旧知识掌握得怎样?有没有遗忘缺漏的情况?所用到的经验技能是否具备?如为了解"异分母分数的加减法"一课的学情,可以设计通分和同分母分数的加减以及简单的异分母分数加减问题,了解学生学习该内容的起点。

[案例 2-8] "异分母分数的加减法"前测试题:[①]

(1) 通分

① $\dfrac{1}{3}$、$\dfrac{2}{5}$ ② $\dfrac{3}{14}$、$\dfrac{2}{35}$

(2) 计算

[①] 俞宏毓. 教师发展指导者工作的案例研究[D]. 上海:华东师范大学,2013.

① $\frac{1}{4}+\frac{3}{4}$ ② $\frac{13}{15}-\frac{7}{15}$ ③ $\frac{1}{2}+\frac{2}{3}$ ④ $\frac{3}{8}-\frac{1}{4}$

（3）$\frac{1}{5}+\frac{1}{4}=\frac{2}{9}$ 对吗？判断并说明理由。

（4）某学校的教室面积占校舍总面积的 $\frac{5}{8}$，办公室的面积占校舍总面积的 $\frac{1}{8}$，食堂的面积占校舍总面积的 $\frac{1}{8}$。请根据上述信息提出一个问题，并解决。

（二）难点

教学难点一直以来是教学设计强调的内容之一，指的是教学内容中比较抽象、相关要素比较多、因果关系不明显或缺乏相关基础的内容，教学中难以直接理解掌握，需要花费较多时间或采取特别处理方法才能得以掌握的内容。教学内容中的难点一般也是学生学习的难点。教学难点虽然广受关注，但很多时候并没有被妥善解决。

如"扇形的面积"一课，关于公式 $S=\frac{1}{2}lr$ 的理解是教学难点，教材和一般的教学都是通过将弧长公式 $l=\frac{n}{180}\pi r$ 代入 $S=\frac{n}{360}\pi r^2$ 中得到，这种代数推导的处理方式学生一般很难理解公式的几何意义，而且这个推导过程也需要一定的运算技巧，教师给学生推导示范以后，只有一个学生学会了这种推导。不仅如此，有的教材甚至没有安排公式 $S=\frac{1}{2}lr$ 的应用例题，结果导致很多学生只学会了 $S=\frac{n}{360}\pi r^2$ 这一个求扇形面积的公式。

（三）易错点

易错点顾名思义指的是学生容易出错、容易混淆的地方。弄清楚了学生的易错点，教师教学在这些点上则要采取相应的措施防止学生出错或混淆。如小学阶段"面积与周长"的教学主题，学生往往出现混淆面积与周长公式的现象。对此，教材的对策是将"周长"与"面积"两部分内容分开教学。实际上，教学时如果教会学生周长和面积运算的本质而不是单纯强调公式的形式，那么学生不仅不会混淆面积和周长公式的运算，而且还有可能从周长的学习迁移到面积的学习中。

(四) 容易点

学生的容易点则是常常被忽略的。容易点是相对难点来说的,是对于学生来说比较容易、不存在难度的知识。明确了学生的容易点,教师在教学时就可以对这些知识点少花时间甚至不花时间,从而提高了教学效率。如公式 $S=\dfrac{n}{360}\pi r^2$ 是"扇形的面积"一课的容易点,教师在教学时可以少花时间。

上述四个关注点是学情分析最关键的问题,抓住这四个关注点,基本上也就掌握了学情的全貌。

拓展阅读

1. 俞宏毓."长方形和正方形的面积与周长"教学指导研究报告[J].数学教育学报,2014(3).

2. 俞宏毓.学情分析存在的问题与有效方法[J].现代中小学教育,2016(12).

3. 俞宏毓.近十多年来我国学情分析研究的发展与反思[J].上海教育科研,2019(3).

4. 喻平.核心素养指向的数学教学内容组织[J].数学通报,2022(4):5-10.

思考与实践

1. 选择中小学数学内容,运用一种分析教材的方法进行分析。

2. 选择一个中小学数学教学主题,设计关于该主题的学情分析方案。

第三章

数学教学目标与重难点设计

数学教学目标是教学设计者希望学生通过数学教学活动达到的理想状态,是数学教学设计的起点。因此,确定教学目标是数学教学设计过程中最为关键的工作。而教学重点是教学中的重点内容、是教学的重心,教学难点是学生不易理解和掌握的内容,这两部分的把握和设计也非常关键。

第一节 数学教学目标的设计

一、数学教学目标的分析

(一) 教学目标的层次[①]

与教学目标密切相关的还有课程目标、培养目标和教育目的等。它们之间的关系是:

教育目的(一级教育目标)——国家培养人的总目标或称终极目标。

培养目标(二级教育目标)——各级、各类学校的教育目标。

课程目标(三级教育目标)——各科类、各学科的教育目标。

教学目标(四级教育目标)——教师教和学生学的教育目标。

课程目标是在课程标准中制定的目标,体现了国家和政府的教育方针,具有指导意义。数学教学目标是教师为进行教学而自行制定的,它以数学课程标准为上位目标,是数学课程目标的具体化,具有高度的实践性和实效性。具体地说,数学教学目标是教师根据数学课程标准的要求,结合学生的实际情况,通过科学地设计,并进行有计划的数学教学活动,期望学生所要达到的学习标准或结果。

教学目标又可以分为总目标、学段目标、学年目标、学期目标、单元目标和课时目标(即课堂教学目标)。

(二) 普通高中数学课程目标

1. 三维目标

21世纪初,我国把素质教育作为基础教育的核心,素质教育成为第八次基础教育课程改革的指导思想。[②] 为落实素质教育,在基础教育各学科课程标准中提出了三维课程目标,即知识与技能、过程与方法、情感态度与价值观。

[①] 张奠宙,宋乃庆. 数学教育概论[M]. 3版. 北京:高等教育出版社,2016:306-307.

[②] 教育部基础教育课程教材专家工作委员会,普通高中数学课程标准修订组,史宁中,等. 普通高中数学课程标准(2017年版2020年修订)解读[M]. 北京:高等教育出版社,2020:2-3.

2003年颁布的《普通高中数学课程标准(实验)》规定高中数学课程的总目标是:使学生在九年义务教育数学课程的基础上,进一步提高作为未来公民所必要的数学素养,以满足个人发展与社会进步的需要。具体目标如下:
① 获得必要的数学基础知识和基本技能,理解基本的数学概念、数学结论的本质,了解概念、结论产生的背景、应用,体会其中所蕴含的数学思想和方法,以及它们在后续学习中的作用。通过不同形式的自主学习、探究活动,体验数学发现和创造的历程。② 提高空间想象、抽象概括、推理论证、运算求解、数据处理等基本能力。③ 提高提出问题、分析问题和解决问题(包括简单的实际问题)的能力,数学表达和交流的能力,发展独立获取数学知识的能力。④ 发展数学应用意识和创新意识,力求对现实世界中蕴含的一些数学模式进行思考和做出判断。⑤ 提高学习数学的兴趣,树立学好数学的信心,形成锲而不舍的钻研精神和科学态度。⑥ 具有一定的数学视野,逐步认识数学的科学价值、应用价值和文化价值,形成批判性的思维习惯,体会数学的美学意义,从而进一步树立辩证唯物主义和历史唯物主义世界观。①

《普通高中数学课程标准(实验)》提出的具体目标是:基础知识和基本技能、基本能力、拓展能力、应用意识和创新意识、兴趣和态度、数学视野和理性精神六个方面。这六个方面的具体目标体现了三维目标,基本上可以分为三个层次:第一个层次是知识与技能;第二个层次是过程与方法,具体体现在在这个过程中把握方法、形成能力、发展意识,如应用意识、创新意识;第三个层次是情感态度与价值观,它是一种对人的全面和谐发展和社会发展的更高层次的要求。②

2. 基于核心素养的目标

党的十八大提出把立德树人作为教育的根本任务。对此,教育部于2014年颁布《关于全面深化课程改革落实立德树人根本任务的意见》,提出通过核心素养来落实立德树人的根本任务。③ 于是《普通高中数学课程标准

---

① 中华人民共和国教育部.普通高中数学课程标准(实验)[M].北京:人民教育出版社,2003:11.
② 教育部基础教育课程教材专家工作委员会,普通高中数学课程标准修订组,史宁中,等.普通高中数学课程标准(2017年版2020年修订)解读[M].北京:高等教育出版社,2020:2-3.
③ 史宁中.数学课程标准修订与核心素养[J].教育研究与评论,2022(5):18-27.

(2017年版2020年修订)》(以下简称《普通高中标准(2020年修订)》)提出了基于"三会"的数学学科核心素养。"三会"是指会用数学的眼光观察世界、会用数学的思维思考现实世界、会用数学的语言表达现实世界,是制定数学学科核心素养的指导思想。

(1) 学科核心素养[①]

学科核心素养是育人价值的集中体现,是学生通过学科学习而逐步形成的正确价值观念、必备品格和关键能力。数学学科核心素养是数学课程目标的集中体现,是具有数学基本特征的思维品质、关键能力以及情感、态度与价值观的综合体现,是在数学学习和应用的过程中逐步形成和发展的。数学学科核心素养包括:数学抽象、逻辑推理、数学建模、直观想象、数学运算和数据分析。

① 数学抽象

数学抽象是指通过对数量关系与空间形式的抽象,得到数学研究对象的素养。数学抽象主要包括:从数量与数量关系、图形与图形关系中抽象出数学概念及概念之间的关系,从事物的具体背景中抽象出一般规律和结构,并用数学语言予以表征。

② 逻辑推理

逻辑推理是指从一些事实和命题出发,依据规则推出其他命题的素养。逻辑推理主要包括两类:一类是从特殊到一般的推理,推理形式主要有归纳、类比;一类是从一般到特殊的推理,推理形式主要有演绎。

③ 数学建模

数学建模是对现实问题进行数学抽象,用数学语言表达问题、用数学方法构建模型来解决问题的素养。数学建模过程主要包括:在实际情境中从数学的视角发现问题、提出问题、分析问题、建立模型、确定参数、计算求解、检验结果、改进模型,最终解决实际问题。

④ 直观想象

直观想象是指借助几何直观和空间想象感知事物的形态与变化,利用

[①] 中华人民共和国教育部.普通高中数学课程标准(2017年版)[M].北京:人民教育出版社,2018:4-8.

空间形式特别是图形,理解和解决数学问题的素养。直观想象主要包括:借助空间形式认识事物的位置关系、形态变化与运动规律;利用图形描述、分析数学问题;建立形与数的联系,构建数学问题的直观模型,探索解决问题的思路。

⑤ 数学运算

数学运算是指在明晰运算对象的基础上,依据运算法则解决数学问题的素养。数学运算主要包括:理解运算对象、掌握运算法则、探究运算思路、选择运算方法、设计运算程序、求得运算结果等。

⑥ 数据分析

数据分析是指针对研究对象获取数据,运用数学方法对数据进行整理、分析和判断,形成关于研究对象知识的素养。数据分析过程主要包括:收集数据、整理数据、提取信息、构建模型、进行推断、获得结论。

这六个核心素养既相互独立,又彼此关联,组成一个有机整体,相互交融,是数学育人价值的集中体现,也是数学课程目标的核心部分。

(2) 课程目标

高中阶段数学课程目标如下:

① 通过高中数学课程的学习,学生能够获得进一步学习以及未来发展所必需的数学基础知识、基本技能、基本思想、基本活动经验;提高从数学角度发现和提出问题的能力、分析和解决问题的能力(简称"四能")。

② 在学习数学和应用数学的过程中,学生能发展数学抽象、逻辑推理、数学建模、直观想象、数学运算、数据分析等数学学科核心素养。

③ 通过高中数学课程的学习,学生能提高学习数学的兴趣,增强学好数学的自信心,养成良好的数学学习习惯,发展自主学习的能力;树立敢于质疑、善于思考、严谨求实的科学精神;不断提高实践能力,提升创新意识;认识数学的科学价值、应用价值、文化价值和审美价值。

上述课程目标可以概括为获得"四基"、提高"四能"、发展"六个核心素养"、形成"情感、态度与价值观"。其中,核心素养是统领,"四基"是发展核心素养、形成"情感、态度与价值观"的有效载体,而发展学生的核心素养、形成"情感、态度与价值观"是在学习数学、应用数学解决问题的过程中实现的。

(三) 义务教育阶段数学课程目标①

1.《义务教育数学课程标准(2011年版)》对课程目标的表述

2001年颁布的《全日制义务教育数学课程标准(实验稿)》经过几年的实施,取得了明显成效,也发现了一些问题。2005年5月教育部成立"全日制义务教育数学课程标准修订组",开始标准的修订工作。2011年12月《义务教育数学课程标准(2011年版)》公布。修订后的数学课程标准对课程目标进行了完善,在具体表述上做了修改,进一步突出了课程改革倡导的使学生经历数学学习过程、学会数学思考等思想。课程目标的总体设计仍然保持总体目标和学段目标的结构。②"总目标"带有全局性、方向性和指导性,将三维目标分解为知识技能、数学思考、问题解决和情感态度四个具体方面,也可以称为数学课程的四个具体目标;"学段目标"分三个学段叙述,每个学段也按照知识技能、数学思考、问题解决和情感态度四个具体目标展开。

(1) 义务教育阶段数学课程的总目标

在"通过义务教育阶段的数学学习,学生能……"一语的统领下,《义务教育标准(2011年版)》对数学课程的"总目标"表述为以下三点:获得适应社会生活和进一步发展所必需的数学的基础知识、基本技能、基本思想、基本活动经验;体会数学知识之间、数学与其他学科之间、数学与生活之间的联系,运用数学的思维方式进行思考,增强发现和提出问题的能力、分析和解决问题的能力;了解数学的价值,提高学习数学的兴趣,增强学好数学的信心,养成良好的学习习惯,具有初步的创新意识和科学态度。

上述三点可简要概括为:获得"四基"、增强能力、培养科学态度。

① 获得"四基"

过去的数学课程,非常强调"双基",即要求学生基础知识扎实、基本技能熟练,这是正确的,但是还不够,因此《义务教育标准(2011年版)》增加了基本思想和基本活动经验,成为"四基"。

---

① 中华人民共和国教育部. 义务教育数学课程标准(2011年版)[M]. 北京:北京师范大学出版社,2012:117-134.

② 史宁中,马云鹏,刘晓玫. 义务教育数学课程标准修订过程与主要内容[J]. 课程·教材·教法,2012(3):50-56.

过去的数学"双基"本意是指:经过此阶段的学习,学生为适应今后进一步学习或工作所必备的最初步、最基本的数学知识和技能,包括数学的基本概念、定理、公式、法则、方法,以及基本运算、推理、作图等技能。数学"双基"教学的历史贡献是应该肯定的,但对于"双基"的内容,即对于什么是学生应该掌握的"基础知识"和"基本技能",在"知识爆炸"的时代,在现代信息技术突飞猛进的时代,必须与时俱进。对于过去数学"双基"的某些内容,如繁杂的计算、细枝末节的证明技巧等,要求有所删减;而对于估算、算法、数感、符号感、收集和处理数据、概率初步、统计初步、数学建模初步等,又要有所增加。

使学生获得数学的基本思想是数学课程的重要目标。《义务教育标准(2011年版)》中所说的"数学基本思想"主要指:数学抽象的思想、数学推理的思想和数学建模的思想。人类通过数学抽象,从客观世界中得到数学的概念和法则,建立了数学学科;通过数学推理,进一步得到大量结论,数学科学得以发展;通过数学建模,把数学应用于客观世界中,产生了巨大的效益,又反过来促进数学科学的发展。

使学生获得数学的基本活动经验,也是数学课程的重要目标。数学基本活动经验是学习主体通过亲身经历数学活动过程所获得的具有个性特征的经验。学生只有积极参与数学课程的教学过程,经过独立思考,经过探索实践,经过合作交流,才有可能积累数学活动经验。在学生获得数学的基本活动经验的过程中,就必然有情感态度与价值观的提升。这样,"四基"就全面体现了"三维目标"的要求。

需要注意的是,"四基"不是四个事物简单的叠加或混合,而是一个有机的整体,是相互联系、相互促进的。基础知识和基本技能是数学教学的主要载体,需要花费较多的课堂时间;数学思想则是数学教学的精髓,是统领课堂教学的主线;数学活动是不可或缺的教学形式。

② 增强能力

总目标的第二点,表述了学生通过数学学习在体会数学联系、学会数学思考、增强问题解决能力方面的目标。

世界上的一切事物都是相互联系的,学生应该在普遍联系中学习数学,体会数学知识之间的联系、数学与其他学科之间的联系、数学与生活之间的联系。

在学生学会知识的过程中也要学会思考,它将使学生终身受益。这种思考是"运用数学的思维方式"进行的思考,它具有丰富的内涵,包括形象思维、逻辑思维和辩证思维,以及合情推理和演绎推理等。

《义务教育标准》(2011年版)围绕关键词——"问题",表述"增强能力"的课程目标,一组是"发现问题和提出问题的能力",另一组是"分析问题和解决问题的能力"。过去教育界说得比较多的是"分析问题和解决问题的能力",近年来增加了"提出问题的能力"。《义务教育标准》(2011年版)更加完整地表述为"发现和提出问题的能力",是从培养学生的创新意识和创新能力考虑的。分析和解决老师提出的问题、别人提出的问题固然重要,但是能够发现新的问题,提出新的问题却更加重要,是对创新性人才的基本要求。

③ 培养科学态度

总目标的第三点,集中表述了学生通过数学学习在情感、态度与价值观方面的发展目标。"了解数学的价值,提高学习数学的兴趣,增强学好数学的信心,养成良好的学习习惯,具有初步的创新意识和科学态度",这些"情感态度与价值观"方面的课程目标,不能脱离"知识与技能"的载体单独地传授。教师应该善于把这些课程目标融入教学过程中去实现。这也再次体现了"过程也是目标"。

总之,《义务教育标准》(2011年版)在表述数学课程"总目标"中的表述,结合数学教学的特点,分别从获得"四基"、增强能力、培养科学态度的角度,用明确区分又相互联系的三句话,不但体现了2001年公布的《基础教育课程改革纲要(试行)》中规定的三维目标,而且体现了素质教育和全面育人的思想。

(2) 义务教育阶段数学课程的具体目标

义务教育阶段数学课程的具体目标是对总目标的具体化,包括知识技能、数学思考、问题解决和情感态度这四个方面。在义务教育阶段,不但让学生掌握知识技能是重要的,让学生学会数学思考,经历问题解决的全过程是重要的,而且在这个全过程中让学生发展良好的情感态度也是重要的。在数学思考、问题解决过程中,学生能够积累数学活动经验,感悟数学思想,提高发现和提出问题、分析和解决问题的能力,实现义务教育阶段数学课程的总目标。这四个方面既是三维目标在数学课程中的体现,也是总目标的三点内容的具体化。

① 知识技能方面

知识技能方面,《义务教育标准(2011年版)》分以下四点表述:经历数与代数的抽象、运算与建模等过程,掌握数与代数的基础知识和基本技能;经历图形的抽象、分类、性质探讨、运动、位置确定等过程,掌握图形与几何的基础知识和基本技能;经历在实际问题中收集和处理数据、利用数据分析问题、获取信息的过程,掌握统计与概率的基础知识和基本技能;参与综合实践活动,积累综合运用数学知识、技能和方法等解决简单问题的数学活动经验。

知识技能就是长期以来所说的"双基"。《义务教育标准(2011年版)》分别从数与代数、图形与几何、统计与概率和综合与实践四个领域来阐述数学课程在"知识技能"上应该达到的目标。

② 数学思考方面

数学思考方面,《义务教育标准(2011年版)》分以下四点表述:建立数感、符号意识和空间观念,初步形成几何直观和运算能力,发展形象思维与抽象思维;体会统计方法的意义,发展数据分析观念,感受随机现象;在参与观察、实验、猜想、证明、综合实践等数学活动中,发展合情推理和演绎推理能力,能清晰地表达自己的想法;学会独立思考,体会数学的基本思想和思维方式。

数学思考是指运用"数学方式的理性思维"进行的思考,它培养学生以数学的眼光看世界,从数学角度去分析问题的素养,会使学生终身受益。《义务教育标准(2011年版)》分上述四点来阐述数学课程在"数学思考"上应该达到的目标。前三点从数与代数、图形与几何、统计与概率、综合与实践四个领域来阐述(第一点涉及两个领域),后一点则是概括阐述。该概括阐述,指出了"数学思考"这一方面课程目标希望达到的三个目的:让学生学会独立思考,体会数学思想,体会数学思维方式。

③ 问题解决方面

问题解决方面,《义务教育标准(2011年版)》分以下四点表述:初步学会从数学的角度发现问题和提出问题,综合运用数学知识解决简单的实际问题,增强应用意识,提高实践能力;获得分析问题和解决问题的一些基本方法,体验解决问题的方法的多样性,发展创新意识;学会与他人合作交流;初步形成评价与反思的意识。

"问题解决"与"解决问题"不完全相同,它不仅是一种教学方式,是展开课程内容的一种有效形式,而且是学生应该掌握的学习形式和应该具备的能力,也是课程目标。它包括从数学角度发现、提出、分析和解决问题四个方面。实现"问题解决"的课程目标,能够让学生学会数学思考,还能够让学生积累思维的经验,并且能够成为培养学生应用意识和实践能力的重要方面。

④ 情感态度方面

情感态度方面,《义务教育标准(2011年版)》分以下5点表述:积极参与数学活动,对数学有好奇心和求知欲;在数学学习过程中,体验获得成功的乐趣,锻炼克服困难的意志,建立自信心;体会数学的特点,了解数学的价值;养成认真勤奋、独立思考、合作交流、反思质疑等学习习惯;形成坚持真理、修正错误、严谨求实的科学态度。

第一点是学生对于数学活动有积极的态度,因为学习兴趣是学生主动学习的根本动力,而好奇心和求知欲是发展兴趣的基础;第二点是要让学生"体验获得成功的乐趣",因为这是培养学生求知欲的重要途径,也有利于学生建立自信心;第三点表述的是价值观方面的课程目标;第四点表述的是养成良好习惯方面的课程目标,与课程"总目标"第三点的表述相呼应,并将学习习惯具体化;第五点表述的是科学态度方面的课程目标。

总之,"情感态度"方面的课程目标,希望使学生喜爱数学,进而喜爱学习,了解数学的价值,有好奇心、求知欲、意志力和责任感,建立自信心,养成良好的学习习惯和科学态度,等等。

《义务教育标准(2011年版)》用下面一段话阐述了具体目标四个方面的关系:以上这四个方面,不是相互独立和割裂的,而是一个密切联系、相互交融的有机整体。在课程设计和教学活动组织中,应同时兼顾这四个方面的目标。这些目标的整体实现,是学生受到良好数学教育的标志,它对学生的全面、持续、和谐发展有着重要的意义。数学思考、问题解决、情感态度的发展离不开知识技能的学习,知识技能的学习必须有利于其他三个目标的实现。

2.《义务教育数学课程标准(2022年版)》对课程目标的表述

党的十九大进一步提出要"落实立德树人的根本任务",因此《义务教育数学课程标准(2022年版)》保留《义务教育标准(2011年版)》的合理内核,延续《普通高中课程标准(2017年版2020年修订)》的核心素养,把"三会"本身作为核心素养,对义务教育阶段数学课程总目标表述如下:通过义务教育阶段的数学学习,学会逐步会用数学的眼光观察现实世界,会用数学的思维思考现实世界,会用数学的语言表达现实世界。学生能① 获得适应未来生活和进一步发展所必需的数学基础知识、基本技能、基本思想、基本活动经验。② 体会数学知识之间、数学与其他学科之间、数学与生活之间的联系,在探索真实情境所蕴含的关系中,发现问题和提出问题,运用数学和其他学科的知识与方法分析问题和解决问题。③ 对数学具有好奇心和求知欲,了解数学的价值,欣赏数学美,提高学习数学的兴趣,建立学好数学的信心,养成良好的学习习惯,形成质疑问难、自我反思和勇于探索的科学精神。①

总目标分别表述了"四基"、问题解决能力、情感态度价值观三个方面的要求。这三个方面是对义务教育阶段学生学习的总体要求,学生经过几个学段的学习逐步实现这些目标。这些目标既是学生核心素养形成的基础和条件,也蕴含了核心素养的要素。②

为体现义务教育数学课程的整体性与发展性,根据学生数学学习的心理特征和认知规律,将九年的学习时间划分为四个学段,根据每个学段学生发展的特征,描述总目标在各学段的表现和要求,将核心素养的表现体现在每个学段的具体目标之中。小学阶段的表现侧重于意识,主要是指基于经验的感悟,包括数感、量感、符号意识、推理意识、模型意识等;初中阶段的表现上升为观念,主要是指基于概念的理解,包括抽象能力、推理能力、模型观念、数据观念等。如图3-1为总目标、学段目标、核心素养与课程内容之间的关系。核心素养是统领,总目标以"三会"表达的核心素养为导向,学段目

---

① 中华人民共和国教育部.义务教育数学课程标准(2022年版)[M].北京:北京师范大学出版社,2022:11.
② 史宁中,曹一鸣.义务教育数学课程标准(2022年版)解读[M].北京:北京师范大学出版社,2022:88.

标是总目标的分解,体现各学段内容的要求,融入核心素养的具体表现。

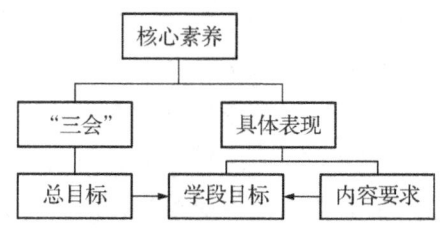

图 3-1 课程目标与核心素养、课程内容的关系①

二、数学教学目标的设计

总目标、学段目标、学年目标、学期目标都属于远期目标,要通过单元教学目标和课堂教学目标来实现。核心素养导向的单元目标和课堂教学目标设计与过去的三维目标设计思路和模式有所不同。

(一) 数学教学目标设计的依据

设立教学目标除必须围绕教育目的、学校培养目标外,还必须至少考虑如下三个因素:

1. 数学课程标准

课程标准是国家对学生接受一定教育阶段之后的结果所做的具体描述,是国家教育质量在特定阶段应达到的具体指标。课程标准是教材编写、教学、评估和考试命题的依据,是国家管理和评价课程的基础。课程标准体现了国家对不同阶段的学生的具体要求,规定了课程的性质、目标、内容框架,并提出了教学建议和评价建议。因此,课程标准是确立教学目标的直接依据和参照标准。

2. 学生实际

数学教育要"以学生的发展为本,落实立德树人的根本任务"。作为行为主体的学生是设立教学目标重要的、不可或缺的关键因素。学生已有的知识经验、生理心理发展水平、认知能力和风格等是制定教学目标的重要依据,设计教学目标可参照前端分析中学情分析的结果。

---

① 史宁中,曹一鸣. 义务教育数学课程标准(2022年版)解读[M]. 北京:北京师范大学出版社,2022:93.

3. 教学内容及其特点

教学内容及其特点在整个学科中的地位和作用、与前后知识的联系等是影响教学目标设立的内在的重要因素,直接决定着教学目标的水平和层次。设计教学目标时可依据前端分析中教学内容分析的结果。

(二) 核心素养导向的数学教学目标设计

核心素养导向的数学教学目标如何设计与表述?喻平指出了设计思路,并提供了具体设计方法和可借鉴的范例。

1. 高中数学教学目标设计①

(1) 设计教学目标时要思考的问题

设计高中数学教学目标首先需要思考如下四个方面的问题,然后再拟定目标。

① 梳理知识的来龙去脉。一个完整的教学过程应当由三个环节组成:知识从何而来,知识的本质是什么,知识从何而去。其中第一和第三环节最有利于培养学生的核心素养,因为这两个环节有学生充分思考的空间。通过梳理知识、厘清知识的来龙去脉工作在前端分析中的"教学内容分析"中也会做。

② 确定与本课或本单元相关的主要核心素养。一个单元或一堂课,一般不可能只涉及一个数学核心素养,也不太会涉及所有的核心素养。一般的,在六个数学核心素养中,逻辑推理和数学运算几乎在所有的数学课中都有体现。因此,需要明确本单元或者本节课应以培养学生哪一个或哪两个核心素养为主。

③ 确定各核心素养应当达到的具体水平。《普通高中课程标准(2017年版2020年修订)》对每一个核心素养的每一种水平的描述,都是分别从情境与问题、知识与技能、思维与表达、交流与反思这四个方面展开的。教学目标设计可以依据这个评价框架来实施。

④ 解析与本课相关的数学文化元素。数学知识本身就是一种文化,可称其为显性文化元素,教学中更应关注数学发展史、数学思想方法、数学理性精神、数学研究的精神、数学美、数学应用等隐性的数学文化元素。因为

---

① 喻平.核心素养指向的数学教学目标设计[J].数学通报,2021,60(11):1-5,13.

素养本身就是文化的积淀,在发展学生核心素养的过程中,只有知识的学习是不够的,还需要有文化元素介入。

(2) 教学目标具体设计

教学目标具体设计一般有下述三步:第一,通过对本单元或本节课教学内容的分析,确定涉及的数学核心素养,依据《普通高中课程标准(2017年版2020年修订)》确定各素养应当达到的水平。第二,列一张如表3-1所示的教学目标设计表,将确定的核心素养并结合具体的教学内容,从情境与问题、知识与技能、思维与表达、交流与反思四个维度进行具体分析,确定每个素养分别在四个维度上的具体要求。第三,分析数学文化元素,包括数学史、数学思想方法、数学美、数学的应用等,思考如何将必备品格与正确价值观融入目标之中。

表3-1 教学目标设计表[①]

	核心素养1	核心素养2	……
	水平i	水平j	
情境与问题			
知识与技能			
思维与表达			
交流与反思			
品格与价值观			

[案例3-1] "幂函数"的教学目标设计

首先,整体分析本节课内容涉及的数学核心素养与数学思想方法。

① 确定主要核心素养:数学抽象、直观想象、逻辑推理。

② 确定各核心素养的水平:数学抽象,水平2;直观想象,水平1;逻辑推理,水平2。

③ 解析数学思想方法:类思想、对应思想。

其次,列出教学目标设计表,如表3-2所示。

---

① 喻平.核心素养指向的数学教学目标设计[J].数学通报,2021,60(11):1-5,13.

表 3-2　幂函数教学目标设计表[①]

	数学抽象	直观想象	逻辑推理
	水平 2	水平 1	水平 2
情境与问题	能够在关联的情境中抽象出幂函数概念	能够体会幂函数解析式与图象之间的关系	能够用归纳方法得到幂函数概念、性质
知识与技能	能够理解幂函数概念，理解幂函数的性质	能够从图象讨论幂函数的性质	能够证明幂函数在区间上的单调性、判断奇偶性，能够解决幂函数的基本问题和应用问题
思维与表达	能够理解类思想、数形结合方法	能够用数形结合解决幂函数的相关问题	能够建立幂函数的知识体系
交流与反思	能够用幂函数概念解释具体现象	能够用图象表达函数解析式	能够用数学语言进行表达和交流
品格与价值观	认识幂函数在现实生活中的广泛应用，体会类思维、对应思想，提升学生的思维品质与数学价值观		

[案例 3-2]　"平面向量的运算"单元教学目标

（1）教学目标

① 关键能力：数学运算、逻辑推理、直观想象。

② 数学运算 2 级水平，直观想象 1 级水平，逻辑推理 2 级水平。

③ 通过向量产生的历史、向量在物理学中的应用体现培养学生的品格与价值观。

（2）数学思想方法分析

类比思想（与数的运算类比研究向量运算）、对应思想（向量的代数表示与几何表示之间的对应）。

（3）列教学目标表

表 3-3　平面向量的运算单元目标设计表[②]

	数学运算	直观想象	逻辑推理
	水平 2	水平 1	水平 2
情境与问题	能够在物理情境中抽象出向量运算法则	能够在熟悉的情境中抽象出向量的图形表达	能够在现实情境中抽象出向量问题

[①]　喻平.核心素养指向的数学教学目标设计[J].数学通报，2021，60(11)：1-5，13.

[②]　同[①].

续表

	数学运算 水平2	直观想象 水平1	逻辑推理 水平2
知识与技能	能够熟练进行向量的加法、减法、数乘、向量积的运算	能够借助于向量的几何形态发现向量的运算法则,理解数乘的概念和向量积的概念	能够推导向量的运算律和向量的性质,能够推导向量共线的充要条件
思维与表达	能够解释向量各类运算的算理,解决向量综合运算问题	能够理解各种向量公式的几何意义,能够用数形结合方式解决向量的相关问题	能够探究数量积概念及运算,推导数量积运算律,能够形成向量的知识体系
交流与反思	能够用向量概念解释具体现象	能够进行向量的符号语言和图形语言之间的转化	能够用向量语言进行表达和交流
品格与价值观	认识向量在现实生活中的广泛应用,体会类比思想、一般化思想,提升学生的思维品质,形成正确的数学价值观		

2. 义务教育阶段数学教学目标设计[①]

义务教育阶段数学教学目标依据《义务教育数学课程标准(2022年版)》的总目标、学段目标和学业质量标准进行设计。教师在设计教学目标时首先需要考虑以下四个方面的问题。

(1) 明确本单元或本节课要培养的主要关键能力和次要关键能力。一个单元或一节课涉及的关键能力不是单一的,运算、推理几乎贯穿所有的数学课堂教学,但一定要明确本单元或本节课要培养学生哪些主要的关键能力。只有明晰了主要的关键能力,才能设计如何实现这个目标。

(2) 明确本单元或本节课的基础知识、基本技能、基本思想、基本活动经验。学生形成"四基"是知识学习的第一个结果,应当根据教学内容分析的结果确定本节课或本单元的基础知识,明确知识的主干内容、明确教学重难点和关键点,清楚要培养学生的哪些基本技能,体悟哪些数学思想方法,形成什么数学活动经验。

(3) 发现和提出哪些问题,怎样分析和解决问题。"四能"是由"四基"经过知识、经验的迁移和应用转换而来的,目标设计时要考虑让学生发现和提

[①] 喻平.《义务教育数学课程标准(2022年版)》学业质量解读及教学思考[J]. 课程·教材·教法,2023,43(1):123-130.

出哪些问题,以引导学生分析和解决这些问题。

(4)厘清本单元或本节课涉及的品格与价值观。品格与价值观贯穿所有的课堂教学,要从具体的教学内容来思考如何渗透。

在此基础上,设计一个如表3-4所示的教学目标设计表,明晰教学目标。

表3-4 初中数学教学目标设计表[1]

一级目标	二级目标	具体表述
核心素养	主要核心素养	
	次要核心素养	
"四基"	要理解的知识	
	要形成的技能	
	涉及的基本思想	
	涉及的活动经验	
"四能"	发现和提出什么问题	
	分析和解决问题策略	
品格与价值观		

[案例3-3] "二次函数"单元教学目标

如表3-5所示,为"二次函数"单元教学目标。当然,教学目标可以不以表格的形式呈现,可以分条目列出来。

表3-5 二次函数的单元教学目标[2]

一级目标	二级目标	具体表述
核心素养	主要核心素养	推理能力、几何直观
	次要核心素养	数学运算、模型观念
"四基"	基础知识	二次函数概念、图象、性质;二次函数与二次方程的关系
	基本技能	能解决二次函数的基本问题;利用二次函数解决现实问题
	基本思想	数形结合、化归思想
	基本活动经验	通过探究获得研究数学问题的经验

---

[1] 喻平.数学新课程实施中几个问题的思考[R].南京:南京师范大学,2023.
[2] 同[1].

续表

一级目标	二级目标	具体表述
"四能"	发现、提出问题	用数学的眼光发现和提出现实生活中的二次函数问题
	分析、解决问题	用数学的思维分析和解决问题,引出新知识
品格与价值观	理性思维、勇于探索、合作学习	

第二节 数学教学重点的设计[①]

一、数学教学重点的含义

教学重点就是那些在进一步学习中起基础和连接纽带作用的知识,是课堂教学中需要解决的主要矛盾,是教学的重心所在。通常在一节课、一个单元、一本书乃至在整个学段中起作用的基础知识和思想方法,如基本的概念、性质、定理、法则、公式、解题思路和方法等,都可以定为教学重点内容。

按重点的地位和作用,可以把重点分为全书重点、章节重点和课时重点。全书重点一般是贯穿于整个学段的重要数学思想、方法和起核心作用的数学知识与技能,是重点的最高层次。例如,"函数与方程的思想"和"函数"就是高中数学的重点,贯穿于整个高中数学学习之中,是高中数学教学中重要的数学思想和支撑高中数学的主干知识。章节重点是贯穿于全章节的主干知识、技能和思想方法。例如,"相似形"的内容中,"相似三角形"是重点;相似三角形中,相似三角形的定义及三个判定定理是重点。课时重点是一节课的重点,课时重点可以是章节重点,也可以不是。

教学重点在教学中应具有突出的地位,教学设计过程中无论是教学目标的确定、教学活动的安排,还是学生习题的设计都应围绕教学重点进行。

[①] 李祎,贾雪梅.中学数学教学设计[M].北京:高等教育出版社,2016:42-46.

二、数学教学重点设计的原则

(一) 教材与学生兼顾的原则

教学的对象是学生,教学要"以学生的发展为本",所以教学重点的确立不仅要考虑教材的因素,更要考虑学生的因素,坚持教材与学生兼顾的原则。确定教学重点,必须深入了解学生,包括学生的认知能力、知识水平等智力因素,以及学生的需求、兴趣等非智力因素。

(二) 内容与方法并重的原则

教学重点除了显性的学科知识之外,还包含学科知识中蕴含的思想方法。数学思想方法的学习在数学学习中具有重要地位,在设计教学重点时,应坚持内容与方法并重的原则,充分挖掘学科知识中蕴含的思想方法。

(三) 结果与过程统一的原则

新课程改革强调"课程内容的组织要重视过程,处理好过程与结果的关系"[①],"既要关注学生学习的结果,更要重视学生学习的过程"[②],教学重点的设计也要考虑过程,做到过程与结果的有机统一。从一定意义上说,过程胜于结果。

三、数学教学重点设计

(一) 数学教学重点设计的方法

1. 地位作用分析法

根据教学重点的含义,教材知识体系中具有重要地位的知识、技能与方法等是教学重点,所以教学重点可以通过分析学习内容在教材知识体系中的地位和作用来确定。例如,要研究数列性质、数列各项之间的关系、求数列前 n 项和等都必须要知道数列的通项公式,所以数列的通项公式必然是教学的重点。

[①] 中华人民共和国教育部. 义务教育数学课程标准(2011年版)[M]. 北京:北京师范大学出版社,2012.1:2.

[②] 中华人民共和国教育部. 普通高中数学课程标准(2017年版)[M]. 北京:人民教育出版社,2018.1:3.

2. 课题分析法

很多情况下学习内容的课题就明确了将要学习的主要内容,因此可以根据学习内容的课题来确定教学的重点。例如,由初中数学"扇形的面积"一课课题,比较容易确定扇形的概念、扇形的面积公式及其应用为教学的重点。

3. 例题和习题分析法

教学重点对学生的掌握程度要求较高,教材一般会配备一定数量的例题和习题供学生学习、练习和巩固。所以确定教学重点往往可以借鉴教材中例题和习题的安排和配置。例如,江苏凤凰教育出版社 2019 版高中数学教材"函数的概念和图象"一节中,教材在得出函数的概念以及定义域和值域以后,分别安排了函数的判断、求函数定义域和值域、画函数图象的例题和习题。从例题、习题的配备可以看出这些都是本节内容的重点。

(二)不同课型的教学重点[①]

数学新授课的教学,可以分为概念教学、命题教学和解题教学。

对于数学概念的教学而言,要求学习者能在领会概念所反映事物的本质特征基础上,充分揭示概念的内涵,辨别概念的外延。因此,数学概念本身就是知识重点。数学概念的理解和掌握要经历一个过程,在这个过程中,学生要经历观察、抽象、概括、辨析、应用等活动,因此概念的形成过程也是教学的重点。

[案例 3-4] "函数单调性"这节课的教学重点,应是让学生经历和体验"符号化""数学化"的过程:首先,观察图象,描述变化规律,如上升、下降,从几何直观角度加以认识;其次,结合图、表,用自然语言描述,即 y 随 x 的增大而增大(或减小);最后,用数学符号语言描述变化规律,逐步实现用精确的数学语言刻画函数的变化规律。在这个过程中,蕴含了数形结合、从特殊到一般、分类讨论等重要的数学思想方法。

对于数学命题的教学而言,数学命题本身也是知识重点。同时,学生理解和掌握数学命题要经历一个过程,在这个过程中,学生要经历观察、发现、

[①] 李祎,贾雪梅. 中学数学教学设计[M]. 北京:高等教育出版社,2016:45-46.

猜想、证明、应用等活动。这一活动既涉及对命题的理解和掌握,也涉及学生能力的培养和非认知体验,因此命题的形成过程也是教学重点。

对于数学解题的教学而言,掌握解题方法、知道如何解题固然重要,但如何寻找解题方法、知道为何要这样解题更为重要。在设计解题教学的重点时,需注意将重点放在寻找并发现解法的思维过程中。当然,解题教学通常与某类"双基"的巩固和应用相关联,因而重点应同时立足于解决本节课的重点问题。例如,高中数学"解三角形"这一章的复习课,其解题教学的重点应确定为:学会综合运用相关知识来探索和建立三角形边角关系的等量模型。

第三节 数学教学难点的设计[1]

一、数学教学难点的内涵

教学难点是指学生不易理解或掌握的内容。一般来说,抽象性强的、综合程度高的、不容易在学生已有认知结构中找到"等值语言"的,或与已有经验的联系不明显的内容,都容易使学生产生学习困难。[2] 难点也要根据学生的实际水平来确定。一般情况下,使大多数学生感到困难的内容,教师要设计突破的办法。

教学难点和教学重点性质不同。教学难点具有暂时性和相对性。教学难点被学生理解和掌握了,就破解了。某些知识与方法对一部分学生是难点,而对另一部分学生可能不是难点,也就是难点具有相对性。而教学重点一般具有一定的稳定性和长期性,在一定的教学阶段会贯穿于教学的始终。

教学难点有的是重点内容,有的不是重点内容。既是难点又是重点的内容,尤其要特别重视。不是重点的难点,也不能忽视,学生遇到困难没有

---

[1] 李祎,贾雪梅. 中学数学教学设计[M]. 北京:高等教育出版社,2016:46-53.
[2] 曹才翰,章建跃. 中学数学教学概论[M]. 北京:北京师范大学出版社,2012:258-259.

解决,往往会影响其他内容的学习。

二、数学教学难点形成的原因

突破难点的关键在于对造成难点的原因进行正确分析。教师在教学设计时,要根据教材特点及学生情况,预见学生在接受新知识时会遇到的困难和可能产生的问题,对可能出现的教学难点做出判断,以便采取相应的措施。

数学教学难点的形成,通常有以下几方面的原因:

(一)内容过于抽象

数学内容的抽象性是产生教学难点的重要原因。如函数的概念、无理数的概念、轨迹的概念等,因高度的概括性和抽象性而难以被学生理解和领会,成为认知上的障碍。教师教学中可以采用直观手段辅助理解或者采用类比教学法帮助理解。

(二)内容过于复杂

如果教学内容中知识点过于集中、知识容量大、综合性强、变化较为复杂,而学生认识能力有限,那么就会产生教学难点。教学中可采取将知识点分散,各个击破的办法。

(三)内容过于陌生

内容过于陌生有两种情况:一是该知识远离学生的生活实际,学生缺乏相应的感性知识,因而难以开展抽象思维活动,不能较快地完全理解;二是该知识与旧知识联系不大或学生遗忘了与之关联的旧知识。

(四)内容跳跃性大

在学习新的概念、原理时,如果缺少相应的已知概念、原理做基础,新知识与旧知识之间跳跃性过大,那么就容易使学生产生认知困难。例如,初一刚开始接触代数式时,学生在小学阶段习惯了具体数字的运算,会比较难接受。又如高中学习虚数时,由于学生从小学到初中一直学习的是实数,在学生的潜意识中,除了实数之外不再有其他形式的数了,因此学生最初也比较难接受。

三、数学教学难点确定的方法

(一) 通过学情分析确定教学难点

教师根据知识本身的难易程度,根据学情分析来确定教学难点,学情分析属于前端分析部分,具体见第二章第二节。

[案例 3-5] "集合"是高一数学教学的难点。一是由于集合为原始概念,它不是由已有的其他概念来定义的,学生头脑中没有可帮助其理解集合的已有概念,从而造成学生不易理解集合的概念;二是集合涉及的知识面广,它涉及不少初中数学知识,而许多初中数学知识学生已经生疏或遗忘;三是有关集合的新概念及新符号较多,这些新概念、新符号还容易混淆,学生接受和理解都比较困难。所以,有关集合的各个概念的含义以及这些概念相互之间的区别就是本章教学的难点。

(二) 通过教学内容分析确定教学难点

尽管教学难点是依学生的实际水平而定的,具有学情的相对性,但难点又具有一定的普遍性。例如,有的是抽象性很强,学生普遍缺乏与之相关的感性认识,理解起来相当困难,这就构成了学生的普遍难点。因此,依据对教学内容的分析来确定教学难点,也是一种可行且常用的方法。

[案例 3-6] 在"扇形的面积"的教学中,对于扇形面积公式 $S_{扇}=\frac{1}{2}lr$,教材是将弧长公式 $l=\frac{n\pi r}{180}$ 代入 $S_{扇}=\frac{n}{360}\pi r^2$ 中推导得到的。推导需要一定的技巧,而且通过代数推导得出的公式学生理解不了其几何意义。因此,把公式 $S_{扇}=\frac{1}{2}lr$ 的得出及其几何意义定为难点。[①]

拓展阅读

1. 中华人民共和国教育部. 义务教育数学课程标准(2011 年版)[M]. 北

---

① 俞宏毓,顾非石. 关于"扇形的面积"的教学指导研究报告[J]. 数学教育学报,2013,4(2):44-48.

京:北京师范大学出版社,2012.

2. 中华人民共和国教育部.普通高中数学课程标准(2017年版2020年修订)[M].北京:人民教育出版社,2020.

3. 教育部基础教育课程教材专家工作委员会,普通高中数学课程标准修订组,史宁中,等.普通高中数学课程标准(2017年版2020年修订)解读[M].北京:高等教育出版社,2020.

4. 史宁中,曹一鸣.义务教育数学课程标准(2022年版)解读[M].北京:北京师范大学出版社,2022.

5. 喻平.核心素养指向的数学教学目标设计[J].数学通报,2021,60(11):1-5.

6. 喻平,赵静亚.数学核心素养中品格与价值观的评价指标体系建构[J].课程·教材·教法,2020(6):89-95.

思考与实践

1. 选择一个中小学数学教学内容,设计教学目标。
2. 选择一个中小学数学教学内容,写出其教学重、难点。

第四章

数学教学模式

　　教学模式是教学设计的核心问题,直接决定着教学设计方案在实践中的成败。从教学的基本原理出发,人们创建了很多不同的教学模式。本章介绍几种常见的数学教学模式以及著名教改实验中的教学模式。

第一节 常见的数学教学模式

一、教学模式的基本内涵[①]

"模式"词义来源于"模型"。"模型"最初本义是指一种用实物做模的方法,词义拓展后,有模范、示范、模仿的意义。后来,模型由实物模型发展为非实物的形式模型,最普遍使用的是"数学模型",即把一个实际问题抽象为用数学符号、图形表示数学问题,即称"数学模型"。后来,这种非实物的形式模型向更多的领域扩展,并使用"模式"一词,如文化模式、教育模式、经济模式、社会模式、办学模式、教学模式等。此时,"模"包括了实物模型的意义,"式"包括了形式、样式的意义。"模式"一词兼容了实物与形式两大类。

将模式一词最先引入教学领域并加以系统研究的人,是美国的乔伊斯和韦尔。国内学者将教学模式定义为"是在一定教学思想或教学理论指导下建立起来的较为稳定的教学活动结构框架和活动程序"。作为结构框架,突出了教学模式从宏观上把握教学活动整体及各要素之间内部的关系和功能;作为活动程序则突出了教学模式的有序性和可操作性。教学模式通常包括五个因素,即理论依据、教学目标、操作程序、实现条件和教学评价。这五个因素之间有规律的联系就是教学模式的结构表现形式。

首先,教学模式是一定的教学理论或教学思想的反映,是在一定理论指导下的教学行为规范。不同的教育观往往提出不同的教学模式。例如,概念获得模式和先行组织者模式的理论依据是认知心理学的学习理论,而情境陶冶模式的理论依据是人的有意识心理活动与无意识的心理活动、理智与情感活动在认知中的统一。

其次,任何教学模式都指向和完成一定的教学目标。在教学模式的结构中,教学目标处于核心地位,并对构成教学模式的其他因素起着制约作

---

① 杨九民,梁林梅.教学系统设计理论与实践[M].北京:北京大学出版社,2008:101-102.

用,它决定着教学模式的操作程序和师生在教学活动中的组合关系,也是教学评价的标准和尺度。正是教学模式与教学目标的这种极强的内在统一性,决定了不同教学模式的个性。

此外,每一种教学模式都有其特定的逻辑步骤和操作程序,它规定了在教学活动中师生要先做什么、后做什么,各步骤应当完成的任务。而实现条件则是指能使教学模式发挥效力的各种约束因素,如教师、学生、教学内容、教学手段、教学环境、教学时间等。这些约束因素制约着实践中教学模式的逻辑步骤和操作程序的选择和调整。

教学模式的最后一个因素是教学评价。教学评价指的是各种教学模式所特有的完成教学任务、达到教学目标的评价方法和标准等。不同教学模式所要完成的教学任务和达到的教学目标不同,使用的程序和条件不同,评价的方法和标准也有所不同。

二、常见的数学教学模式[①]

教学中采用的教学模式有很多种,除通用的教学模式外,各学科由于学科自身特点也有些特定的教学模式,这里只介绍几种常见的数学教学模式。

(一) 讲练结合的教学模式

讲练结合的教学模式是最基本的数学教学模式,也是用得较多的教学模式之一。讲练结合的数学教学模式就是教师通过典型的教学范例进行讲授,传授系统的数学知识、技能和方法,并让学生通过典型的数学练习题进行系统的训练,达到掌握基础知识、形成基本技能和提高数学能力的教学结构、程式。采用讲练结合的数学教学模式,较易把握课堂进度,有序地组织数学教学活动,教学容量大,因此深受数学教师的欢迎。

讲练结合的教学模式以奥苏贝尔的有意义接受学习理论和 W. 克拉夫斯基等的范例教学理论为依据,以讲练结合为教学策略,以讲讲练练为教学程序。奥苏贝尔主张,讲授应是中小学的主要教学方式,教师讲授系统的数学基础知识、基本方法,学生通过同化、顺应等方式把新的知识纳入自己原

---

① 何小亚,姚静.中学数学教学设计[M].3版.北京:科学出版社,2020:97-131.

有的认知结构中,从而实现教学目标。教师讲什么又如何讲呢?W.克拉夫斯基等的范例教学理论告诉我们,讲练结合的数学教学模式注意精选典型的数学案例和内容,通过针对性的讲授,对数学学习起到示范作用,有举一反三的教学效果,最终做到既传授知识又发展能力,既能进行数学系统知识的学习,又能学会解决问题的方法。

数学讲练结合的教学模式程序图如图4-1所示,其要素有具体的数学教学三维目标、教师的讲(教)、学生的练(学)三个基本部分和两个典型。两个典型指教师讲(授)的数学范例和学生练(习)的典型的数学习题。数学教学目标确定了教师的讲,通过教师的讲和典型习题的编制间接地影响学生的练,教师讲什么确定学生练的内容,通过学生的练逐步达到学生的数学学习目标,并针对学生的学习效果情况反馈调整教师的讲。

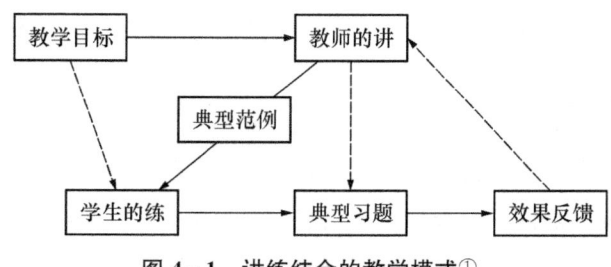

图4-1 讲练结合的教学模式①

讲练结合的数学教学模式就是针对教学目标,通过讲讲练练,让教师的讲与学生的练相互影响、相互促进,最终实现学生的学习目标。由此可以看出,讲练结合的教学模式的特点是案例的典型性、目标的明确性和运用的简捷性。

(二)讨论交流的教学模式

讨论交流的教学模式也是数学教学不可缺少的模式之一。无论是普通高中数学课程标准还是义务教育数学课程标准的实验稿和修订版都强调了"合作交流"的重要性。讨论交流的教学模式,是将班级学生分为若干小组,针对某个学习主题,在深入思考的基础上展开讨论、平等交流,发表各自的意见,提出不同的看法和观点,展示各自的思路的过程。讨论交流的教学模

---

① 何小亚,姚静.中学数学教学设计[M].3版.北京:科学出版社,2020:98.

式适用于对数学知识的理解,数学方法的运用,数学问题的分析、综合以及数学结果的评估。小组讨论式数学学习、基于网络的数学协作学习、小组辩论等均属于讨论交流的教学模式。在讨论交流的教学模式中,教师、学生地位平等,教师与学生之间、学生与学生之间进行多角度的交流和讨论,鼓励学生动脑、动口和动手,同时实现学生在思考中交流和在交流中思考。

讨论交流的教学模式的教学程序一般由教学目标、情境内容、师生交流、总结应用四部分组成,其程序结构如图 4-2 所示,可分为四个阶段。第一阶段:确定目标,布置任务。教师确定教学目标,根据目标和学生的具体情况进行设计策划,布置相应任务。第二阶段:呈现内容,创设情境。为创设讨论交流的学习氛围,激发学生讨论的欲望,教师设置数学学习情境,组织呈现学习材料与内容,引出有价值的、启发性的话题。第三阶段:讨论交流,达成共识。在讨论交流中,学生首要的是积极地思考问题、探讨问题,而不仅仅是回答问题;学生也不应只是进行数学信息的收集,更要对数学信息进行加工分析。教师主要是调控课堂,引导和启发学生。第四阶段:总结应用,实现目标。对交流讨论达成共识的数学原理、数学规律加以应用,在应用中反思,从而加深理解。四个阶段都在教师的调控下进行,学生通过讨论交流达成共识、解决相关问题,从而实现教学目标。

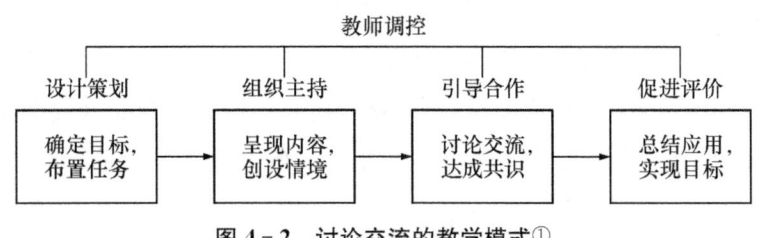

图 4-2 讨论交流的教学模式[1]

讨论交流的教学模式在数学课堂中可以作为环节融入其他模式中,如探究教学中往往也有讨论交流环节。

(三) 自学—辅导模式[2]

自学—辅导模式是学生在教师的指导和辅导下进行自学、自练和自改作业,获得知识、发展能力的一种教学模式。卢仲衡的中学数学自学辅导实

---

[1] 何小亚,姚静.中学数学教学设计[M].3 版.北京:科学出版社,2020:113.
[2] 叶立军.中学数学教学设计[M].北京:高等教育出版社,2015:101-102.

验研究、黎世法的六课型单元教学法、魏书生的六步教学法及上海育才中学段力佩等总结出的"读读、议议、练练、讲讲"教学法等,都属于这一模式。

自学—辅导模式依据"学生的自我意识和主观能动性具有对客观事物进行能动反应的功能"及"事物发展的根据在于事物自身的内因"的理论,从教为主导、学为主体的现代教学思想出发,强调把教学活动的主线由知识传授转向开发智能,把学生的自学作为教学的主要环节,其操作程序如图4-3所示,可分为五个环节。

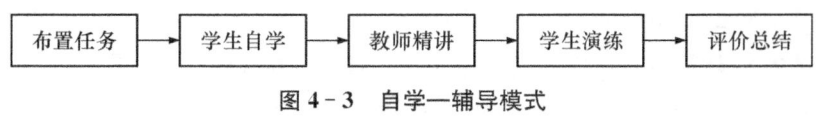

图4-3 自学—辅导模式

第一个环节教师根据教学内容和学情,提出自学任务和要求,指出重点学习内容或出示阅读提纲和思考要点。第二个环节是学生自学,学生在教师的启发下阅读教材及有关资料,独立思考并撰写笔记,学生之间可以相互讨论,教师在巡回指导中发现疑点、难点和共性的问题。这一环节主要培养学生的观察能力、阅读能力、自学能力和思维能力。第三个环节是教师精讲,是指教师围绕学生自学中存在的问题以及教学的重点、疑点、难点进行精讲和点拨。这一环节是教师发挥主导作用的关键。第四个环节是学生演练,即学生练习或实践操作,加深对知识的理解并形成技能技巧。第五个环节是评价总结,包括学生自我评价和教师评价总结。学生的自我评价除了对数学知识、方法等进行自我评价外,还应对自己的自学过程及自学策略和方法进行评价。教师的评价总结除了对数学知识进行系统总结外,更要注重原理和方法的进一步总结和提升。

自学—辅导模式的优点是可以充分体现学生的主体地位,有利于培养学生的自学能力。卢仲衡教授指出:"自学能力是各种能力中最具主动性和独立性的部分,它不是一种单一能力,是以独立性为核心的多种优化的心理机能参与的主动获取知识的能力。"几个版本的数学课程标准对自主学习的学习方式都有所强调。不过自学—辅导模式对教师的要求较高,要求教师不仅要具备扎实的业务功底和娴熟的教学技巧,而且要具备敏锐的观察能力和驾驭课堂的能力,否则自学容易变成自流,难以保证教学质量。

(四) 复习总结的教学模式

复习是巩固数学知识、防止出现遗忘的基本策略。复习不仅可以增强记忆，还能加深对数学知识的理解，实现对数学方法的综合运用，是数学学习中不可缺少的重要方式。因此，复习总结是数学课堂教学中不可或缺的重要形式，复习总结的教学模式是数学课堂教学中的常用模式之一。复习总结的数学教学模式，是指通过提问思考、归纳总结、综合运用等形式对数学的基础知识、基本技能及基本方法进行有针对性的、系统性的、综合性的教学，达到基础知识系统化、基本技能自动化、基本方法熟练化的目标。一般地，学完一章、一单元，或半学期、一学期结束，都要安排时间进行复习。

常规数学教学一般有概念教学、定理教学、公式教学、解题教学和证明教学。所学的数学概念、数学定理、数学公式、数学解题方法等必须及时复习总结，通过选择、归类、整理、储存、提取全部纳入个人的数学认知结构系统中，形成完整的体系才便于提取、运用。复习总结的数学教学模式程序图如图4-4所示，可分为信息提取、思考重建、综合运用、反思提高四个环节。

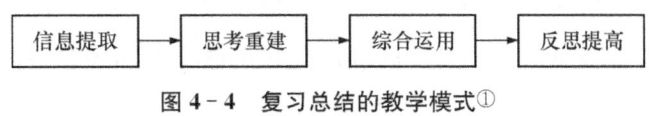

图4-4 复习总结的教学模式[①]

第一个环节信息提取是复习的重要阶段，事实上是指信息的回忆。信息提取的方式多种多样，如章节提纲方式，引导学生系统全面地提取相关信息，回忆数学概念、定理、公式、解题方法相关知识、技能和方法。也可以通过一些典型的数学习题的解决，逐步提取、回忆与之相关的数学概念、定理、公式、解题方法等。第二个环节思考重建，引导学生通过自身的思考，梳理已学的知识和方法，使之成为条理化、有序化、网络化的数学认知结构体系。第三个环节是综合运用，是学生通过完成复习课中的任务，如通过典型例题、习题等的综合训练，强化学生提取信息、选择信息、加工信息的能力，达到提高学生综合运用能力的目的。第四个环节是反思提高，是在相关章节复习之后学生进行反思和总结。反思自己对数学知识及其体系的理解，反思解决问题过程中所用的知识、方法。

---

① 何小亚,姚静.中学数学教学设计[M].3版.北京:科学出版社,2020:126.

采用复习总结的教学模式时,要兼顾复习的针对性、系统性和概括性,习题和问题的设计既要典型,又要体现多样性和层次性。

第二节 著名教改实验中的教学模式

一、"尝试指导、效果回授"教学模式[①]

"尝试指导、效果回授"教学模式是顾泠沅于20世纪70年代末开始的在上海市青浦县(现青浦区)进行的大面积提高教学质量的教改实验中总结出来的。该教学模式曾得到数学教育界的普遍关注,并在数学教学中被大面积推广。这个教学模式大致包括"诱导—尝试—归纳—变式—回授—调节"等步骤。

(1) 启发诱导,创设问题情境。教师先根据对教学内容和学情的分析,选择尝试点,编成问题并创设问题情境。然后与学生一起对问题进行观察和磋商,逐渐造成学生急于解决问题但仅利用已有的知识和技能却无法解决的情形,形成认知冲突,激发学生的求知欲。

(2) 探究知识的尝试。这种尝试最重要的是要发挥学生学习的主动性,组织学生阅读、观察、实验、讨论,发现新的知识和方法,解决提出的问题。为防止难易失度,教师应当拟定适合学生水平的尝试层次,确定"高而可攀"的步子。

(3) 归纳结论,纳入知识系统。组织学生根据探究尝试所得,归纳得出一般结论,然后通过教师的总结,使之纳入教材知识系统。

(4) 变式练习的尝试。运用概念变式、背景复杂化和配置实际应用情境等手段,设计一组变式练习,让学生进行尝试。编制变式练习应注意防止机械模仿,练习安排应具有合适的梯度,如可对一道题进行引申和变化。此外,变式练习的设计不仅要考虑学生分析和解决问题能力的培养,而且要考

[①] 青浦县数学教改实验小组.学会教学:青浦教改实验过程[M].北京:人民教育出版社,1991:122-125.

虑学生发现和提出问题能力的培养。

（5）回授尝试效果，组织质疑和讲解。教师通过课堂观察、提问分析、课堂练习、课后作业等途径收集与评定学生尝试学习的效果，并及时补授，帮助学生解决疑难问题和克服思想障碍，对不易被学生发现或容易被学生忽视的问题加以阐述。

（6）单元教学结果的回授调节。在一个单元或一个章节教学结束后，通过测试进行效果反馈，并及时采取补授措施，尤其需要帮助掌握阶段内容有困难的学生"过关"。

运用"尝试指导、效果回授"的教学模式需要注意以下几个问题：① 不能把上述六个步骤当成固定模式套用，应当根据学生实际情况和教学内容特点灵活使用，可以六个步骤都有，也可以侧重于某些步骤。② 六个步骤中，尝试学习是中心环节。尝试包括探究知识和变式练习两个方面。启发诱导，创设问题情境是为学生尝试创造条件；回授尝试效果，组织质疑和讲解以及单元教学结果的回授调节，则是为了进一步强化所学的知识和技能、巩固所学的方法，提高尝试学习的效果。③ 重视课内课外教学的结合。除了在课堂教学中因材施教、实施分层教学外，还可通过安排课外思考题、组织课外活动等将教学内容延伸到课外，必要的时候可进行个别指导或帮助。在信息技术发达的今天，这些活动都可采取线上的形式。

二、"情境—问题"教学模式[①]

"情境—问题"教学模式全称为"数学情境与提出问题"教学模式，产生于 2000 年。为培养学生自主创新意识与实践能力，贵州师范大学的吕传汉和汪秉彝整合了东西方教学的优势、结合中国的国情提出了该教学模式。

[①] 吕传汉,汪秉彝.论中小学"数学情境与提出问题"的教学[J].数学教育学报,2006(2):74-79.

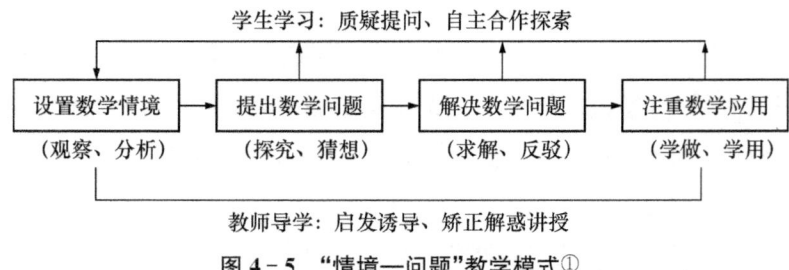

图 4-5 "情境—问题"教学模式①

如图 4-5 所示,该教学模式有设置数学情境、提出数学问题、解决数学问题、注重数学应用四个环节。四个环节的内在联系是"创设数学情境是前提,提出数学问题是核心,解决数学问题是目标,注重数学应用是归宿"。设置数学情境是提出数学问题的基础,同时提出一个好问题又可以作为一个新的数学情境呈现给学生;提出数学问题与解决数学问题形影相伴、携手共进,解决问题的过程中也可以发现和提出新的数学问题;应用数学知识解决实际问题本身就是一个解决数学问题的过程,在数学知识的应用过程中还可以提出有意义的数学问题,而一个好的数学应用问题本身又构成一个好的数学情境。四个环节密切联系,相互依存,构成了"情境—提问—解决—应用—情境—提问—解决—应用……"教学链,这是一个有机相连,前后贯通,不断延伸的、开放式的、动态的教学系统。在课堂教学中既可以从某个环节切入,也可以在某个适当的环节结束。

"情境—问题"教学模式的核心是把"质疑提问"、培养学生的问题意识、提高学生提出问题与解决问题的能力贯穿于教学全过程。

实施该教学模式,教师要采取以启发式为核心的灵活多样的教学方法;学生采取以探究式为中心的自主合作的学习方法。教师必须掌握好启发的方式、策略和技术,要在启发式教学中引领学生进行探究性学习——创设富有启发性的情境,适时适度地引导学生主动、积极地参与学习。

---

① 吕传汉,汪秉彝. 论中小学"数学情境与提出问题"的教学[J]. 数学教育学报,2006(2):74-79.

[案例 4-1] 轴对称图形(贵阳市南明小学明方翎老师执教)

情境激趣引入:课件展示了一组美丽的风筝(图 4-6)。教师引导学生探讨风筝的几何图形特征,并用语言表述出来,在此感性认识的基础上引导学生阅读教科书上轴对称的定义。

合作动手操作:每个小组有一张方格纸,上面有长方形、正方形、三角形(含等腰三角形)、平行四边形、梯形(含等腰梯形)、圆等图形。要求学生动手折一折找到轴对称图形,画出对称轴,并按照一定的方式进行分类。

提出问题:平行四边形是轴对称图形吗?

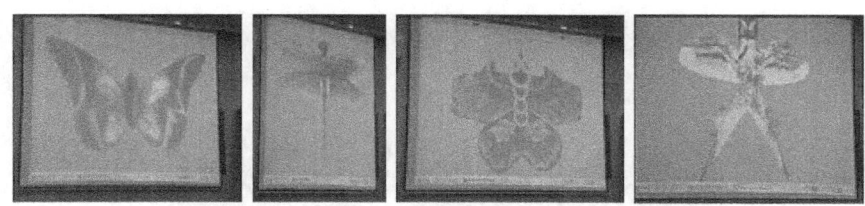

图 4-6 风筝图片②

在讨论中有一组同学提出:平行四边形也是轴对称图形,其理由如图 4-7 所示:

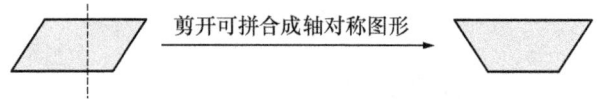

图 4-7 平行四边形剪开拼合成轴对称图形③

学生 A 反驳:平行四边形不是轴对称图形,因为不符合书上的定义。不要把它剪开拼合,就用原来的平行四边形沿虚线对折不能重合,而且沿其他直线对折也不能重合。

该组同学:(有些迟疑)为什么不能剪开?

学生 A:如果是这样,很多图形都可以通过剪、拼的方法凑成一个轴对称图形。(其他同学议论……)

---

① 吕传汉,汪秉彝.中小学教学的一种基本教学模式:中小学"情境—问题"教学模式[J].贵州师范大学学报(自然科学版),2005(1):86-90.

② 吕传汉,汪秉彝.数学课堂教学改革的理论与实践研究:中小学"数学情境与提出问题"教学实验探索[R].贵阳:贵州师范大学,2005.

③ 同②.

师:首先表扬学生 A 的有力反驳。其实平行四边形也是对称图形,只不过它不是我们今天学的轴对称图形,而是以后要学的中心对称图形。

注重知识应用:课件展示一组民间剪纸艺术作品。(展示生活中的数学应用与数学美)。

再次动手操作:组织学生分组做剪纸作业,互相展示、交流并指出所剪图形的对称特征。

拓广应用空间:课件展示一组世界闻名的对称建筑物图片(配乐)。其中一幅是泰姬陵与水中倒影形成的美丽画面,如图 4-8 所示。

图 4-8　泰姬陵

师:这幅图片是轴对称图形吗?

多数学生答不是;有一学生答是,因泰姬陵与它在水中的倒影呈轴对称,对称轴就是水岸线。

三、"MM"数学教学模式[①][②]

1989 年 8 月,江苏无锡市教育科学研究所徐沥泉等人开展了"贯彻数学方法论的教育方式,全面提高学生素质"数学教育实验(简称 MM 实验),经过五年三轮实验于 1994 年 8 月通过严格的鉴定产生了 MM 数学教学模式。"MM"数学教学模式即运用数学方法论(Mathematical Methodology,简写为 MM)的观点指导数学教学,也就是应用数学的发展规律、数学的思想方法以及数学中

---

① 徐利治,徐沥泉. MM 教育方式简介[J]. 自然杂志,2008,30(3):138-142.
② 冯国平. 中学数学教学设计[M]. 成都:西南交通大学出版社,2015:54-57.

的发现、发明和创新机制设计和改革数学教学的一种数学教学方式。

MM数学教学模式发展了波利亚（George Polya）的数学教学思想和他的方法论模式,在先进的理论研究和数学教学的实践之间构建了一系列的可操作变量。具体地说就是:教师在数学教学过程中,充分发挥数学教育的两个功能,自觉遵循两条基本原则,瞄准三项具体目标,恰当地操作八个变量(运用八项教学措施),从而达到全面提高学生素质的目的。

两个功能:技术教育功能和文化教育功能。数学既是科学技术的基础和工具(它本身也是一种技术:数学技术),又是一种文化,是各民族文化的重要组成部分,甚至是核心部分。因此,数学教育具备了技术教育功能(把数学作为一种技术、工具,一种掌握现代科学技术必备的基础知识和技能)和文化教育功能(对人进行文化陶冶、人格塑造,用数学的精神、原则、思想方法提高人的素养)。

两条基本原则:"教学·研究·发现"同步协调原则和"既教猜想又教证明"原则。"教学·研究·发现"同步协调原则是指教师的教学过程,也是学生的学习过程,两者统一于数学研究和发现的过程中。"既教猜想又教证明"原则是基于数学的两重性:数学既是严谨的演绎科学,又是实验性的归纳科学,即数学的发生、发展过程是观察、实验、归纳、类比、联想、猜想等合情推理与判断、证明等演绎推理的交织互动。例如,在证明一条定理之前,先要猜想结论,再推测证明途径,然后试探着给出推理过程,最后才按严格的演绎式加以整理。在教学中,既教猜想又教证明,不仅使学生易于接受和理解,而且有利于开发学生的直觉思维和创造性思维能力。

三项具体目标:在数学教学中致力于提高学生的一般科学素养,社会文化修养,形成和发展他们的数学品质。

八个变量(八项教学措施):数学的返璞归真教育,数学教学中的美育,数学的发现法教育,数学家优秀品质教育,数学史志教育,数学中的演绎推理、合情推理和一般解题方法的教育。

八个变量及由此引起的学生学习状态的变化如表4-1所示。

表 4 - 1　MM 基本操作表①

数学方法论的教育方式		MM 因子	MM 可控变量	MM 状态变量
	宏观操作	数学的对象及性质研究	数学的返璞归真教育（密切联系生活，提倡问题解决）	数学意识，应用能力
		数学美学方法研究	数学审美教育（运用审美原则，引进美学机制）	数学美感，道德情操
		数学发明心理学研究	数学发现法教育（揭示创造动因，再造心智过程）	数学眼光，创新能力
		数学家成长规律研究	数学家人品教育（介绍生平事迹，分析成败缘由）	科学态度，研究意识
		数学史及数学思想史研究	数学史志教育（运用数学史料，关注数学发展）	唯物史观，使命感，洞察力
		MM 因子	MM 可控变量	MM 状态变量
	微观操作	合情推理方法研究	合情推理教学［教（学）猜想，教（学）联想］	合情推理能力，直觉思维能力
		数学模型法，公理法研究	演绎推理教学［教（学）证明，教（学）反驳］	演绎推理能力，抽象和运用符号能力
		RMI 原则，波利亚《解题表》研究	一般解题方法教学［教（学）规则，教（学）策略］	科学的思维方式，合理进行思考的习惯

四、"尝试法"教学模式②

"尝试法"教学模式由小学数学教学专家邱学华于 1980 年代创立。前后经历 40 多年的实践和研究，在全国小学数学界产生了重大影响，并扩展到其他学科。③该教学模式的实质是"让学生在尝试中学习，在尝试中成功"，特征是"先练后讲，先学后教"。它改变了传统的"先讲后练，先教后学"教学模式，先由教师提出问题，学生在旧知识的基础上，自学课本和互相讨论，依靠自己的努力，通过尝试练习初步解决问题。最后教师根据学生尝试练习中的难点和教材的重点，有针对性地进行讲解。从而把学生的主体作用和教师的指导作用有机地结合起来，使学生的尝试活动取得成功。其教学程序分七步：准备练习→出示尝试题→自学课本→尝试练习→学生讨论→教师讲解→第二次尝试练习。

---

① 徐利治，徐沥泉. MM 教育方式简介[J]. 自然杂志，2008，30(3)：138-142.
② 邱学华. 尝试教学研究 50 年[J]. 课程·教材·教法，2013(4)：3-13.
③ 张奠宙，宋乃庆. 数学教育概论[M]. 北京：高等教育出版社，2009.

(1) 准备练习。这一步是学生尝试活动的准备阶段。对解决尝试问题所需的基础知识先进行准备练习,然后采用"以旧引新"的办法,从准备题引导出尝试题,发挥旧知识的迁移作用,为学生解决尝试题铺路架桥。

(2) 出示尝试题。这一步是提出问题,为学生的尝试活动提出任务,让学生进入问题情境之中。尝试题出示后,必须能激发学生尝试的兴趣,激活学生的思维。可以先让学生思考并相互讨论解决方案。

(3) 自学课本。这一步是为学生在尝试活动中自己解决问题提供信息。出示尝试题后,学生产生了好奇心,同时产生解决问题的愿望。这时引导学生自学课本就成为学生切身的需要。自学课本之前,教师有时可提一些思考问题作为指导;自学课本时,学生遇到困难可以提问。同桌学生也可互相商量。通过自学课本,大部分学生对解答尝试题有了办法,时机已经成熟就转入下一步。

(4) 尝试练习。学生进行尝试练习时,教师要巡视,以便及时掌握学生尝试练习的反馈信息,对学习困难学生进行个别辅导。学生尝试中遇到困难,可以继续阅读课本,同学之间也可互相帮助。

(5) 学生讨论。尝试练习中会出现不同答案,学生会产生疑问,这时引导学生讨论,不同看法可以争论,学生在此过程中开始尝试讲道理,之后学生需要知道自己的尝试结果是否正确,教师讲解也已成为学生的迫切需要。

(6) 教师讲解。这一步是为了确保学生系统掌握知识。有些学生会做尝试题,但可能是按照例题"依样画葫芦",并没有真正懂得道理,因此需要教师的讲解。讲解不是什么都要从头讲起,教师只要针对学生感到困难的地方和教材的关键之处重点讲解即可。

(7) 第二次尝试练习。这一步是给学生"再射一箭"的机会。在第一次练习中,有的学生可能会做错,有的学生虽然做对了但没有弄懂道理。经过学生讨论和教师讲解之后,得到了反馈矫正,进行第二次尝试练习,再一次进行信息反馈。这一步对学困生特别有利。第二次尝试题应与第一次不同,或稍有变化或采用题组形式,之后教师可以进行补充讲解。

以上七步是一个有机整体,反映了学生完整的尝试过程,也是一个有序可控的教学系统。中间五步是主题,第一步是准备阶段,第七步是引申阶段。由于实际教学情况的复杂多变,生搬硬套一种模式是不科学的,因此邱学华在实践的基础上又提出可以从上述基本模式中派生出许多变式,称为灵活模式,如调换式,即把基本模式中的某几步调换一下;增添式,即在基本模式上再增添一步或几步,如在出示尝试题以后可以增添一步学生讨论;结合式,即当学生比较熟悉和适应尝试教学以后,基本模式七步就不必分得过于清楚,而是可以有机结合地进行;超前式,即由于教学时间有限,教师可以将基本模式的前几步提前到课前作为预习进行。实际运用中,"尝试法"教学模式也可以同其他教学模式整合。

"尝试法"教学模式中的尝试,同美国心理学家桑代克的"试误说"中所提的尝试是有区别的。桑代克的理论是从动物实验中的尝试引出的,是一种盲目的尝试,动物必须通过不断尝试、不断错误,才能掌握一种技能,把动物实验迁移到人的学习是不完全科学的。对于人的学习来说,邱学华主张"尝试成功说",由于人的尝试学习可以发挥旧知识的迁移作用、教师的指导作用、学生之间的互补作用及教科书的示范作用,因此学生的尝试活动能够争取成功。

这一教学模式在具体运用时也有一定的局限性,如运用尝试教学操作模式,学生要有一定的自学能力,因而它在小学低年级应用范围较小;对于初步概念的引入课,一般也不适合于应用该操作模式;实践性较强的教材也不完全适用于该操作模式。

拓展阅读

1. 顾泠沅.教学改革的行动与诠释[M].北京:人民教育出版社,2003.
2. 吕传汉,汪秉彝.中小学教学的一种基本教学模式:中小学"情境—问题"教学模式[J].贵州师范大学学报(自然科学版),2005(1):86-90.
3. 邱学华.尝试教学研究50年[J].课程·教材·教法,2013(4):3-13.

思考与实践

选择一个中小学数学教学内容,采用所学的一种教学模式,撰写一份教学设计。

第五章

常用数学教学方法

任何教学活动的开展,都需要运用恰当的教学方法。选择恰当的教学方法,有助于顺利完成教学任务,达成教学目标。教学质量高、效果好,往往和教师采用恰当的教学方法有关。教师必须理解和掌握数学教学中常用的教学方法。

第一节 教学方法概述[①]

教学方法是教师在教学过程中为了完成教学任务或目标而采用的方法,包括教师教的方法和学生学的方法。[②]

教学方法是由各种教学方式组成的,是为了达到教书和育人的目的而进行的一种有规则的活动方式。不能把教学方式和教学方法混为一谈。一般来说,教学方式是教学方法的细节。如讲授法是教学方法,采用讲授法时,教师可以叙述某个事实、解释某种现象、论证某个命题、推导某个公式等。这里的叙述、解释、论证、推导等就是讲授法的一些教学方式。

教学方法和教学法也不能混为一谈。教学法的含义比教学方法要广泛得多。教学法的研究对象包括整个教学工作的理论和实践,所有关于教学过程、教学原则、教学内容、教学方法以及教学的组织形式等问题都是教学法的研究对象。

教学方法是决定教学成败的关键因素。科学地运用教学方法,其实质就是用最短的时间,最大限度地发挥学生的智慧潜力,达到教学的高效率、高质量。教师应根据数学学科的特点、不同阶段的教学任务和要求、学生的认知发展水平和个性差异等,选择和运用有效的教学方法。

第二节 数学教学中常用的教学方法

数学教学中传统常用的基本方法有讲授法、问答法、练习法等。最近二十年,随着基础教育第八次课程改革的推进,学生讨论法、程序教学法、发现

---

① 曹才翰,章建跃.中学数学教学概论[M].3版.北京:北京师范大学出版社,2012:248.
② 赵才欣,韩艳梅,等.如何备课[M].上海:华东师范大学出版社,2009:48.

教学法等教学方法也被广泛运用于基础教育数学课堂。

一、讲授法[①]

讲授法是教师用语言结合适当的板书向学生传授知识的方法。讲授法是最传统的教学方法之一,也是一种最常用的教学方法。

讲授法的主要优点是:教师经过精心设计,用系统的语言讲授引导学生进行数学学习。相应的,学生在课堂上采用接受式学习,将教师讲授的数学知识纳入自己的认知结构,达到学习目的。讲授法具有省时、高效的特点,能使学生在短期内获得大量数学知识。

在班级授课制下,讲授法有明显的优势,但也有它的局限性。一般的,讲授法以教师讲、学生听的形式为主,不能充分发挥学生的主动性,容易形成"满堂灌"的局面。由于师生交流方式比较单一,讲解过程中学生的思维活动难以观察,学生数学思维参与度也难以把握,因此会影响学生的数学理解。

鉴于讲授法的上述优点和局限性,在运用讲授法时需要注意以下几方面问题:

第一,要保证讲授内容的科学性、思想性、系统性和逻辑性。条理清晰、层次分明、重点突出、详略得宜、深浅适度、通俗易懂、生动有趣是讲授成功的首要条件。

第二,强调讲授的启发性,注意调动学生的积极性,促进学生主动思考。启发的关键在于设疑、激疑和解疑。教师的讲解,首先要善于设疑,以激发学生的认知冲突,从而使学生的思维积极"卷入"教师的讲解活动;其次,要在讲解中为学生提供独立思考空间、激发学生自己提问,做到"道而弗牵,强而弗抑,开而弗达";最后,对学生提出的问题,教师要"想学生所想",做好"答疑解惑"。

通过设疑引发学生的"愤悱"状态,是启发式教学的灵魂。设疑需要做到以下几点:设疑要有目的性,"疑"可为讲授重点而设,也可为突破难点而设,还可为诱导思维而设;设疑要针对内容的本质,有利于引导学生的深入理解;设疑要明确、具体,注意避免设置模棱两可、似是而非、会引起误解的

[①] 曹才翰,章建跃.中学数学教学概论[M].3版.北京:北京师范大学出版社,2012:248-250.

疑问;设疑要注意设疑技巧,所设问题要有利于激发学生探索的兴趣;设疑要把握好"度"的问题,即所设问题是学生经过努力可以解决的,要将问题提在学生的思维"最近发展区"内。

第三,恰当有效地使用板书。板书是教学的有机组成部分,与口头讲授、教具演示等相辅相成。恰当地设计和有效地使用板书,可以提高教学效果。

第四,恰当运用信息技术。最近几十年,信息技术越来越多地应用于课堂教学。信息技术如果能够恰当使用可以改变讲授教学的单一性,在一定程度上可以提高教学成效。

[案例 5-1] "扇形的面积"公式 $S=\frac{1}{2}lr$ 的推导片段

师:弧长 $l=\frac{n}{180}\pi r$?那么现在这条弧长应该等于$\frac{100}{180}\pi r$,然后我们把这个公式变形一下(手指之前一个扇形面积公式 $S_{扇形}=\frac{100}{360}S_{圆}=\frac{100}{360}\pi r^2$)。$\frac{1}{2}$ 乘 $\frac{100}{180}\pi r^2$,从这步到这步能不能看明白?

生:明白。

师:好,接下来我把这个 r^2 写成 $r \cdot r$(边板书边解释),那么其中的 $\frac{100}{180}\pi r$ 就是其中的什么?(手指弧长公式)

部分学生:l。

师:弧长,是不是?所以 $S=\frac{1}{2}lr$(板书)。

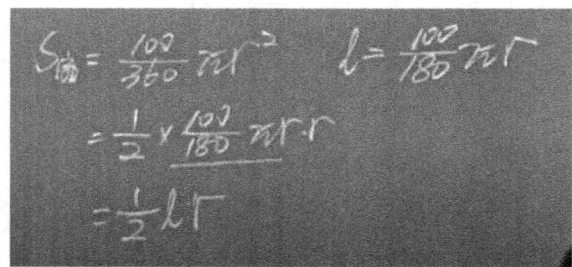

图 5-1 推导公式 $S=\frac{1}{2}lr$ 的板书[2]

---

[1] 俞宏毓. 教师发展指导者工作的案例研究[D]. 上海:华东师范大学,2013.
[2] 同[1].

二、问答法[1]

问答法是指教师根据学生已有的认知基础和当前的学习需要提出问题,学生在问题的引导下积极、主动思考,并通过对话的方式回答问题,在问与答的过程中引导学生理解知识、获取知识和巩固知识的方法。因此,问答法也叫师生谈话法。问答有两种:一种是传授新知识的问答;一种是巩固知识的问答。

问答法的主要优点是:第一,师生互动性强。及时地交流而产生的互动性是问答法的显著特点之一。第二,活动方式灵活多样。在教师提出问题后,学生通过思考获得答案,然后采用操作演示、语言表述等方式回答问题,教师可以根据学生回答的情况及时调整提问的深度、广度,因此师生活动方式的灵活多样是问答法的另一个特点。第三,有利于调动学生的思维积极性。恰当的问题能有效地激发学生的思维积极性,引导他们进行分析、比较、归纳、概括等思维活动。第四,可以保持活跃的课堂气氛,有利于锻炼学生的数学语言表达能力。第五,教学反馈及时,教师可以从学生的回答中了解学生的理解情况,并针对性地给予反馈。

问答法也存在一些局限性。首先,问答法对教师的教学能力要求较高,设计恰当的问题是使用问答法教学的难点,如果问题设计得不恰当,则很难启发学生思考,甚至会将学生引入"歧途";其次,由于学生存在差异性,很难提出适合所有学生的问题,因此问答过程容易演变成少数思维灵活、性格外向学生的"表演"过程。

运用问答法主要需把握以下几点:一是要注意问题的启发性和引导性,避免提出只需简单回答"对"或"不对"、"是"或"不是"的问题。二是要尽力达成师生互动的教学形态,避免形成那种教师"考问"学生、师生地位有明显差异的教学形式。三是要注意教学目标的一致性、连贯性和集中性。[2]

[案例5-2] "一元一次方程的解法"教学中复习旧知环节[3]

---

[1] 曹才翰,章建跃.中学数学教学概论[M].3版.北京:北京师范大学出版社,2012:250-253.
[2] 叶立军.中学数学教学设计[M].北京:高等教育出版社,2015:110.
[3] 俞宏毓,尉劲松,汤虹.行动教育模式的有效运用:"一元一次方程的解法"教学研究案例[J].内蒙古师范大学学报(教育科学版),2022,2(1):96-101.

教材:浙江教育出版社2013年版八年级数学上册第5章第3节
执教教师:浙江省绍兴市柯桥区稽东镇中学夏龙

师:昨天我们学习了 $7x=6x-4$ 的求解,同学们是怎么操作的?

生:$x=-4$,因为左边有一个 $7x$,右边有一个 $6x$,要求出 $x=$ 常数,所以要把左边的减去右边的。

师:你的依据是什么?

生:等式的基本性质1。

师:也就是我们在这个方程的两边同时减去 $6x$ 得到的。同学们还记得等式的基本性质1是怎样的吗?

生众:如果 $a=b$,那么 $a+c=b+c$,$a-c=b-c$。

师:刚才这个同学讲得很好,他说我们最终目的是要把这个方程化成 $x=$ 常数的形式。对不对?也就是说我们一般解一元一次方程,最终是要化成 $x=$ 常数。好,我们再来看第二个方程,如果是 $2x=1$ 呢?怎么解这个方程?

生:两边先除以2。

师:依据是什么?

生:等式的基本性质2。

师:好,等式的基本性质2是怎样的呢?

生:如果 $a=b$,那么 $ac=bc$,或者说 $\dfrac{a}{c}=\dfrac{b}{c}$,$c\neq 0$。

师:对,很好,他强调了这里的 $c\neq 0$。好,对于这个式子来讲,我们为什么要在两边同除以2?

生:因为要把它变成 $x=$ 常数。

师:那么 $x=$ 常数与 $2x=1$ 哪里不一样?

生:有两个 x。

师:x 前面的这个常数,我们有一个名字叫什么?

生:系数。

师:是的,所以对一般的一元一次方程来讲,我们要把它写成 $x=$ 常数,也就是说,x 前面必须是1。同学们想一想把 x 前面的系数变成1,用到的依据是什么?

生:等式的基本性质2。

师:也就是说对等式的基本性质2来讲,我们有什么用呢?在解方程时有什么用?

生:把未知数的系数化为1。

师:这是我们昨天所学习过的等式的基本性质。

[案例5-3] "数图形的学问"教学①

教材:北京师范大学出版社2013年版小学数学四年级上册"数学好玩"实践活动单元

执教教师:浙江省义乌市绣湖小学朱剑英

(一) 情境引入

老师:(课件展示"鼹鼠钻洞"情境)我们都知道鼹鼠最喜欢打地洞,危险的时候它们可以钻地洞进行逃生。那鼹鼠说我们遇到了一个问题,请同学们一起来回答这个问题,请你仔细看它的要求,读懂的同学请举手。

学生举手。

师:你读懂了什么?来说说看。

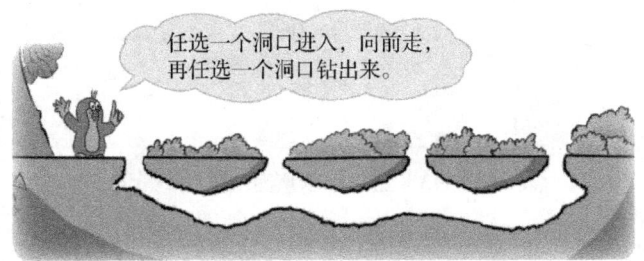

图5-2 鼹鼠钻洞情境②

生:鼹鼠可以选一个洞进去,但是不能从进去的洞出来。

生:鼹鼠从第二个洞进去的话,不可以从第一个洞出来。

师:你是从哪里看出来的?

生:题目说向前走,从第一个洞里钻出来就是向后走了。

---

① 俞宏毓,朱向阳.充分利用表象,使学生经历数学化:《数图形的学问》一课教学与思考[J].教育研究与评论,2021(8):89-93.

② 刘坚,孔企平,张丹,等.数学:四年级上册[M].北京:北京师范大学出版社,2013.

师:那我们给它定个方向,这边是左边,这边是右边,鼹鼠从左边的洞钻进去后,就只能从右边的洞钻出来。

(二)从求路线条数到数线段条数的数学化

教师首先让学生自主尝试求路线条数。在尝试过程中,学生出现了"在情境图上画并数路线""画示意图并数路线"以及"直接列式计算"等多种方法。其中,画示意图的方法占大多数,并且主要有如图 5-3 所示的三种方法。教师抓住这半具体、半抽象的表象阶段,展示三种画示意图的方法,让学生观察"哪一种图更简捷、更方便",引导学生聚焦画线段图的方法。然后,引导学生关注现实与表象的要素之间的"一一对应",经历从求路线条数到数线段条数的数学化。

老师:那今天鼹鼠就是来问一问,如果鼹鼠挖了这些洞,遇到危险时需要逃生有几条逃生的路线呢?请先思考清楚再回答。

老师:我看到有很多同学都有想法了,是不是?那请同学们拿出草稿本,将自己的想法用合适的方式写下来。

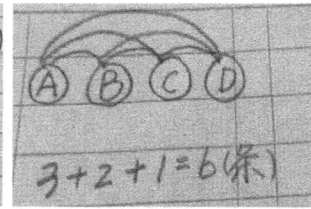

图 5-3　三种画示意图的方法①

师:对比刚才三种方法,我发现同学们都把它化成了图,是不是都画成了图啊?对,有些画得很像,有些画成简单的图,还有些画成了线段图。那么,请你们比较一下,你们觉得哪种图更简捷、更方便呢?

生:线段图。

师:那知道怎么画线段图吗?

生:知道。

师:先画什么?用一条线来表示地平线,然后用什么来表示洞?

---

① 俞宏毓,朱向阳. 充分利用表象,使学生经历数学化:《数图形的学问》一课教学与思考[J]. 教育研究与评论,2021(8):89-93.

生:一个圆圈或一个点。

师:那刚才鼹鼠是挖了几个洞?

生:四个洞。

师:那我就在地平线上点几个点?

生:四个点。

师:每一个点表示什么?

生:一个洞。

师:那么寻找有几条路线就变成了什么问题?

生:数线段。

师:那为什么变成了数线段的问题呢?比如说洞口 A、洞口 B、洞口 C、洞口 D,如果从 A 洞进去,可以从哪个洞出来?

生:可以从 B 洞出来,可以从 C 洞出来,可以从 D 洞出来。

师:那也就是说,A 到 B 的这条线段,它表示的意思是什么?

生:一条逃跑的路线。

师:那有这样的几段就有几条逃跑的路线。同学们很能干,把小鼹鼠有几条逃跑路线的问题就转化成什么问题?

生:数几条线段的问题。

(三) 数线段条数

师:那你能不能把线段数清楚?

生:能。

师:在草稿本上重新画,然后仔细地数。

学生在尝试数线段条数的过程中,出现了如图 5-4 所示的两种顺序的

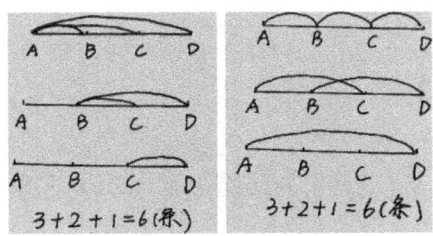

图 5-4 两种数线段的方法①

---

① 俞宏毓,朱向阳.充分利用表象,使学生经历数学化:《数图形的学问》一课教学与思考[J].教育研究与评论,2021(8):89-93.

数法。数线段条数时的顺序对于不出错,即不数重、不数漏(尤其是遇到点比较多的情况时),以及发现规律,从而列式计算,都具有重要的意义。因此,教师让两个学生分别展示两种顺序的数法,启发学生总结数的规律,从而强调数的顺序。

师:好了吗?

生:好了。

师:小组里面,每个人数线段给同学看。

师:好,数完了是吗?

生:数完了。

师:谁来数给大家看?王蕾,你是怎么数的?好,你来。请你来表示,一边数一边说。

生:从点 A 出发有一条、两条、三条,从点 B 出发有一条、两条,再从点 C 出发有一条,所以是 $3+2+1=6$。

师:也就是 $3+2+1=6$(条),她是怎么数的?看看后面有几个出口,是不是?从点 A 出发,往后有几个出口?

王蕾:3 个。

师:所以有几条路线?

王蕾:3 条。

师:从点 B 出发,往后有几个出口?

王蕾:2 个。

师:所以有几条路线?

王蕾:2 条。

师:从点 C 出发,往后有几个出口?

王蕾:1 个。

师:所以有几条路线?

王蕾:1 条。

师:再把每个出口可以逃生的路线相加,总共是几条?

王蕾:6 条。

师:还有没有不同的数法?陈雨薇,你来。要重新画一下吗?重新画一下清楚一点。用不同颜色的笔这样更清楚一点。

陈雨薇:从点 A 到点 B 这样长度的线段有一条、两条、三条,然后从点 A

到点C这样长度的线段有一条、两条,然后从点A到点D这样长度的线段有一条,所以是3+2+1=6(条)。

师:等一下,她的数法是怎么数的? 按什么来数?

生:长度。

师:刚才的同学是按照什么数法? 按点数。那陈雨薇是按照什么? 长度。那我们也可以叫做什么? 按段数。她先数什么? 最长的还是最短的?

生:最短的。

师:最短的1段这样的长度,有这样的几段?

生:3段。

师:3段,接着数什么?

生:2段。

师:2段这样的长度,有几段?

生:2段。

师:再数3段这么长的,是不是?

生:是。

师:那我想问了,这两种方法表示的数字一样吗?

生:不一样。

师:比如说,同样的这个3它表示的意思一样吗?

生:不一样。

师:谁来说? 第一个3表示什么? 你说。

生:第一个3表示的是从点A出发总共有3个出口,第二个3表示的是A到B这样长度的线段有3条。

师:再来,上面这个3表示什么意思,好,你来说。

生:上面这个3表示从点A出发一共有3条,下面这个3表示从点A到点B这样长度的有3条。

师:对,这两个表示的是不是相同的?

生:不同的。

师:这个3表示从点A出发有3个逃生的路口,就是有3条逃生的路线。这个3表示从A到B这么长的逃生路线有几条?

生:3条。

师:我发现同学们在数的时候都没有多数或少数,为什么? 你们是怎做到的?

生:因为我们是有规律地数的。

师:用什么规律数?

生:从点……

师:(指着图5-4中的第一种数法)比如说从点A出发的时候,你是怎么样数的?

生:从左到右。

师:而不是数完点A了,就数点C,再数点B,等等。也就是说,是按照顺序来数的。(指着图5-4中的第二种数法)按段来数的时候,也是有顺序的:先数1段的,再数2段的,接着数3段的。总的来说,我们在数的时候做到什么就不会乱、不会错?

生:按顺序数。

师:对,按顺序数,就不会重复,也不会遗漏了。

(四) 从数线段条数到列式计算的数学化

通过数线段条数解决了"鼹鼠钻洞"的4点组合问题后,教师展示"菜地旅行"情境(图5-5),让学生通过数线段条数解决"有5个站点的单程车要准备多少种车票"的5点组合问题。然后延伸到更多站点的情况,通过问答引导学生从递推的角度发现数量增加的规律,理解列式的原理,实现从数线段条数到列式计算的数学化。

图5-5 菜地旅行情境①

---

① 刘坚,孔企平,张丹,等.数学:四年级上册[M].北京:北京师范大学出版社,2013.

师:鼹鼠说,同学们这么棒,就带你们逛一逛我种的菜园吧。好,鼹鼠为了参观方便,造了小火车,可以坐着小火车去参观,所以它又问了一个问题,请你来读一读。你读懂了什么?读懂它意思的请举手。好,这位同学说。

生:鼹鼠从红薯站开往茄子站,要准备一张票,开往胡萝卜站要一张票,开往土豆站要一张票,一共要准备多少张票?

师:像这样要准备多少张票是吗,好,还有不同意见吗?你说。

生:我觉得鼹鼠的意思是,从红薯站到茄子站,要一张票,如果不下车就只要一张票,要下车再上车就要两张票。

师:好,请坐,你说。

生:鼹鼠是算单程的,所以只要红薯站开往土豆站,不用土豆站再开往红薯站。

师:也就是我们只能像刚才一样,怎么样,往前走。能不能往后走?

生:不能。

师:所以这个叫单程,只能朝一个方向坐车,从任意一个站上车。这根刚才那道题目类似吗?

生:类似。

师:那你们会用什么方法来解决?

生:画线段图。

师:好,试一下。

(学生做题,教师巡视)

师:好了吗?

生:好了。

师:谁上来,好,黄雅婷,你来,一边画一边说,其他同学认真倾听。

生:先画五个点,从点 A 到点 B 是一个单站,从点 A 到点 C 是一个,从点 A 到点 D 是一个,从点 A 到点 E 也是一个,从点 B 到点 C,从点 B 到点 D,从点 B 到点 E,从点 C 到点 D,从点 C 到点 E,从点 D 到点 E。

师:可以用算式表示吗?

生:可以。

师:你说,我写。

生:$4+3+2+1$。

师:还有吗?好,王斌宏,你来说。

生:还是先画一条线。

师:好,王斌宏用的什么方法?

生:画线段图。

师:按长度来数是不是?那不管是按点来数还是按线段来数,都可以用哪个算式表示?

生:4＋3＋2＋1。

师:等于几条?

生:10条。

师:这里有10条线段,那也就是有几种票?

生:10种票。

师:10种票,是不是?那老师再加一步,5个站点有10种票,那这个时候,它又开辟了一个新的站点,有6个站点的时候,你们知道有多少种票吗?好,你说。

生:有15种票。

师:你是怎么得到的?

生:因为多了一个站点,所以原来那些站都要再加1。

师:所以要比原先增加几个站?

生:5个。

师:5个站,所以用算式怎么表示?

生:5＋4＋3＋2＋1。

师:等于几个站?

生:15个。

师:通过画线段图,以及在数的过程中我们可以发现,当有5个站点的时候有几种票?10种;当有6个站点的时候有几种票?15种。那有7个站点的时候呢?

生:21。

师:你能列出算式吗?一起说。

生:6＋5＋4＋3＋2＋1＝21。

师:再加一个站呢?

生:7+6+5+4+3+2+1=28。

师:找到规律了吧?

生:找到了。

师:你们来说说找到了什么规律,好,你说。

生:每次多一个站,都会增加一个数。

师:多哪个数? 你找到规律了吗?

师:6个站点的时候比5个站点的时候多了几?

生:5。

师:7个站点的时候比6个站点的时候多了几?

生:6。

师:8个站点的时候比7个站点的时候多了几?

生:7。

师:那你们想一想,10个站点的时候应该怎么写?

生:9+8+7+6+5+4+3+2+1。

师:非常棒,15个站点呢?

生:14+13+12+11+10+9+8+7+6+5+4+3+2+1。

师:是的,找到规律,那接下来就是怎么算的问题。是不是啊? 那以后我们就变成了什么问题?

生:计算的问题。

师:对,计算的问题了。那下次我们可以继续探讨这样的算式怎样算出得数,又快又方便。

(五) 三个拓展

实现了从数线段条数到列式计算的数学化后,教师对问题进行了拓展。

① 空间上的两个拓展

空间上的第一个拓展是从限定在一条直线上的点的组合问题拓展到没有位置限定的点的组合问题,设置了握手问题和单循环赛问题,引导学生发现依然可以通过数线段条数的方法来解决。

师:其实在生活当中,类似这样的问题,还是有很多的。比如说,握手。我跟你握手,是握了几次? (展示如图5-6所示课件)

4个人,两两握手,共握几次? 　　6个班级循环赛,一共赛几场?

图 5-6　握手和单循环赛问题

生:1 次。

师:那他跟我握手,是握了几次?

生:1 次。

师:两个人之间握了几次?

生:1 次。

师:那我跟他,我跟她,他跟她,也就是 3 个人握手,握了几次?

生:3 次。

师:那是不是就是类似的数线段问题?

生:对。

师:还有,4 个人握手,你们知道是几次吗? 你能找到黑板上的原题吗? 就是第几题?

生:第一题。

师:就是第一题,用 3+2+1=6 来表示。那么前段时间我们踢足球的循环赛是不是也是同样类似的问题,循环赛的时候也是同样,6 个班一共要赛几场? 你能写出来吗?

生:5+4+3+2+1。

师:5+4+3+2+1,对。

第二个拓展是从一维的数线段问题拓展到二维的数平面图形问题,设置了求如图 5-7 所示平行四边形个数的问题。教学过程中,学生顺利求出平行四边形的个数后,教师引导学生发现等价性,把数平行四边形的问题转化为数线段问题,理解问题的本质。

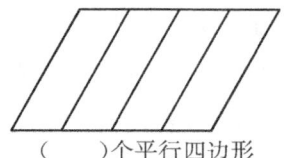

（　　）个平行四边形

图 5-7　求平行四边形个数

师：你是怎么知道是 4＋3＋2＋1 的？请你说说 4 在哪。

生：4 就是一个一个的平行四边形有 4 个，3 就是两个两个的平行四边形有 3 个，2 就是三个三个的平行四边形有 2 个，1 就是四个四个的平行四边形有 1 个。

师：你是用什么方法来数的？

生：按段的方法。

师：那我们能不能按点的方法来数？我可以把这幅图怎么样？

生：画成线段图。

师：对，我可以把它变成一条线段。那么把这些斜着的边都压缩成了一个一个的什么呀？

生：点。

师：对，只要数一数两点之间的线段有几条，就可以知道平行四边形有几个。这上面有几个点？

生：5 个点。

师：那就是用这种方法来进行计算。

② 内容上的拓展

问题：金华往返东阳的轻轨正在建设（图 5-8），设计从起点到终点共有 8 个站点。一共要准备多少种不同的车票？

图 5-8　金华往返东阳的轻轨图

从简单的组合问题拓展到简单的排列问题,设置了"有8个站点的往返车要准备多少种车票"的问题。教学过程中,学生出现错误时,教师征询不同意见后,再次引导学生回到数线段条数的活动中寻找"乘2"的意义。

师:谁来汇报一下?

生:7+6+5+4+3+2+1=28。

师:28种是吗?有没有不同的意见?

生:我觉得这里应该乘2,因为求出的28种车票只是单程的票数。

师:你从哪里看出来要乘2?从哪里看出来跟我们刚才的车票是不一样的?

生:往返。

师:那么为什么往返时乘2就可以了呢?我们可以倒回去再数一遍线段条数。

生:对。

师:我们发现返回来的数法跟去的数法是一样的,所以它有这样的两组,所以应该再乘几?

生:2。

师:对,28×2=56,所以,平时我们在审题的时候一定要注意,它是单向的还是双向的。

(六)课堂小结

师:所以,在我们的日常生活中,都可以找到数学的影子,通过解决数学的问题,可以解决生活中的一些问题。那回头看一下,课前提的两个问题,你有收获吗?

生:有。

师:我们数图形,其实就是数什么?

生:数线段。

师:数线段,可以怎么数?

生:按点数,按段数。

师:数出来的,我们还可以用算式表示,不同的数法,每个数字代表的意思也是不一样的。计算时我们还可以进行研究,以便使计算更简捷、更方便。看来,图形的学问还真不小。数的过程当中还要注意有序。不有序就容易遗漏或重复,是不是?那以后同学们在生活中碰到问题的时候,可以想一想,在数学课当中,哪些类型的题目就是我们生活中的问题,就可以用数学知识来进行解决。

三、练习法[①]

练习法就是在教师的指导下,学生通过独立作业,理解和掌握知识、形成技能、发展解题能力、体会解题思想的教学方法。练习法是数学教学的常规方法。

使用练习法进行教学时应当注意如下问题:

第一,练习要有明确的目的性。要根据教学内容和学习的不同阶段安排练习。一般的,在教学新知识之前的练习是为了唤起当前学习所需要的已有知识;在学习了数学概念、定理、公式、法则等以后的练习是公共性练习;综合练习的目的是建立知识之间的联系,从而使学生形成良好的认知结构;等等。

第二,练习量要适当。练习量太少的话,达不到巩固知识、训练技能、领会思想方法的目的;而过量的练习不仅浪费时间、增加学生学习负担,而且会导致学生的厌烦心理。

第三,练习要采取多样化的形式。不仅有纸笔练习,还可以适当安排操作性、实践性的练习。

第四,练习要有一定的层次性。为实现因材施教,"不同的人在数学上得到不同的发展",练习的安排还要有层次性,一般来说可以设计基本题、变式题和拓展题三个梯度。

第五,练习要注意循序渐进。在难度、综合性等方面逐步提高,应当先易后难、先单一后综合。

第六,要及时对练习进行评价。及时反馈学生练习情况,在练习后及时批改、讲评,既评析练习中出现的好方法,又分析典型错误及出现错误的原因。

---

① 曹才翰,章建跃.中学数学教学概论[M].3版.北京:北京师范大学出版社,2012:254.

四、学生讨论法[①]

学生讨论法是指学生按照教师预先制定的教学问题纲要逐一展开讨论,获取知识的方法。学生讨论法的基本过程如下:① 宣布讨论要达到的目的,公布讨论提纲。② 将学生按预先拟好的计划分为若干组。参考学生的成绩和表现,以能力混合分组,兼顾学生的个性、熟悉程度、合作意向,一般一组人数为5人至10人。③ 组织讨论,教师巡视。对于误入歧途的小组,教师应及时加以引导。遇有气氛沉闷的小组,教师可参与探讨。④ 每组指定一名学生代表汇报讨论结果。⑤ 对思考过程、解决的方法及结论加以分析和评价。

学生讨论法也是以问题为引导进行教学活动,与问答法类似,但也有明显区别。第一,学生讨论法的教学问题纲要由教师明确提出,并在一开始就给出要求与达成的目标,而师生谈话法中的问题一般具有隐含性的特点,学生一般并不需要了解教师所提问题的用意和作用。第二,学生讨论法的组织形式并不是以整个班级为单位,而是以几人一小组的形式组织讨论,即以学生与学生之间的互相合作、互相启发的"生生互动"的教学形态展开,教师主要起统筹兼顾、整体指导的作用。第三,学生讨论法教学目标的设置往往采用由小到大、螺旋递进的方式。每个子目标由各小组的独立意见综合评价,统一定论,然后进入下一个环节。

五、程序教学法[②]

程序教学法是美国心理学家斯金纳于20世纪50年代根据行为主义心理学理论和控制论原理首创的。程序教学法是指学生按照一定程序独立获取知识的一种教学方法,其基本思想是把学生掌握知识、技能与技巧的过程程序化,使学生按程序进行独立的、个别化的学习。

程序教学法的基本过程是:精选教材内容编写成包括课本、练习和答案在内的程序教材,或借助电子计算机和其他教学仪器将教材内容予以呈现;

---

① 叶立军.中学数学教学设计[M].北京:高等教育出版社,2015:110-111.
② 同①114-115.

学生按照程序,看教材、做练习、对答案,及时获得反馈,以不断调整自己的学习活动,遇到困难再由教师进行个别或集体辅导。

程序教学法的优点是能充分调动学生的学习积极性,有利于培养学生的自学能力、动脑动手的能力,有利于因材施教。在数学教学中,恰当运用程序教学法,可以起到提高教学质量的作用,但并非所有的内容都适合,而且学生的活动过于程序化,不利于学生智能的发展。

六、发现教学法

发现教学也称发现学习,是美国心理学家布鲁纳于20世纪50年代创立的。发现教学法是学生运用教师提供的按发现过程编制的材料进行"再发现",以掌握知识并发展创造性思维与发现能力的一种教学方法。发现教学法具有通过发现过程进行学习和在学习过程中学习发现方法的双重含义,是一种具有较高自主性的方法。[1]

发现教学法一般按以下步骤进行:① 设疑和思考。教师提出一些具有启示性的问题和现象来诱发学生思考。② 阅读和观察。学生根据教师设计的问题阅读课本和参考资料,通过动手操作、演算、试验等,对概念、原理进行探索。③ 分析和讨论。学生对阅读或观察到的结论进行分析、比较、综合、验证,并提出假设。④ 综合和发展。进行概括、推理,得出结论,并运用所学的知识去解决有关的问题,以达到对概念、原理的深入理解。[2]

运用发现教学法进行教学,不仅能使学生学到知识,更能使学生掌握科学的方法,有利于激发学生的学习兴趣,培养创造能力。但发现教学法费时较多,不利于学生掌握系统的知识和形成必要的技能技巧,不能普遍运用。

最近几十年,新的教学方法不断涌现,但讲授法、练习法等传统的教学方法仍占据重要地位。一般来说,一节课不会单一运用某一种教学方法,往往是几种方法配合使用。教学中选择运用恰当的教学方法非常关键,关系到教学的成败。

[案例 5-4] 数科整合课"相关联的量"

---

[1] 赵才欣,韩艳梅,等.如何备课[M].上海:华东师范大学出版社,2009:49.
[2] 杨红萍.中学数学教学设计与案例分析[M].合肥:安徽大学出版社,2014:79.

执教教师:浙江省义乌市绣湖小学楼淑妍

案例背景与概况:学科整合是最近几年基础教育教学的热点。数学和科学学科关联紧密,教师经常将两门学科进行整合教学。本案例执教教师将小学六年级下册数学中"变化的量""正比例"知识和初中科学中的"密度"知识进行了整合,针对六年级学生设计了"相关联的量"这节课,为后续"正比例"和"密度"概念的学习做铺垫。

教学过程:

1. 引入"量"的概念

教师首先拿出如图5-9所示的两块材质相同、大小不同的瓷砖让学生观察,并请学生说一说:这两块瓷砖有什么相同或不同的地方?学生观察以后得到如下结论。

图5-9 瓷砖

生1:它们的质量和体积不相同,但材质是一样的。

师:请你指一指哪块大?

生1:第一块瓷砖的体积比较大。

生2:厚度不一样,第一块瓷砖比较厚。

师:像质量、体积、长度等这些在数学中称为"量"。今天我们要用已有的知识和经验来测规则瓷砖的质量和体积。

【点评】瓷砖这一材料每个孩子都不陌生,通过引导学生观察和比较两块瓷砖,唤起学生已有的知识和经验,发现它们在质量、体积、长度等方面的不同,引出"量"这一数学概念。

2. 测量发现瓷砖质量和体积相关联

首先,让学生分组合作,测量大小有差异的规则瓷砖的质量和体积,并将结果填写到表 5-1 中。然后把各组的数据汇总到 Excel 表格(表 5-2)中进行排序,并让学生观察数据,小组讨论各自的发现。

表 5-1　规则瓷砖测量

物质	质量/g	长/cm	宽/cm	高/cm	体积/cm³
规则瓷砖					

表 5-2　瓷砖的质量和体积测量结果

组别	质量/g	体积/cm³	质量÷体积
4	130.8	50	2.6
5	183.5	75	2.4
3	249.8	100	2.5
1	250	100	2.5
6	373.4	150	2.5
7	485.2	200	2.4
2	983.2	400	2.5

师:通过观察实验中得到的数据,你们发现了什么?

生1:体积越小的瓷砖相对它的质量也就越轻。但是我们组和第一组的瓷砖体积是一样的,质量却有 0.2 g 的差距。

师:你觉得这是什么原因呢?

生1:可能是我们称的时候有些偏差。

师:他们组发现有两组数据是一样的,体积相等,质量也几乎相等。

生2:体积越大,它的质量也会越大。因为第 2 组的体积是 400 cm³,它的质量也是最大的,有 983.2 g。

师:把第 1~3 组数据一起进行比较,还有什么发现吗?

生3:第 2 组的体积是第 1 组体积的 4 倍,如果把 983.2 g 看作 1 000 g,质量间好像也存在着 4 倍的关系。

师:质量和体积的变化有规律吗?

生4:有规律,一起变大或一起变小。

生5:瓷砖的质量好像是体积的 2.5 倍。

师:我们用各块瓷砖的质量除以它们的体积,并对结果取近似值,保留一位小数,看看结果如何?

生6:结果都是一个近似或等于2.5的数。

师:为什么我们的数据中会有2.4、2.6呢?

生6:可能是操作或仪器本身精度的因素。

师:确实,操作中会有一定的误差。我们在科学实验中容许一定范围的误差存在。

师:从实验数据中,我们发现:质量小,体积也小;质量变大,体积也变大;质量发生变化,体积也跟着变化。我们就说质量和体积这两个量相关联。

【点评】教师让学生用数学的知识和经验辅助完成科学实验,并利用Excel软件对实验数据进行排序方便学生观察,感受质量和体积是两个相关联的量,一个量的变化会引起另一个量的变化。学生在观察和分析数据时,很自然地运用了对比的方法、商不变的性质、估算的技巧等。通过计算结果的比较,学生能更直观地发现瓷砖的质量除以体积,得到一个趋向于2.5的值。通过分析数据,发现实验会有误差,但可以通过一些手段让误差缩小,培养学生的科学精神。

3. 不规则瓷砖的测量验证质量和体积的关系

通过规则瓷砖的实验,学生发现了质量和体积之间存在着一定的规律。为验证这一规律在同一材质的不规则瓷砖中是否适用,教师引导学生进行第二次分组实验——测量不规则瓷砖的质量和体积,完成表5-3,并对各组所得的结果同样进行汇总并排序。

表5-3 不规则瓷砖的测量

物质	瓷砖的质量/g	原来水的体积/mL	瓷砖和水的总体积/mL	瓷砖的体积/cm³
不规则瓷砖				

我的发现:质量和体积是两个相关联的量,质量(　　　),体积也跟着(　　　)。

表5-4 不规则瓷砖测量的结果

组别	质量/g	体积/cm³	质量÷体积
2	71.3	31	2.3
4	64.8	28	2.3
5	63.5	26	2.4
1	60	24	2.5
7	57	15	3.8
3	45.3	19	2.4
6	35.6	13	2.7

师:通过刚才的实验和数据分析,我们发现瓷砖的质量和体积是两个相关联的量,用瓷砖的质量除以体积的结果还趋向于2.5。我手上有一块瓷砖碎片,是否也符合刚才发现的规律呢?说说该怎么做实验?

生1:先测出它的质量,然后再利用它的排水量来算出它的体积。

师:先测质量还是先测体积?为什么?

生3:哪个先都可以。

生4:先测质量,因为体积是跟着质量变化的。

生5:先测质量,如果先测了体积,瓷砖里带出来的水会影响质量,我们要保证瓷砖质量的精确。

生6:先测体积就会有水渗进瓷砖里,质量就会有偏差。

师:很好。怎样用量筒测体积呢?

生7:先记住量筒里水的刻度,再把瓷砖碎片系上绳子,放进量筒里,读出数。

合作示范用量筒测瓷砖的体积,学生小组合作测量不规则瓷砖的质量和体积,并把实验数据汇总上报。教师对上报数据进行排序,让学生再观察。

师:观察这次的实验数据,符合刚才发现的规律吗?

生1:符合,质量越大,体积也越大;质量越小,体积也越小。

生2:用质量除以体积可能在2.5左右。

师:数据中出现了3.8,这可能是什么原因?

生3:可能误差更大了,因为瓷砖越小,误差有可能会更大。

生4:我不赞同!误差不可能这么大,也许是测体积有问题。

生5:这组数据是我们组的,我们确实在测量体积的时候没有把瓷砖全部浸到水里。

师:极端的实验数据背后,一定有它的原因,同学们分析得很有道理,也找出了原因,这就是科学的实验精神。

【点评】通过规则瓷砖的实验,学生已经发现了质量和体积之间存在着一定的规律。这一规律在同一材质的不规则瓷砖中是否仍然适用呢?

学生在数学里已经接触过用"排水法"测体积这一知识,但这一实验内容学生都没有亲自动手做过,对"排水法"测体积的认识仅仅停留在文字的描述上。因此,在做不规则实验前,我首先引导学生对"先测体积还是先测质量"这一问题展开争论,在争论中理解先测质量的必要性。其次对量筒的使用进行了复习,对观察量筒的方法进行示范,让学生进一步感受科学的严谨性,明白正确的科学操作能减少误差。

实验数据对验证来说,至关重要。在算出数据前,我让学生对数据进行了合理猜测,培养学生的估算能力。在比值得出后,对极端数据背后的原因进行推测和分析,寻找实验中存在的错误和漏洞,帮助学生建立科学的实验精神。

引出"密度"概念,总结实验方法。

通过两次实验操作和数据分析,学生真切感受到了瓷砖的质量除以体积是一个固定的值,我因势利导引出了"密度"这一科学概念,介绍密度的相关知识,并注重实验方法的总结和积累。

师:通过两个实验,我们都发现了瓷砖的质量除以体积趋向于一个2.5的值。质量除以体积得到的是什么?

生1:密度!

师:是的,这就是科学概念"密度"。现在,请同学们了解一些"密度"的小知识(图5-10)。

第五章　常用数学教学方法

> **科学小知识**
> - 质量÷体积=密度
> - 正如各种物质有各自的颜色和气味一样,各种物质也都有各自的密度。密度也是物质的一种属性,只是它比颜色、气味等隐蔽些。
> - 密度的单位有克/厘米³ (g/cm³)、千克/米³ (kg/m³)

图 5-10　科学小知识

师:给你一个土豆,你能测出它的密度吗?

生2:可以。先称出土豆的质量,再用排水法测出它的体积,然后两者相除就行。

师:铁的密度怎么测?

生3:其实跟测土豆的方法是一样的!什么物质都有密度,都能测出来。

【思考】做实验除了培养学生动手、动脑的能力外,还要培养学生的思维能力,培养学生举一反三的思维方式。因此,在实验做完后,我引出"密度"的概念,是让学生明白我们在实验中得到了什么。接着,追问土豆、铁块的密度怎么测,从而引导学生总结密度是怎么得到的。在知识迁移和总结方法中培养学生的思维,提升综合素养。

了解常见物质的密度并应用。

"相关联""正比例""密度"这些知识不仅仅存在于教科书里,更存在于现实世界中,要让学生在真实的世界里与知识相遇,让知识解释或解决生活中的实际问题。为此,我在课堂上为学生架起与周围世界深入交往的桥梁,让知识成为学生自身经验生长与再造的养料。这样,知识就与生活联系起来了。

师:科学家们用类似的方法,测出了常见物质的密度(图5-11)。

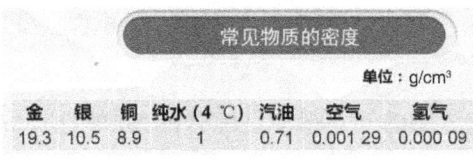

常见物质的密度							
						单位:g/cm³	
金	银	铜	纯水(4℃)	汽油	空气	氢气	
19.3	10.5	8.9	1	0.71	0.001 29	0.000 09	

图 5-11　常见物质的密度

师:仔细观察这些密度,你有什么发现吗?

生1：金、银、铜是固体，水、汽油是液体，空气、氢气是气体。

生2：固体的密度是最大的，液体的密度是排第二的，气体的密度是最小的。

师：确实，一般来说，固体的密度比液体大，液体的密度比气体大，但也会有特殊的，有一种液体密度很大，你知道吗？

生3：水银。

生4：死海里的水含有大量的盐分，它的密度也很大，所以即使不会游泳的人在死海里也能浮起来。

生5：我知道了氢气球为什么会飘走，因为氢气的密度比空气小，所以会浮在空气中，被飘走。

师：消防里有句话：油着火了，千万不能用水去灭，为什么？

生6：因为水的密度比油的更大。当水泼向油的时候，油会浮在水的上面，不仅没灭掉，反而会随着水流动，会引起更大的火灾。

师：刚才我们用密度解释了很多生活中的现象，你能用密度的知识帮李奶奶解决一下她遇到的难题吗？

李奶奶买了一个纯金手镯，重45克，测得体积为3立方厘米，你认为她买的手镯有问题吗？

生：李奶奶的手镯有问题，它的密度比纯金轻，它还有其他的物质混合在里面。

师：确实。像这样质量和体积紧密联系的量我们叫相关联的量。数学上，有没有这样一些量，也是紧紧地联系在一起的呢？四人小组交流。

生1：长方体的长、宽、高跟体积相关联。

生2：圆的直径、半径、周长、面积都有关联。

生3：半径变大了，直径也跟着变大，周长、面积都会变大。

……

【思考】现实世界中的问题很多是综合的，并非纯粹的数学问题或科学问题。因此，在这一环节，我打破了泾渭分明的学科界限，加强了横向联系，以"密度"概念为主题进行统整，让学生在更为接近真实的情境中，用知识解释之前生活中遇到的各种现象，用实验中获得的经验来理解数学中各种量的关系。

七、回顾与小结

师：今天你有什么收获？

生1：任何一个物体的质量和体积都是有关系的，质量变大，体积一定也跟着变大。

生2：密度就像物质的气味、颜色一样，是物质的一种属性。

生3：要想知道一个物质的密度，可以想办法测出它的体积和质量，再用质量除以体积得到。

生4：用排水法测体积前，要先测质量，会减小实验的误差。

师：你觉得今天上了一节什么课？

生1：科学课。

生2：科学和数学的混合课。

师：这节课既有数学的思考，又有科学的探究，是一节数学和科学的整合课。

八、课后明辨

这堂数科整合课，从知识获得层面来看，让学生理解了"相关联"和"密度"，通过亲自试验从数据中找到了"成正比例的量"的存在；从能力层面来看，培养了学生的独立思考、动手操作、合作探究等能力；从知识运用层面来看，运用了测量、计算、分析数据、猜测等知识经验；从应用层面来看，学生能从实验中解决生活中的问题，并能用知识解释生活中的一些现象。可以说，这样的一节整合课，既整合了学科间的知识，又打通了学科间各个素养的整合培养，大大提高了教学效率。

从上述的课例我们可以发现，科学与数学的结合是如此的密切。数学的技能可以而且必须应用到科学实践课的教学中，而科学的技能往往为数学提供了背景和资源，因此，让我们积极投入数科整合的研究中去，让数学和科学互为渗透、互相补充、互相促进，提高教学效率，为进一步培养学生的综合素养而努力。

第三节 数学教学方法的选择依据

教学方法的选择和实施至关重要,因此在进行教学设计时,教师必须科学地选择合理的教学方法并能正确实施。一般来说,选择教学方法需要考虑下列几个因素。

一、教学的目标

教学目标是教学任务的具体化,是教学行动的指南,也是选择教学方法的重要依据。运用教学方法的目的是更好地实现教学目标,因此教学方法的选择必须与教学目标相匹配,不同的教学目标需要应用相应的教学方法去实现和完成。而且,教学方法的选择不应局限于课时目标的达成,同时也要考虑全局,如单元目标、学期目标,甚至教学总目标。

二、学情

"以学生的发展为本"是新课程改革的理念之一,为实现以学定教、实现精准针对性教学,教学必须充分考虑学生的学情。因此,学情也是选择教学方法时需要考虑的因素。教学方法的选择不仅要考虑不同年龄段学生的认知特点、已有的知识基础等方面,而且要考虑学生的个体差异性,针对相同年龄段的学生也可能采取不同的教学方法。

三、教学内容的特点

不同的学科常用的教学方法是有差别的,如一般来说物理、化学等学科常用演示法和实验法,而数学学科常用讲授法和练习法。而数学学科不同的教学内容适用的教学方法也是不同的。如有的内容适合启发式的讲授,有的内容适合学生练习,有的内容可以学生讨论,等等。教学内容的特点也是选择教学方法时需要考虑的重要因素之一。

四、不同教学方法的特点

各种教学方法都有其长处和局限性,也有各自的适用范围和使用条件。教学过程中诸因素的组合情况都会影响教学方法作用的发挥。某种方法对于某一课题是有效的,对另一课题或另一种形式的教学可能用处不大。如讲授法便于发挥教师的主导作用,保证学生在短时期内获得大量的、系统的知识,但不利于发挥学生的主动性;而发现法有利于培养学生的创新能力、培养学生的学习兴趣,但耗时较多不利于系统知识的学习,必须与讲授法等其他方法配合使用才能收到良好效果。因此,选择教学方法时,首先要了解各种方法的特点,搞清楚其作用、适用范围和条件。[1]

五、教师的自身条件

教师是教学活动的主导者、引导者和组织者,在教学中发挥着至关重要的作用,教学方法的选择应该在教师的能力范围内,否则将会影响教学方法的有效实施。有的教学方法虽好,但如果教师缺乏相应的素养,驾驭不了该方法,则很难在教学实践中产生良好的效果。因此,教师自身的能力储备、特长和弱点及运用某种方法的实际可能性,也是选择教学方法时需要考虑的重要因素。

六、教学的外在条件

教学方法的选择还需要考虑所在学校的环境、教学设备等外在条件。由于学校设备等条件的差异,教学方法的选择与运用也会有差别。如落后及偏远地区的学校,软硬件条件都相对较差,教师运用与现代信息技术有关的教学方法实施教学的可能性较小,但可以充分发挥现有设备设施的作用,选择契合自身环境的教学方法。[2]

---

[1] 蒋亦华,周友士.中学数学教学设计与案例分析[M].苏州:苏州大学出版社,2016:43-44.
[2] 吴立保.中学数学教学设计[M].北京:清华大学出版社,2021:50.

拓展阅读

1. 俞宏毓,尉劲松,汤虹.行动教育模式的有效运用:"一元一次方程的解法"教学研究案例[J].内蒙古师范大学学报(教育科学版),2022,2(1):96-101.

2. 俞宏毓,朱向阳.充分利用表象 使学生经历数学化:《数图形的学问》一课教学与思考[J].教育研究与评论,2021,9(8):89-93.

思考与实践

选择中小学数学教学内容,撰写一份教学设计。

第六章

部分教学环节的设计

　　教学过程的设计是教学设计的核心。由于课型和教学内容的差异,每节数学课的教学流程都不尽相同。但解题是数学学习的特色和根本,一般的数学课都有例题、习题的设计和处理。此外,由于第八次基础教育课程改革的大力提倡,最近20年情境教学在中小学数学课堂中应用普遍,创设数学问题情境也成了教学设计的重要环节。本章详细论述这两个教学环节的设计。

第一节　问题情境的创设

情境教学是我国第八次基础教育课程改革大力提倡的教学方式之一，在基础教育数学课堂中应用普遍，因此将问题情境的创设作为教学过程设计的一个重要环节。

一、数学问题情境的内涵及意义

（一）数学问题情境的概念[①]

《辞海》对"情境"的解释为："一个人在进行某种行动时所处的社会环境，是指人们社会行为产生的具体条件。"数学问题情境，就是指学生在进行数学活动时所处的学习环境。汪秉彝、杨孝斌认为："数学情境是一种以激发学生问题意识为价值取向的刺激性的数据材料和背景信息，是从事数学活动的环境，产生数学行为的条件。"

一般来说，情境都会蕴含数学问题，但情境中的问题和一般的问题是有区别的。问题情境中的问题是要引起数学探索活动的，一般的问题往往只要求给出问题的答案。

情境和情景是有区别的。情景的"景"是具体、直观和吸引人的。情境的"境"是指构成和蕴含在情景中的那些相互交织的因素及其相互之间的关系，情境的内涵要比情景丰富、复杂得多。数学课程主要着眼于情境，是为了深入研究情境背后与数学有关的线索。

（二）数学问题情境的意义

问题源于情境，20世纪初美国哲学家、心理学家杜威曾提倡过问题教学，其核心就是问题情境。美国教育学家、心理学家布鲁纳的发现法也主张

---

① 顾继玲.理解教材,研究学生：中学数学教学设计[M].北京：北京师范大学出版社,2015：39-40.

创设问题情境,他指出:"学习者在一定的问题情境中,经历对学习材料的亲身体验和发展过程,才是学习者最有价值的东西。"

在教学中创设情境,能激发学生的学习兴趣,使学生积极主动地投入学习中去。这是情境的一般意义,章飞[①]和顾继玲[②]都指出数学问题情境除此意义外,还有如下三个方面的特殊意义。

1. 数学问题情境教学能够反映数学与生活的联系

现实生活中存在着许多与数学相关的问题,帮助学生了解、理解现实生活中的数学问题,形成解决这些问题的意识和能力,是数学课程的任务之一,而数学情境教学是一个很好的途径。因为数学情境和学生的生活经验和数学经验相关,所以数学情境教学能够充分反映数学与生活的联系。如用如图6-1所示的气温变化情境引入函数的单调性概念。

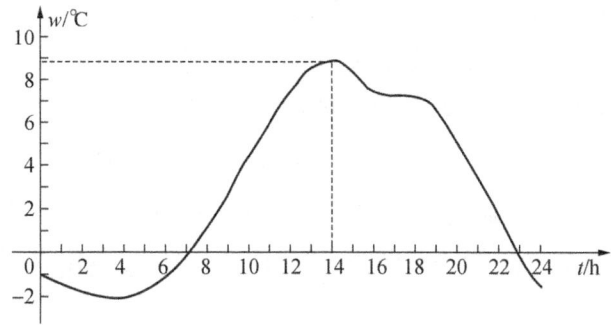

图6-1 某城市某日24小时内的气温变化图

情境:请观察某城市某日24小时内的气温变化图,你能说出这一天的气温变化趋势吗?

2. 数学问题情境教学能够体现数学化的过程

数学化是荷兰著名数学家和数学教育家弗赖登塔尔提出来的。他认为"用数学方法把实际材料组织起来就叫数学化",学生应该学习数学化,而且是从最低的层次开始,也就是先对非数学内容进行数学化(属于横向数学

---

① 章飞.数学教学设计的理论与实践[M].南京:南京大学出版社,2009:18-19.
② 顾继玲.理解教材,研究学生:中学数学教学设计[M].北京:北京师范大学出版社,2015:40-43.

化)。张奠宙先生认为,人们在观察、认识和改造客观世界的过程中运用数学的思想和方法来分析和研究客观世界的种种现象并加以整理和组织的过程就是数学化,"让学生学会数学地思考与研究各种现象,形成数学的概念、运算和法则,构造数学模型,经历一个数学化的过程"是理所当然的。很多研究认为,数学学习应该是不断数学化的过程,学会数学化是养成数学学科核心素养的关键。

关于如何进行数学化,张奠宙先生指出:"数学化是一个过程,是一个从问题开始,由实际问题到数学问题,由具体问题到抽象概念,由解决问题到更进一步应用的教育全过程。"因此,情境教学是体现数学化并使学生经历数学化的一个有效途径。

如顾泠沅先生设计的著名的"有余数的除法"教学案例(图6-2),通过分豆子的情境引入:将7颗豆子平均分到3个盘子里,每盘应该放几颗?其中分剩下来不够再分的豆子数就是"余数",盘子里试着放豆子的过程就是"试商"。从实物到算式是"形式化"的过程,从算式运算返回到实物解释是"寻找意义"的过程(图6-3)。数学化就是在具体,半具体、半抽象,抽象之间的铺排,是穿行于实物与算式之间的形式化过渡。学生通过体验数学化的过程,不仅加深了对"有余数的除法"的理解,而且很快找到了算式运算中的规律。

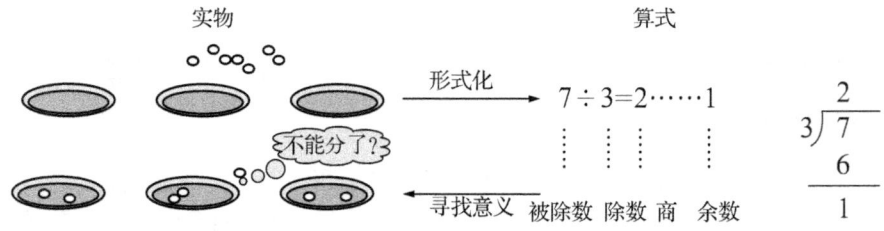

图6-2 "有余数的除法"数学化过程②

---

① 顾泠沅,王洁.教师在教育行动中成长:以课例为载体的教师教育模式研究(上)[J].课程·教材·教法,2003(1):9-15.
② 同①.

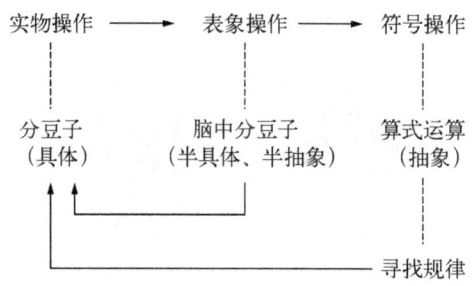

图 6-3 "脑中分豆子"与布鲁纳的认知理论①

3. 数学问题情境教学能够增强学生的应用意识

我国第八次基础教育数学课程改革特别重视学生应用意识的培养,几个版本的数学课程标准对培养学生的应用意识都有所强调。《义务教育标准(2011年版)》指出:"应用意识有两个方面的含义:一方面,有意识利用数学的概念、原理和方法解释现实世界中的现象,解决现实世界中的问题;另一方面,认识到现实生活中蕴含着大量与数量和图形有关的问题,这些问题可以抽象成数学问题,用数学的方法予以解决。"②而数学情境教学则不仅可以使学生认识到现实生活中蕴含着大量与数量和图形有关的可以抽象成数学问题来解决的问题,而且可以培养学生利用数学概念、原理和方法解释现实世界中的现象、解决现实世界中的问题的意识。

如小学数学《精打细算(小数除以整数)》的教学,以如图 6-4 的问题情境引入:两家文具店这款黑笔都在搞促销活动。哪家店的黑笔更便宜?

由这个学生熟悉的实际问题引出小数除以整数的问题,并通过计算解决实际问题,使学生感受到学好数学的重要性,增强学生的应用意识。

---

① 顾泠沅,王洁.教师在教育行动中成长:以课例为载体的教师教育模式研究(上)[J].课程·教材·教法,2003(1):9-15.
② 中华人民共和国教育部.义务教育数学课程标准(2011年版)[M].北京:北京师范大学出版社,2012.

茂盛安文具店　　胖猫超市

促销价：5支11.5元　　促销价：6支13.2元

哪家店的黑笔更便宜？

图6-4　超市促销卖笔情境

二、数学问题情境教学的现状

（一）第八次基础教育数学课程改革对情境教学的强调

我国第八次基础教育数学课程改革提出了很多新理念、新方法，包括实施情境教学。

《全日制义务教育数学课程标准（实验稿）》提出："数学教学，要紧密联系学生的生活实际，从学生的生活经验和已有知识出发，创设生动有趣的情境，引导学生开展观察、操作、猜想、推理、交流等活动……"。[①]《义务教育标准（2011年版）》进一步强调"数学教学应根据具体的教学内容，注意使学生在获得间接经验的同时也能够有机会获得直接经验，即从学生的实际出发，创设有助于学生自主学习的问题情境，引导学生通过实践、思考、探索、交流等，获得数学的基础知识、基本技能、基本思想、基本活动经验，促使学生主动地、富有个性地学习，不断提高发现问题和提出问题的能力、分析问题和解决问题的能力。"[②]《义务教育标准（2022年版）》强调"注重创设真实情境"，并指出："真实情境创设可从社会生活、科学和学生已有数学经验等方面入手，围绕教学任务，选择贴近学生生活经验、符合学生年龄特点和认知加工特点的素材。注重情境素材的育人功能，如体现中国数学家贡献的素材，帮助学生了解和领悟中华民族独特的数学智慧，增强文化自信和民族自豪感。注重情境的多

---

① 中华人民共和国教育部.全日制义务教育数学课程标准（实验稿）[M].北京：北京师范大学出版社，2001：51.

② 中华人民共和国教育部.义务教育数学课程标准（2011年版）[M].北京：北京师范大学出版社，2012：42.

样化,让学生感受数学在现实世界的广泛应用,体会数学的价值。"

《普通高中数学课程标准(实验)》要求:"教师要创设适当的问题情境,鼓励学生发现数学的规律和问题解决的途径,使他们经历知识形成的过程。"①《普通高中标准(2017年版)》进一步指出:"基于数学学科核心素养的教学活动应该把握数学的本质,创设合适的教学情境,提出合适的数学问题,引发学生思考与交流,形成和发展数学学科核心素养。"

(二) 数学问题情境教学存在的问题

顺应第八次基础教育课程改革的趋势,近二十年来,问题情境教学在我国中小学数学课堂教学中日益普遍。但通过对目前的情境教学深入观察分析,发现很多所谓的情境教学是存在问题的。如教师设置情境时存在盲目跟风的现象,过分追求情境的趣味性与丰富多样性,设置的问题情境与教学主题关联不紧密,甚至完全不相关,不仅不能引导和启发学生的学习,而且有可能分散学生注意力,使学生"误入歧途"。

如北师大版小学数学一年级下册的"两位数减两位数的退位减法"一课,教师将教材的小朋友跳绳情境(图6-5)改为动画片中的小动物跳绳的情境,并让学生一起唱两遍动画片主题曲,总共耗时达4′40″。但小动物跳绳和小朋友跳绳情境没有什么本质区别,唱动画片主题曲不仅耽误时间,而且分散了学生的注意力。②

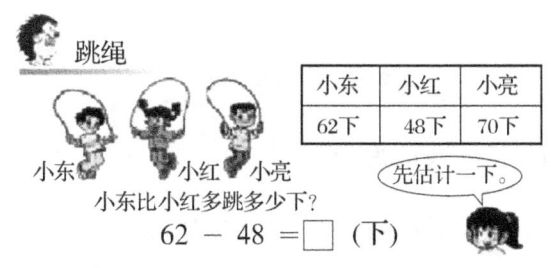

图6-5 教材中的跳绳情境③

再如扇形的概念教学,教师以三色陀螺(图6-6)情境引入,结果使学生

---

① 中华人民共和国教育部.普通高中数学课程标准(实验)[M].北京:人民教育出版社,2003:111.

② 俞宏毓,朱向阳,顾泠沅.管窥小学数学课堂教学现状:"两位数减两位数退位减法"教学案例分析[J].数学教育学报,2019,28(1):43-48.

③ 刘坚,孔企平,张丹,等.数学:一年级下册[M].2版.北京:北京师范大学出版社,2006.

"误入歧途"。如下为扇形的概念教学片段。

师:还记得咱们前面学习当中遇到的这个三色陀螺吗?就像这个样子,对吧?好,那么它的这个面是一个圆。那其中呢,蓝色、红色还有黄色这三块就叫做扇形。那么谁来根据这个图形说一下,什么样的图形叫做扇形呢?(停顿1 s左右)这三块我们把它们称为扇形。谁来说说看?什么样的图形叫做扇形?有吗?说错没关系,试试看。那位同学。

生:小于180°的。

师:什么小于180°?

生:它的圆心角。

师:哦,圆心角。也就是说这个扇形我们认为它是圆的一部分,对吧。好,还有什么要补充的?(停顿5 s,学生没有声音)没有。好,那我们来看一下。(PPT展示扇形概念)我们把组成圆心角的两条半径以及圆心角所对的这条弧(边讲边在三色陀螺上用手指出)所围成的这个图形,称为扇形。①

三色陀螺情境不仅没帮助学生认识扇形,而且对学生起了误导作用。

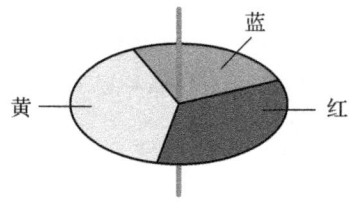

图6-6 三色陀螺②

三、创设数学问题情境的原则

数学问题情境之所以为新课程改革所提倡,是因为有其重要价值,但目前的一些情境教学还是存在问题的。创设数学问题情境除考虑其激发学生兴趣的一般价值,需要遵循趣味性原则之外,更要从启发学生思考、有助于学生学习等更深层次考虑,需要遵从下面的原则。

---

① 俞宏毓. 教师发展指导者工作的案例研究[D]. 上海:华东师范大学,2013.
② 同②.

(一) 数学性

作为数学课堂教学的一个具体素材,问题情境自然应引发学生对某个数学知识的学习,或者说应该指向某个具体的数学知识内容。[1] 因此,数学问题情境首先应具有数学性,即情境中要有"数学问题",因为问题是"数学教学的血液"。同时问题情境要能从情境中引出数学知识,要凸显新知的本质属性。

如苏教版九年级上册的"平均数"一课,教师为引入加权平均数的概念,设置了如下问题情境:在学校开展的"数学文化"知识竞赛中,我班派了15位同学参加比赛,共有三种得分:87分、90分、93分,你能求出这15位同学的平均分吗? 追问:请你添加条件,然后求出这15位同学的平均分。

在解决该情境问题的过程中,可以"逼出"权以及加权平均数的概念。

(二) 现实性

现实性也就是数学问题情境对于学生来说应该是现实、可行和力所能及的。如喻平教授所指出的好的数学情境应当具备真实性和适切性两个要素。问题情境应该来源于生活现实,尽量少用或不用虚拟情境。因为贴近生活的情境会使学生调动已有的生活经验来帮助学生对问题进行思考。[2] 同时,由于不同年龄段学生的生活经验和认知发展水平不同,创设情境要考虑学生的年龄特征,情境问题对于学生来说应该是可行的、力所能及的。

如小学数学中的"平移"一课,全国小学数学特级教师朱乐平以生活中物体和人的运动情境引入,非常贴近学生的生活现实,也符合小学生的年龄特点。

再如小学数学"面积与周长的关系"一课的教学,为让学生探究长方形周长与面积的关系,浙江省义乌市某教师设计如下情境:校长要在糖源基地空地上围一个长方形的菜园。但只有16 m长的篱笆,你会怎么设计? 要求学生在虚线方格纸上画图探究。[3] 该情境是符合义乌学生学情、具义乌地方

---

[1] 章飞.数学教学设计的理论与实践[M].南京:南京大学出版社,2009:19.
[2] 喻平.对"课堂中让学生思考"的思考[J].教育视界,2021(5):4-7.
[3] 俞宏毓,朱向阳,顾泠沅.探究教学的设计与改进:以"面积与周长的关系"教学为例[J].数学教育学报,2018,27(1):68-71.

特色的,因为义乌盛产红糖,糖源基地随处可见。

(三)探究性

创设数学问题情境的目的是引发学生思考,经历通过探究形成概念、归纳结论、寻找算法、发现结论的过程。因此,情境问题要具备探究的性质,不能是可以套用已有公式、算法、模式就能解决的问题。①

如初中数学"完全平方式"一课的教学,教师首先以如下情境引入(图6-7):有一个边长为 a m 的正方形广场,在这个广场的相邻两边有一条宽为 10 m 的道路。问:① 这个广场的面积是多少? ② 这条道路的面积是多少? ③ 用不同的形式表示广场与道路的总占地面积,并进行比较。你发现了什么?

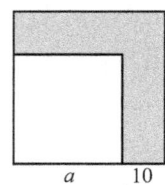

图 6-7 正方形广场情境

学生通过探究用不同形式表示广场与道路的总占地面积,得到 $(a+10)^2 = a^2 + 2 \times 10a + 10^2$,在此基础上让学生猜想 $(a+b)^2 = ?$。

(四)开放性

情境问题同时还应具有开放性。开放性有两层含义:第一层含义是指问题的答案可能不是唯一的,通过探究可以得到多种答案;第二层含义是指问题可以通过变式、推广、引申等方法,得到一些新的问题。一般来说,具有开放性的问题才能更好地引发学生思考。②

如高一数学"函数的应用"一课,教师创设如下问题情境:

"金阳广场是一个边长为 400 m 的正方形休闲广场。广场的四角上建有 A、B、C、D 四个生活小区。小区欲安装煤气管道,但煤气公司只将煤气主管道接到 A 小区,另外三个小区的煤气管道将由他们自行铺设与 A 小区连

---

① 喻平.对"课堂中让学生思考"的思考[J].教育视界,2021(5):4-7.
② 同①.

通。为节约资金,请设计与 A 小区相连的最佳煤气管道铺设方案。"[1]

(五) 简捷性

设计问题情境并不是越繁复、越生动有趣越好,太过复杂和生动的情境不仅耗时,而且往往会分散学生注意力,也就是设计问题情境要讲究简捷性原则。如顾泠沅先生设计的"等腰三角形的判定"一课,创设画出被墨水涂抹的残缺等腰三角形问题情境(图 6-8),让学生通过画图产生等腰三角形的判定问题,然后从问题出发,得出判定定理。该问题情境简捷明了,不仅有效激发了学生的学习兴趣,而且也使学生经历了尝试、探究的过程。该节课虽然设计和执教于 20 世纪 90 年代初,但其设计思路和教学方法放在今天的课堂中仍不过时,堪称经典。[2]

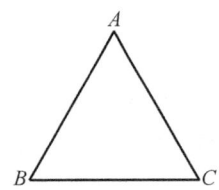
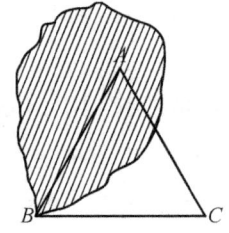

图 6-8　等腰三角形情境引入[3]

第二节　例题、习题的设计

解题是数学学习的基本途径。例题、习题是帮助学生巩固和理解、掌握和运用数学概念、定理、公式和法则的数学问题,是具有一定代表性的典型数学问题,是把数学知识、技能、思想和方法联系起来的纽带,是对知识、技

---

[1] 曾小平,汪秉彝,吕传汉. 数学"情境—问题"教学对数学探究学习的思考[J]. 数学教育学报,2009,2(1):82-87.
[2] 青浦县数学教改实验小组. 学会教学:青浦教改实验过程[M]. 北京:人民教育出版社,1991:354-366.
[3] 同[2]355.

能、思想和方法进行分析、整合和运用的重要手段。① 因此,例题、习题的设计在数学教学设计中至关重要。

一、例题、习题的价值

(一) 例题的价值

例题教学在数学课尤其是新授课中处于不可或缺的地位,直接影响着教学效果,具体来说,例题主要有如下四个方面的作用。

1. 巩固新知

例题的首要价值是巩固新知。为巩固和应用新学的概念、定理、公式和法则,会设计相应例题。一般来说,概念之后的例题侧重于对概念的理解或表示,命题之后的例题则侧重于对命题的应用。②

2. 引出新知

例题有时候还可以起到引出新知的作用,这里的引出新知包括一节课开头的引入,也包括一节课中的引入。如通过应用题引入"二次函数的应用"一课。再如,在"解二元一次方程组"的教学中,分别通过例题引入代入消元法和加减消元法。

3. 解题示范

例题教学的过程往往也是解题示范的过程。解题示范包括问题解决过程的示范和解题格式的示范两个方面。例题解决一般会经历思考、提示与分析,得出完整解答,最后小结或归纳的过程,整个过程可以作为示范,启发学生解决其他类似问题。同时,解题过程的展示也可以起到格式示范的作用,学生可以模仿与借鉴教师规范正确的表达。

4. 拓展新知

合适的拓展性例题可以起到拓展延伸新知的作用,拓展可以是知识内容上的拓展,也可以是方法上的拓展,可以拓宽学生的知识面、开拓学生的思路。

---

① 綦春霞.初中数学课堂教学设计[M].北京:高等教育出版社,2009:170.
② 顾继玲.理解教材,研究学生:中学数学教学设计[M].北京:北京师范大学出版社,2015:84.

(二) 习题的价值

习题即教学上供学生练习用的题目,数学习题是学生将所学的数学知识、方法转化为数学技能、技巧,形成数学能力、发展数学思维的重要途径和手段。数学习题除具有和例题一样可以起到巩固新知的价值外,还具有提高学生的数学思维能力和分析解决问题的能力的作用。此外,基于新学的知识,例题往往只是该节课内容单一知识点或方法的应用,而习题除了本节课内容的应用外,还可以涉及更多的知识点和方法,可以起到联系新旧知识、拓展新知的作用。[①]

二、例题、习题设计的原则

例题、习题设计是否恰当合理,不仅直接关系到学生对知识、技能、方法、思想等的理解和掌握,而且在一定程度上关系到教学的成败。例题、习题的设计一般需遵循如下几个原则:

(一) 典型性

例题、习题的设计首先要考虑典型性。典型的、有代表性的例题和习题才能体现核心的知识和方法,才能实现举一反三、由此及彼和触类旁通。

(二) 全面性

设计例题和习题还需要考虑其全面性。全面性不仅是内容和方法上的全面,还有功能上的全面。例题的设计除为了引出新知或者巩固新知外,还要考虑其示范作用和拓展新知的作用。习题的设计除考虑巩固所学新知外,还要考虑对学生数学思维能力和分析解决问题能力的训练,不仅如此还要考虑相关新旧知识的联系和拓展,考虑学生思维的拓展和综合处理问题能力的提升。

(三) 层次性

为实现针对性教学、不同的学生在数学上得到不同的发展,例题和习题的安排要有层次性。一般来说,题目的设计可以有三个台阶:基本题、变式

[①] 顾继玲.理解教材,研究学生:中学数学教学设计[M].北京:北京师范大学出版社,2015:91-92.

题和拓展题。其中前两个台阶是要求绝大多数学生必须掌握的；拓展题供少部分学有余力的学生进一步学习，可以设计探究性问题或者开放题。

(四) 适量性

例题和习题的设计除遵循上述原则外，还要考虑适量性，题目并不是越多越好。课堂上例题安排得过多，容易导致"贪多嚼不烂"的现象；习题太多，则学生负担过重，导致学习效率降低，甚至引起学生厌学。

三、设计例题的方法与技巧

教材中的例题一般都是教材编写者经仔细思考和推敲后确定的，一般来说都具有一定的典型性。因此，教材中的例题应该是例题的首要和重要来源，是不可全盘否定的。尤其是对于职初教师来说，在对教材和题目的难易程度、题目的典型性、学生的学情等各方面都把握不好的情况下，更应该以教材中的例题为主。

但教材的编排不可能面面俱到，为更好地实现例题的价值，往往需要对教材中的例题进行适当的改编。具体来说，对教材例题的改编常见的有增、删、并、改四项策略。"增"指的是为了突出某个知识点或者强化某种方法，增加补充性的例题。"删"指删去作用不大或重复性的例题，或者将这些例题另作他用，改为学生自学或练习的形式。"并"是指根据教学的需要，将某个单元前后的几个例题合并为一个综合性的例题，或者为突出知识间的联系将不同内容的例题综合在一起。"改"就是对例题进行一定的改造，如改变题目的条件或结论，或者对题目进行延伸，等等。①

四、例题、习题设计典型案例

(一) "尺规作图"例题的设计

八年级上册"三角形"部分的"尺规作图"一课，教师设计了如下两道例题。其中例1有3道小题，分别是已知两角及其夹边、两角及一角的对边、两

---

① 顾继玲. 理解教材，研究学生：中学数学教学设计[M]. 北京：北京师范大学出版社，2015：88-91.

角及夹边上的高作三角形(图 6-9)。例 2 是已知斜边和两条直角边的差作直角三角形(图 6-10)。总体来说,例题设计不仅适量、典型、全面,而且有一定的层次。

例 1 已知∠α 与∠β,线段 a.(尺规作图,保留作图痕迹)

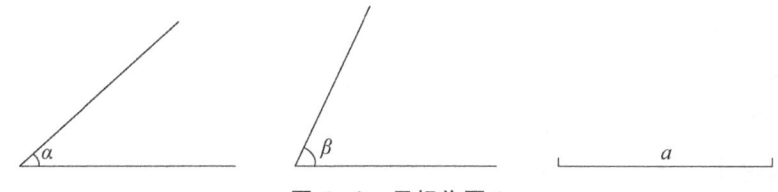

图 6-9 尺规作图 1

(1) 求作:△ABC,使得 BC=a,∠B=α,∠C=β;

(2) 求作:△ABC,使得 BC=a,∠B=α,∠A=β;

(3) 求作:△ABC,使得 BC 边上的高为 a,∠B=α,∠C=β.

例 2 已知线段 a 与 b. 求作:Rt△ABC,使得∠A=90°,BC=a,AB−AC=b.(尺规作图,保留作图痕迹)

图 6-10 尺规作图 2

(二)"两位数减两位数退位减法"习题的设计[①]

"两位数减两位数退位减法"一课,教师安排了如下三关的闯关练习和一道聪明题。第一关是 4 道基本题,第二关是 4 道聚焦该节课重点的变式题,第三关是解决隔位退位问题的提高题,聪明题是一道开放题。习题安排由易到难,有层次推进,不仅注重培养学生的运算能力,而且关注学生推理意识的培养。

第一关 细心计算

$$\begin{array}{cccc} 44 & 80 & 64 & 78 \\ -27 & -75 & -9 & -66 \end{array}$$

---

① 俞宏毓,朱向阳,顾泠沅.管窥小学数学课堂教学现状:"两位数减两位数退位减法"教学案例分析[J].数学教育学报,2019,28(1):43-48.

第二关　火眼金睛

下面各题差的十位填几？

```
  8̇ 7          8̇ 2          7̇ 1          7̇ 1
- 5 3        - 5 3        -   6        - 3 6
─────        ─────        ─────        ─────
  □ 4          □ 9          □ 5          □ 5
```

第三关　挑战自己

参加 100 m 赛跑。已经跑了 48 m，还要跑多少米？

聪明题

4 和 2 后面分别藏着几？

```
  7 6
- 4 ☆
─────
  2 ○
```

拓展阅读

1. 曾小平,汪秉彝,吕传汉.数学"情境—问题"教学对数学探究学习的思考[J].数学教育学报,2009,2(1):82-87.

2. 俞宏毓,朱向阳.充分利用表象 使学生经历数学化:"数图形的学问"一课教学与思考[J].教育研究与评论,2021(8):89-93.

3. 俞宏毓,朱向阳,顾泠沅.管窥小学数学课堂教学现状:"两位数减两位数退位减法"教学案例分析[J].数学教育学报,2019,28(1):43-48.

4. 喻平.对"课堂中让学生思考"的思考[J].教育视界,2021(5):4-7.

5. 喻平.核心素养指向的数学作业设计[J].数学通报,2022(5):1-7,12.

思考与实践

1. 选择一个中小学数学教学主题,设计问题情境。

2. 选择一个中小学数学教学主题,分别设计例题和习题。

第七章

数学概念教学设计

数学概念是数学思维的细胞,理解数学概念是一切数学活动的基础,概念不清很难进一步开展其他数学活动。因此,数学概念的教学设计尤为重要。

第一节　数学概念概述

一、什么是概念

概念是认识的高级产物,是反映事物本质属性的思维形式。例如,扇形是由组成圆心角的两条半径和圆心角所对的弧围成的图形,这是扇形的本质属性,由这一本质属性可以确定扇形这个对象。至于圆心角的大小、半径的长短等都是扇形的非本质属性。

概念是思维的细胞,是构成判断、推理和论证的"基本元件",是其他思维形式的基础,是基本的而且重要的。掌握一门科学,首先必须掌握这门科学的概念。[①]

二、概念的内涵和外延

每一个概念都有其内涵和外延。概念的内涵就是概念所包括的一切对象的共同的本质属性的总和。概念的外延就是适合于那个概念的一切对象的范围。[②] 如两组对边分别平行、有一组邻边相等,这是"菱形"的内涵;菱形是指一组邻边相等的所有的平行四边形,这是"菱形"的外延。再如"一元一次方程"这个概念的内涵是"只含有一个未知数,并且未知数的次数是一次的整式方程",其外延则是 $ax+b=0$ 或 $ax=b(a\neq 0)$。

概念的内涵是概念的质的方面,它说明概念所反映的事物是什么样的;概念的外延是概念的量的方面,它说明概念所反映的是哪些事物。概念的内涵和外延是密切联系、相互依赖的。如果概念之间是属种关系,则概念的内涵越小,该类概念的外延就越大;反之,概念的内涵越大,该类概念的外延就越小,也就是概念的内涵和外延之间存在反变关系。如"直角三角形"这

[①] 曹才翰,章建跃.中学数学教学概论[M].2版.北京:北京师范大学出版社,2008:292.
[②] 胡炯涛.数学教学论[M].南宁:广西教育出版社,2001:118-119.

一概念的外延中,包含着全部的有一个角为直角的三角形,其内涵则是全部直角三角形所共有的本质属性。再看"等腰直角三角形"这一概念,它的外延比较小,是直角三角形的一部分。但"等腰直角三角形"除了包含所有直角三角形的共同属性以外,还有着自己的特殊属性——两直角边相等,而这一属性是"直角三角形"概念的内涵中所没有的。也就是说,增加了新的属性,概念的内涵扩大了,但外延却缩小了。

三、概念间的关系

为深入理解概念,需要对相关的概念进行比较,研究概念相互间的关系。根据概念的外延有无重合之处,概念间的关系可以分为相容关系和不相容关系。

(一)相容关系①

如果两个概念的外延至少有一部分重合,则称它们为相容关系。相容关系可以分为同一关系、属种关系和交叉关系三种。

1. 同一关系

如果两个概念的外延完全相同,则称这两个概念间的关系为同一关系(或全同关系)。同一关系可用图 7-1 表示。

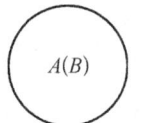 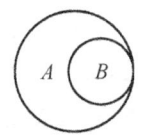 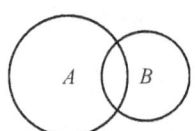

图 7-1　同一关系　　　图 7-2　属种关系　　　图 7-3　交叉关系

例如,下列各组概念间的关系都是同一关系:

① 正方形,长和宽相等的长方形。

② 无理数,无限不循环小数。

③ 圆的直径,过圆心的弦,最大的弦。

了解具有同一关系的概念,可以对概念的内涵有更深刻、更全面的认识。在推理证明中,具有同一关系的概念可以互相代换。

---

① 李祎,贾雪梅.中学数学教学设计[M].北京:高等教育出版社,2016:148-150.

2. 属种关系

如果一个概念的外延完全包含在另一个概念的外延中,而且仅仅是另一个概念外延的一部分,则称这两个概念之间的关系为从属关系。外延较大的概念称为属概念,外延较小的概念称为种概念。概念的属种关系可用图 7-2 表示,图中 A 为属概念,B 为种概念。

例如,多边形和六边形,复数和实数,一次函数和正比例函数,方程和一元一次方程等都是具有属种关系的概念。

属概念和种概念是相对的。例如,等腰三角形是等边三角形的属概念,但它又是三角形的种概念。此外,一个概念的属概念不一定唯一,它的种概念也不一定唯一。例如,平行四边形、四边形、矩形、菱形都是正方形的属概念,三角形、四边形、六边形都是多边形的种概念。

3. 交叉关系

如果两个概念的外延有且只有部分重合,则这两个概念之间的关系为交叉关系,这两个概念称为交叉概念。如图 7-3 所示,A、B 两个概念既有相同部分,也有不同部分。

例如,等腰三角形和直角三角形,奇数和正数,菱形与矩形,等差数列与等比数列等都是具有交叉关系的概念。

(二) 不相容关系[①]

如果同一属概念下的两个种概念的外延没有任何重合部分,则称这两个种概念为不相容关系。概念的不相容关系可以分为矛盾关系和反对关系。

1. 矛盾关系

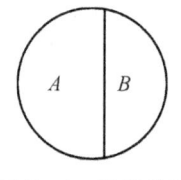

图 7-4 矛盾关系

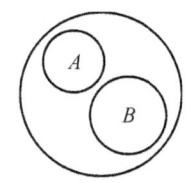

图 7-5 反对关系

---

① 曹才翰,章建跃.中学数学教学概论[M].2 版.北京:北京师范大学出版社,2008:294-295.

如果同一属概念下的两个种概念的外延完全不相同,并且它们的外延之和等于其属概念的外延,如图 7-4 所示,则称这两个概念之间的关系为矛盾关系。例如,有理数和无理数是实数概念下的矛盾关系,实数和虚数则是复数概念下的矛盾关系。

2. 反对关系

如果同一属概念下的两个种概念外延完全不同,并且它们的外延之和小于其属概念的外延,如图 7-5 所示,则称这两个概念之间的关系为反对关系。例如,正实数和负实数相对于实数来说,是反对关系;菱形和矩形相对于平行四边形来说,是反对关系;锐角三角形和直角三角形相对于三角形来说是反对关系。

第二节 数学概念的定义

一、概念的定义

概念是认识的高级产物,是客观事物在人的头脑中的抽象概括,是看不见摸不着的,需要用语言或符号表达出来,也就是要给概念下定义。下定义是揭示概念的内涵,也就是指出它所反映的对象所共有的本质属性的逻辑活动。[①] 定义一般由三个要素组成:被定义项、定义项和定义联项。被定义项是需要加以明确的概念,定义项是用来明确被定义项的概念,定义联项是用来连接被定义项和定义项的词语。[②] 如直角三角形的定义"有一个角为 90°的三角形是直角三角形","直角三角形"是被定义项,"有一个角为 90°的三角形"是定义项,"是"是定义联项。

二、原始概念

给某概念下定义时,定义项选用的必须是在此之前已明确定义过的概

---

① 胡炯涛. 数学教学论[M]. 南宁:广西教育出版社,2001:121-124.
② 李祎,贾雪梅. 中学数学教学设计[M]. 北京:高等教育出版社,2016:150-152.

念,否则概念会模糊不清。但是数学概念的个数是有限的,这样顺次上溯,总有一些概念被作为概念体系的出发点而不能再用别的概念来定义,这样的概念称为原始概念。

在数学教学中,常用直观描述的方法对原始概念加以解释,如"平静的水面给人以平面的形象"。再如"0,1,2,3,…称为自然数",这是对自然数定义直观说明的方法。

三、常用的定义方法

常用的定义方法有下面几种。

(一) 属加种差定义法

属加种差定义法是最常用的下定义方法,是用被定义概念最邻近的属概念,连同被定义的概念与同一属概念下其他种概念之间的差别(种差),来进行定义的方法。最邻近的属概念指的是在一个概念的各个属概念中,其内涵与这个概念的内涵之差最小的属概念。如锐角三角形的概念"锐角三角形是指三个内角都是锐角的三角形",其中"三角形"是"锐角三角形"的最邻近的属概念,而多边形和平面图形都不是锐角三角形的最邻近的属概念;而"三个内角都是锐角"是锐角三角形与其他三角形的区别,称为种差。

再如"有一组邻边相等的平行四边形叫做菱形""正多边形是所有角都相等且所有边都相等的简单多边形""有一个底角是直角的梯形是直角梯形"等用的都是属加种差定义法。

用属加种差定义法需要做两步工作:一是找出被定义项的邻近的属;二是找出它区别于这个属概念下的其他种概念的种差。[①]

(二) 发生式定义法

通过被定义概念所反映对象发生过程或形成的特征描述,来揭示被定义概念的本质属性的定义方法,称为发生式定义法。发生式定义法是属加种差定义法的一种特殊形式,定义中的种差是描述被定义概念的发生过程

---

① 曹才翰,章建跃. 中学数学教学概论[M]. 2版. 北京:北京师范大学出版社,2008:296.

或形成的特征,而不是揭示被定义概念的特有的本质属性。[1]

发生式定义法比较典型的如圆的定义:"平面上到定点的距离等于定长的点的集合叫做圆";还有球的定义:"球是半圆绕着直径旋转一周所形成的几何体";再如代数式的定义:"由数、表示数的字母和加、减、乘、除、乘方和开方运算符号组成的数学表达式称为代数式,单独一个数或者一个字母也称为代数式"。此外,椭圆、双曲线、抛物线、圆柱、圆锥、圆台等概念也是采用的发生式定义法。

(三) 揭示外延定义法

有的概念的外延是单一的对象或由几个简单明显的对象组成的集合,可以通过揭示概念的外延的方法定义。例如,"有理数和无理数统称为实数""椭圆、双曲线和抛物线叫做圆锥曲线"都是揭示外延的定义。

(四) 关系定义

以被定义概念所反映的对象与另一对象之间关系或它与另一对象对第三者的关系作为种差而做出定义的一种定义方法称为关系定义。例如,"$b(\neq 0)$整除a就是存在一个整数c,使$a=bc$"是一个关系定义,它的种差就是a、b与c的关系。[2] 再如对数的定义,"若$a^b=N$,则$\log_a N=b(a>0,a\neq 1)$"也是关系定义。

四、定义的规则[3]

为了正确地给概念下定义,首先需要掌握关于概念所反映的对象的本质属性的知识,其次还必须遵守下列定义的规则。

(一) 定义应当是相称的

所谓定义的相称,就是构成定义的两个主要部分——被定义的概念和定义的概念应当有相同的外延,不能扩大,也不能缩小,也就是不能过宽或过窄。

---

[1] 李祎,贾雪梅.中学数学教学设计[M].北京:高等教育出版社,2016:151.
[2] 曹才翰,章建跃.中学数学教学概论[M].2版.北京:北京师范大学出版社,2008:297.
[3] 胡炯涛.数学教学论[M].南宁:广西教育出版社,2001:123-124.

例如,"无理数是开不尽的有理数的方根"是错误的,因为无理数还包括 π、e、ln3 等无限多个数,但它们不是有理数的方根形式的数,也就是说这里定义项的外延小于被定义项的外延,犯了定义过窄的错误;以"无限小数"来定义"无理数"也是不对的,因为循环小数也是无限小数,但它们是有理数,犯了定义过宽的错误。"无理数"的正确定义应该是"无限不循环小数"。

(二) 定义不能循环

定义循环是指定义项中直接或间接地包含被定义项。下定义是为了用定义项去明确被定义项,如果在定义项中直接或间接包含被定义项,这样的定义项是不明确的,达不到明确被定义项的目的。

例如,"直线就是笔直的线""互质数就是互为质数的数"这种是同语反复的循环定义。再如,把两条直线垂直定义为:"相交成直角的两条直线,叫做互相垂直的直线";同时,又把直角定义为:"一个角的两条边如果互相垂直,这个角就叫做直角"。这样两个定义就产生了循环,既不能揭示直角的含义,也不能解释两条直线垂直的含义。如果把直角定义为:"一个角如果和它的邻补角相等,这个角就叫做直角",前后两个定义就不循环了。[①]

(三) 定义应当简明清晰

定义应当简明清晰,要求定义中列举的属性对于揭示概念反映的对象的本质属性来说应是必不可少的。"必不可少"是指每一个属性都是独立的,不能由列举出的其他属性推出。可由列举的其他属性推出的属性对于定义来说是多余的条件。[②] 例如,"三个内角都是 60° 的等腰三角形是等边三角形"这个定义的条件就多余了。再如,"椭圆是压扁的圆"这个说法是正确的,但没有准确地指出椭圆的本质属性,是不能作为椭圆的定义的。

(四) 定义项一般不包含负概念[③]

反映对象具有某种属性的概念叫正概念,反映对象不具有某种属性的概念叫负概念。表示负概念的语词往往带有"无""不""非"等字样。如果定

[①] 曹才翰,章建跃. 中学数学教学概论[M]. 2 版. 北京:北京师范大学出版社,2008:298-299.
[②] 李祎,贾雪梅. 中学数学教学设计[M]. 北京:高等教育出版社,2016:152.
[③] 同①299.

义项中包含了负概念,那么定义项只能表示被定义项不具有某种属性,而没有表示被定义项具有某种属性,这样定义项就没有揭示事物的本质属性,因此定义项一般不包含负概念。例如,"质数不是合数""圆是不方的几何图形"这样的定义,既没能揭示概念的内涵,也没有确定概念的外延。

如果某种属性的含义非常清楚,而某个事物的本质属性只能用缺乏这种属性来反映,则只能用负概念对这一事物下定义。如平行线的定义:"在同一平面内,永不相交的两条直线叫做平行线";再如无理数的定义:"无限不循环小数是无理数"。

第三节 数学概念的获得

一、概念获得的两种基本形式[①]

概念获得的过程实际上是掌握同类事物的共同、关键属性的过程。数学概念获得的两种基本形式是概念形成和概念同化。所谓概念形成是指人们对同类事物中若干不同例子进行感知、分析、比较和抽象,以归纳方式概括出这类事物的本质属性而获得概念的方式。学生在概念学习中,以原有的数学认知结构为依据,将新概念进行加工,如果新知识与原有的数学认知结构中适当的观念相联系,那么通过新旧概念的相互作用,新概念就被纳入原有的认知结构中,从而扩大了它的内容,这一过程称为同化。在教学中,利用学生已有的知识经验,以定义的方式直接提出概念,并揭露其本质属性,由学生主动地与原认知结构中的有关概念相联系去学习和掌握概念的方式,叫做概念同化。

概念形成是以学生的直接经验为基础,用归纳的方式抽取出事物的共同属性,从而达到对概念的理解。概念形成在教学方法上与布鲁纳倡导的"发现法"一致,适合低年级的学生学习数学概念,也适合"原始概念"的学

---

① 喻平.数学教育心理学[M].3版.南宁:广西教育出版社,2015:196-199.

习,因为原始概念大多是建立在对具体事物的性质的概括上,依赖学生的直接认识与直接经验。概念同化以学生的间接经验为基础,以数学语言为工具,依靠新、旧概念的相互作用理解概念,在教学方法上多是直接呈现定义,与奥苏贝尔的"有意义接受学习"方法基本一致。随着学生年龄的增长、认知水平的提高,认知结构也日益丰富,所掌握的概念也越来越系统,相应的,概念同化也逐渐成为他们获得概念的主要形式。

二、概念形成[①]

概念形成过程实质上是抽象出某一类对象或事物的共同本质特征的过程。概念形成过程可概括如下:

① 对各种不同的刺激模式进行辨别性分析。这些刺激模式可以是学生自己在日常生活中的经验或事实,也可以是由教师提供的有代表性的典型事例。不管是哪种刺激模式,都必须通过比较,在知觉水平上进行分析、辨认,根据事物的外部特征进行概括。

② 概括出各个刺激模式的共同属性,并提出它们的共同关键属性的种种假设。

③ 随后在特定的情境中检验这些假设,确认关键属性。采用变式进行检验是一种有效的手段。

④ 概括,形成概念。验证了假设以后,把关键属性抽象出来,并区分出有从属关系的关键属性,使新概念与认知结构中已有的有关观念产生分化,用语言概括成为概念的定义。

⑤ 用习惯的形式符号表示新概念。通过概念形成的上述步骤,学生对概念的内涵和外延有了比较准确、全面的理解。这时,及时引进数学符号,并引导学生把符号与它所代表的实质内容联系起来,使学生在看到符号时就能够联想起符号所代表的概念及其本质特征。

⑥ 把新旧概念进行归类整理,并按照相应的类属关系进行编码,从而形成一个合理有序的概念系统。

如"一元一次方程"概念的学习,可采用如下的概念形成教学设计。

---

① 曹才翰,章建跃.数学教育心理学[M].2版.北京:北京师范大学出版社,2006:105-109.

[案例 7-1] 一元一次方程

首先,给出如下一组问题让学生列出方程,并观察这些方程有哪些共同特点。

① 一件衣服按 8 折销售的售价为 72 元,这件衣服的原价是多少元?

设这件衣服的原价为 x 元,可列出方程:_____。

② 物体在水下,水深每增加 10.33 m 承受的压力就会增加 1 个大气压。当"蛟龙"号下潜至 3 500 m 时,它承受的压力约为 340 个大气压。问当它承受的压力增加到 500 个大气压时,它又继续下潜了多少米?

设它又继续下潜了 x m,可列出方程:_____。

③ 小强、小杰、张明参加投篮比赛,每人投了 20 次。小强投进 10 个球,小杰比张明多投进 2 个,三人平均每人投进 14 个球。问小杰和张明各投进多少个?

设张明投进 x 个,可列出方程:_____。①

学生观察列出的三个方程 $80\%x=72, 340+\dfrac{x}{10.33}=500, \dfrac{2x+12}{3}=14$,可以得出共同属性:两边都是整式,只含有一个未知数,并且未知数的次数是一次。共同关键属性可假设为:① 只含有一个未知数,并且未知数的次数是一次的方程是一元一次方程;② 两边都是整式,只含有一个未知数,并且未知数的次数是一次的方程是一元一次方程;等等。

其次,采用如下变式题进行检验假设。

判断下列各式哪些是方程,哪些是一元一次方程。

(1) $2x-3$;   (2) $2t+3=5$;   (3) $\dfrac{x}{2}-5=3x+2$; (4) $4a-1<9$;

(5) $x^3-x^2=1$; (6) $3u+2v=2$;   (7) $\dfrac{1}{3y+1}=2$;   (8) $x^0=1$。

验证了假设以后,把关键属性抽象出来,概括出一元一次方程的定义"两边都是整式,只含有一个未知数,并且未知数的次数是一次的方程"。

最后,指出一元一次方程是一种特殊的方程,"元"和"次"分别指的是方程的未知数的个数和未知数的次数,为后续二元一次方程组、一元二次方程

---

① 范良火,等.数学七年级上册[M].3 版.杭州:浙江教育出版社,2012:114.

及其他方程的学习埋下伏笔,便于学生形成方程概念的网络结构。

用概念形成方式教学概念时,需要注意如下几个问题:第一,所呈现给学生的刺激模式应该是正例,否则会造成干扰,而且呈现的例子应该是学生能够分辨和理解的,数量也要恰当。第二,在比较和分化的基础上,引导学生抽象出共同属性进而确认本质属性,可采用反例或变式突出其本质属性。第三,新概念的形成必须要对学生原认知结构进行扩充和改组,使新旧概念得到精确分化和有机整合,形成新的认知结构,从而使新概念得以巩固。①

三、概念同化

概念同化的教学过程通常包括以下几个阶段。

① 揭示概念的定义、名称和符号的信息。如"幂函数"的定义为"把形如 $y=x^a(x\in \mathbf{R})$ 的函数称为幂函数,其中 x 是自变量,a 是常数"。

② 建立新概念与原有概念之间的联系,把新概念纳入原有认知结构中,使新概念被赋予一定的意义。上例中可以联系函数概念、正比例函数、反比例函数和二次函数等,分析幂函数与相关概念的联系与区别。

③ 通过将新概念与某些反例相联系,使新概念更加稳固和清晰。②

用概念同化方式获得概念,是从抽象定义出发来学习概念的,因此应注意及时应用实例,使抽象概念获得具体例证的支持。同时必须经过概念分类使学生从外延角度进一步理解概念,对概念的认识进一步深化。在引入概念的同时,还要及时为学生提供应用概念进行推理、论证的机会,在应用中强化概念。此外,一定要将所学概念纳入已有的认知结构中,形成概念系统,这一步可以使学生经历一次新的概括过程,使学生了解到新习得的概念与其他概念间的逻辑关系,从而深化概念的理解。③

---

① 喻平.数学教育心理学[M].3版.南宁:广西教育出版社,2015:198.
② 同①199.
③ 曹才翰,章建跃.数学教育心理学[M].2版.北京:北京师范大学出版社,2006:110.

第四节 数学概念的教学过程[①]

根据数学概念获得的心理过程及特征,数学概念的教学一般分为引入概念、明确和理解概念、巩固和应用概念以及概念的系统化四个阶段。

一、引入概念

数学概念的发生和形成过程不尽相同,有的是现实事物的直接抽象,有的是在已有概念基础上的抽象,有的是为解决实际问题的需要产生,也有的是应数学知识体系自身发展的需要形成。在教学中,可以根据概念的产生背景,结合学情,选取不同的方式引入概念。一般的,数学概念的引入有如下几种常用的方式:直接定义或描述、抽象归纳的方式、以旧引新的方式、解决问题的形式。

(一) 直接定义或描述

直接定义或描述的引入方法,非常直接。原始概念一般采用这种开门见山的引入方式,如几何中点、线、面的概念。此外,揭示外延的定义也适用直接定义的方式,如"整数和分数统称为有理数"。一般来说,高年级学生抽象思维能力较强,适合采用这种引入方式。

(二) 抽象归纳的方式

很多数学概念有它的现实模型或具体内容,中小学生或多或少地在学习和生活中接触过。

在教学中,可以通过呈现具体实例或蕴含具体实例的数学问题,引导学生进行观察、分析,抽象出它们在数或形方面的共同特征,进而归纳出抽象概念。如"全等图形"的概念,可以通过让学生观察如图 7-6 所示的三组图形,发现每组图形形状、大小都相同,从而抽象归纳得出全等图形的概念。

[①] 顾继玲.理解教材,研究学生:中学数学教学设计[M].北京:北京师范大学出版社,2015:140-151.

图 7-6　全等图形

(三) 以旧引新的方式[①]

根据新旧知识联系的原则,利用学生已有的知识和经验,从已知概念引入新概念也是一种常用的概念引入的方式。具体来说,有以下几种方式:

1. 类比式

很多数学概念的内涵有相似之处,在引出一个新概念时,可以把新旧对象进行类比,指出其本质属性的相似点或区别之处,揭示新概念的内涵,从而由已有概念引入新概念。

如等比数列可由等差数列类比,指数函数可由幂函数类比,双曲线和抛物线可由椭圆类比。

2. 放缩式

放缩式是通过对已知概念进行限定或概括,即增加或减少已知概念的内涵,引入新概念。如在三角形概念的基础上,增加内涵引入等腰三角形的概念;在全等图形概念的基础上,增加内涵引入全等三角形的概念;在正方形和等边三角形概念的基础上,减少内涵引入正多边形的概念。

3. 需要式

从解决数学问题的需要而引入新概念。例如,在数的发展史上,数系由于生产发展或数学发展的需要而不断扩充,学习数的概念也可以依照这个历史,如由计数的需要引入自然数,为刻画具有相反意义的量引入负数,为解决度量正方形对角线长的问题引入无理数,为解方程 $x^2+1=0$ 引入复数的概念。

4. 变换式

有些数学概念是可以通过其他相关概念变换得到的。例如"椭圆"的教学,常规的教法是由行星运动轨迹引入,然后由到两定点的距离之和等于定长的点的轨迹来定义。也可以通过"将圆压扁得到的图形"来引入椭圆,然后通过图形的变换知识可以由圆的标准方程推导得出椭圆的标准方程,这

[①] 李祎,贾雪梅.中学数学教学设计[M].北京:高等教育出版社,2016:162.

和运用到两定点的距离和等于常数的定义推导出的椭圆标准方程是一致的。这种由圆变换得到椭圆的设计,学生在已有知识和经验的基础上更容易理解和接受。

(四) 解决问题的形式[①]

一些在解决问题的需要中产生的应用性较强的数学概念,可以以问题的形式引入,在解决问题的过程中得出。如平面直角坐标系可以由电影院座位问题引入。

采用什么方式引入概念,不仅需要考虑概念本身的特点、学生的学情,还需要考虑概念的价值定位。为实现不同的教学目标,同一个概念可能会采取不同的引入方式。一般来说,抽象归纳、以旧引新和解决问题的形式,都要重视学生的参与和探索。

二、明确和理解概念[②]

引入概念后,需要明确和理解概念。中国教师在概念教学时一般都会采用变式教学。变式教学分概念性变式和过程性变式。其中过程性变式可以使学生体验概念的形成过程、了解概念引入的必要性,而概念性变式可以使学生明确概念、获得对概念的多角度理解。概念性变式包括两类:一类是属于概念的外延集合的变式,称为概念变式,其中又可以根据其在教学中的作用分为概念的标准变式和非标准变式;另一类是不属于概念的外延集合,但与概念对象有某些共同的非本质属性的变式,称为非概念变式,其中包括用于揭示概念对立面的反例变式。

(一) 通过非标准变式突出概念的本质属性

数学概念是外延性概念,也就是每个数学概念都有明晰的边界,掌握概念则能通过概念的内涵去确定一个具体的对象是否在这个边界内。所以一种有效的途径是将概念的外延作为变异空间,将其所包含的对象作为变式,通过类化不同变式的共同属性突出概念的本质属性。

在概念的对象集合中,从逻辑的角度看,每个对象都是等价的,但这些

---

① 顾继玲.理解教材,理解学生:中学数学教学设计[M].北京:北京师范大学出版社,2015:144-145.

② 顾泠沅.教学改革的行动与诠释[M].北京:人民教育出版社,2003:374-386.

对象在学生的概念理解系统中的地位是不相同的。其中一些对象由于其拥有"标准的"形式,或者受到感性经验的影响,或者在引入概念时的"先入为主"等原因而成为标准变式,如图7-7所示。标准变式虽然有利于学生对概念的准确把握,但也容易限制学生的思维,从而人为地缩小概念的外延。解决这个问题的方法之一就是充分利用非标准变式,通过变换概念的非本质属性,突出其本质属性。

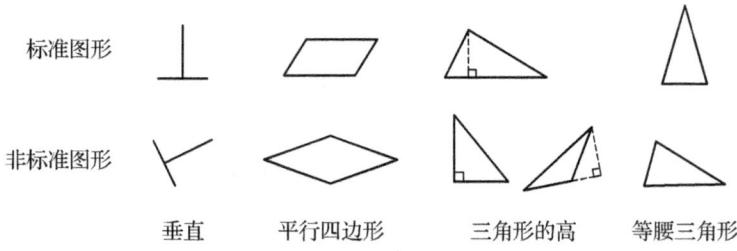

图7-7 几何概念的标准与非标准图形变式①

(二)通过非概念变式明确概念的外延

概念的内涵与外延是对立统一的,内涵明确则外延清晰,反之亦然。概念的教学除了在内涵上下功夫外,还应该使学生对概念所包含的对象几何有一个清晰的边界。一条有效途径就是利用"非概念变式",通过概念变式与非概念变式的比较来把握概念的内涵和外延,实现对概念的多角度理解。

如平面几何教学,通过非概念图形与概念图形的比较,可以非常直观地理解概念的本质属性(图7-8)。

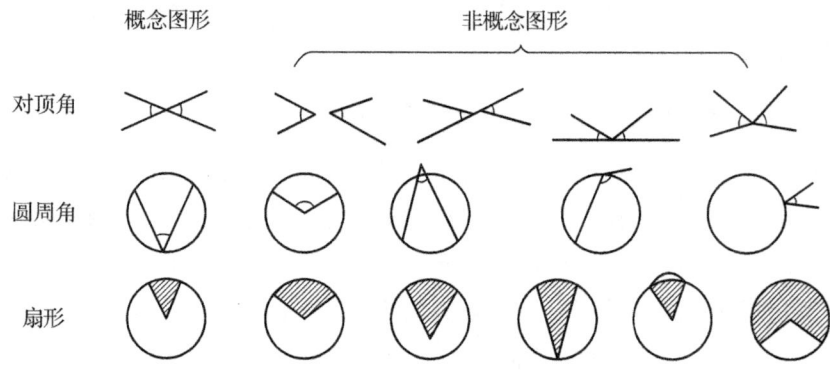

图7-8 非概念变式②

---

① 顾泠沅.教学改革的行动与诠释[M].北京:人民教育出版社,2003:377.
② 同①379.

此外，一种特殊的非概念变式的反例变式也常被用来强化对概念的理解，如图 7-9 所示。

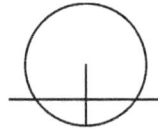 

① 垂直于半径的直线是圆的切线吗？　② 对角线互相垂直的四边形是菱形吗？

图 7-9　反例变式①

非概念变式的来源有两个：概念之间的逻辑关系和学生常见的错误。教师运用非概念变式进行教学，一方面可以帮助学生建立概念间的联系，另一方面也可以防止学生在概念理解时可能出现的混淆，从而确切地把握概念的本质属性。

三、巩固和应用概念

明确和理解了概念以后，还需要应用概念，只有达到对概念的应用水平，才算是掌握和巩固了概念。心理学上将概念的应用分为知觉水平上的应用和思维水平上的应用两个层次。

所谓知觉水平上的应用，指的是学生获得同类事物的概念以后，当遇到这类事物的特例时，能立即把它看作是这类事物中的具体例子，将其归入一定的知觉类型。例如，学生在学习了一元二次方程的概念以后，能够辨别什么样的方程是一元二次方程，则达到了知觉水平上的应用。知觉水平的应用主要是对概念自身结构和内涵的理解。

概念在思维水平上的应用是概念应用的高层次，是指将概念应用于问题解决中。由于问题解决涉及的概念、命题较多，因此概念在思维水平上的应用是一个比较复杂的过程，需要学习者通过外部信息去激活、选择和提取相关的概念和命题，并将其与当前问题联系起来进行解题。②

[案例 7-2]　已知 $x=2, y=3$。① 求 $4x-3y$ 的值；② 求 $\dfrac{\sqrt{x}+\sqrt{y}}{\sqrt{x}-\sqrt{y}}$ 的值。

---

① 顾泠沅.教学改革的行动与诠释[M].北京：人民教育出版社，2003：379.
② 喻平.数学教学心理学[M].北京：北京师范大学出版社，2010.

在解答第①题时,只涉及求代数式的值的概念,是概念在知觉水平上的应用。第②题除要用到求代数式值的概念外,还要用到根式的有关概念和性质,解决这个问题是概念在思维水平上的应用。

四、概念的系统化

为使学生认清概念间的关系、形成概念体系,需要梳理知识体系、概括知识结构,营造学生生成概念体系的外部环境。一般可以从两个方面概括概念体系:其一,采用概念的分类或者比较概念的内涵和外延来确定概念之间的各种关系。例如,为使学生全面系统地认识实数的概念,可以先把实数进行分类,写出分类表,分析数的概念从自然数到整数到有理数再到实数的扩充过程。然后进一步比较各种数集及其运算性质,从而使学生明确数的概念的扩充原则以及各种数集间的关系。如在学习幂函数、指数函数和对数函数时,可以对这三种函数进行对比,使学生深入理解三种函数的概念、明确三种函数之间的区别和联系。其二,建立概念网络。可以采用概念图的方法,将每一个概念在平面上用一个点对应地表示,然后用有向线段把有关系的点连接起来。

拓展阅读

1. 曹才翰,章建跃. 数学教育心理学[M]. 2版. 北京:北京师范大学出版社,2006.

2. 顾泠沅. 教学改革的行动与诠释[M]. 北京:人民教育出版社,2003.

思考与实践

选择一节中小学数学概念课,撰写一份教学设计。

第八章

数学命题教学设计

　　数学命题是由数学概念组合而成的,包括公理、定理、公式、法则、数学对象的性质等,反映了数学概念之间的联系,其学习的复杂程度高于概念学习。

第一节 数学命题教学的有关理论[①]

命题从逻辑学上看就是一个判断。因此,本节先对判断进行讨论,然后在此基础上介绍数学命题教学的相关理论。

一、判断概述

判断是肯定或否定关于对象及其属性的思维形式。判断由主词、宾词和联结词构成。主词表示思考的对象,通常用 S 表示;宾词表示被描述的对象所具有的性质,通常用 P 表示;联结词表示主词与宾词之间的关系,通常用肯定或否定表述。因此,判断通常表示为:S 是 P(肯定判断);S 不是 P(否定判断)。

(一)判断的分类

依照不同的分类标准,可将判断分为不同的类别。如按质来分,可将判断分为肯定判断和否定判断两类。按量来分,可将判断分为全称判断、特称判断和单称判断三类。全称判断是宾词所指的为主词外延的全部的判断;特称判断是宾词所指的为主词外延的一部分的判断;主词为单个特定对象的为单称判断。

通常是将"质"和"量"结合起来分类,单称判断则作为特称判断的特例,于是可组成表 8-1 的四种主要判断类型。

表 8-1 判断的四种主要类型[②]

判断名称	符号	公式	例子
全称肯定	A	所有的 S 都是 P	个位是 5 的数都是 5 的倍数
全称否定	E	所有的 S 都不是 P	个位是 5 的数都不是 5 的倍数
特称肯定	I	有些 S 是 P	有些个位是 5 的数是 5 的倍数
特称否定	O	有些 S 不是 P	有些个位是 5 的数不是 5 的倍数

---

① 喻平. 数学教学心理学[M]. 北京:北京师范大学出版社,2010:253-260.
② 同①254.

按主词与宾词的关系,判断又可以分为三类:假言判断、定言判断和选言判断。假言判断是肯定或否定对象在一定条件下具有某种属性的判断,其公式是"若 S 是 P,则 S_1 是 P_1"。定言判断是无条件的肯定或否定。选言判断指的是判断包括两个或两个以上的主词,或者包括两个或两个以上的宾词,但其中只有某一个主词或某一个宾词是相互关联的。选言判断的公式为"S 或为 P_1 或为 P_2 或为 P_3;S_1 或 S_2 或 S_3 是 P"。

(二) 判断间的关系

全称肯定 A、全称否定 E、特称肯定 I、特称否定 O 这四种判断之间存在的内在联系如图 8-1 所示。

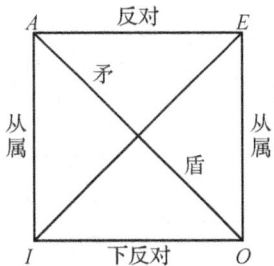

图 8-1 判断间的关系[①]

反对关系:同是全称的两个判断,其中一个判断否定了另一个判断所肯定的对象。

下反对关系:同是特称的两个判断,其中一个判断否定了另一个判断所肯定的对象。

从属关系:同是肯定或同是否定判断,其中一个是全称,另一个是特称。

矛盾关系:一个是全称判断,另一个是特称判断,其中一个判断否定了另一个判断所肯定的同一对象。

这四种判断关系的性质如表 8-2 所示。

---

① 喻平.数学教学心理学[M].北京:北京师范大学出版社,2010:254.

表 8-2 四种判断关系的性质①

判断关系	性质	例子
反对关系	不能同时为真,至少有一个为假。从一个判断为真可以断定另一个判断为假;反之不然	a_1:所有的正方形都是菱形(T) a_2:所有的正方形都不是菱形(F) b_1:所有的矩形都是正方形(F) b_2:所有的矩形都不是正方形(F)
下反对关系	不能同时为假,至少有一个为真。从一个判断为假可以断定另一个判断为真;反之不然	a_1:有些梯形是平行四边形(F) a_2:有些梯形不是平行四边形(T) b_1:有些矩形是正方形(T) b_2:有些矩形不是正方形(T)
从属关系	上真亦下真、下假亦上假,上假下不定、下真上不定	a_1:所有的正方形都是菱形(T) a_2:有些正方形是菱形(T) b_1:有些梯形是平行四边形(F) b_2:所有的梯形都是平行四边形(F) c_1:所有的菱形都是矩形(F) c_2:有些菱形是矩形(T) d_1:有些菱形是正方形(T) d_2:所有的菱形都是正方形(F)
矛盾关系	不能同时为真,也不能同时为假	a_1:所有的平行四边形都是矩形(F) a_2:有些平行四边形是矩形(T) b_1:所有的对顶角都相等(T) b_2:有些对顶角不相等(F)

二、数学命题的结构

数学命题通常是假言命题形式,结构可表述为 $\{x_1, x_2, \cdots, x_n\} R \{y_1, y_2, \cdots, y_m\}$。其中两个集合分别称为条件集和结论集。关系 R 是"推出"关系,它可以是由条件推出结论的单向关系,也可以是由条件与结论之间互相推出的双向关系。

一般的,条件集中的 $x_1, x_2, \cdots, x_n$ 之间的关系是合取或析取关系,结论集中的 $y_1, y_2, \cdots, y_m$ 之间的关系也是合取或析取关系。例如:

命题 1:若 $a>b>0, c>d>0$,则 $ac>bd$。

这个命题的结构为 $\{a>b>0 \land c>d>0\} \Rightarrow \{ac>bd\}$。

命题 2:平面 $\alpha, \beta, \gamma, \alpha \cap \beta = l, \alpha \cap \gamma = m, \beta \cap \gamma = n$,且 $l // m$,则 $l // n, n // m$。

---

① 喻平.数学教学心理学[M].北京:北京师范大学出版社,2010:254.

这个命题的结构为$\{\alpha\cap\beta=l \wedge \alpha\cap\gamma=m \wedge \beta\cap\gamma=n \wedge l /\!/ m\} \Rightarrow \{l /\!/ n \wedge n /\!/ m\}$。

在数学命题中,往往加入逻辑量词"∃,∀"等给对象的范围做限定。例如：

命题 3：$\forall x \in \mathbf{R}, x^2+x+1>0$。

该命题的结构为$\{\forall x \in \mathbf{R}\} \Rightarrow \{x^2+x+1>0\}$。

三、数学命题的学习形式

奥苏贝尔将命题之间的关系概括为三种情形,即上位关系、下位关系和并列关系,相应的,命题学习可分为上位学习、下位学习和并列学习三类。

(一) 上位学习

当学习者认知结构中已经形成了一些观念,在这些观念基础上学习一个包摄程度更高的观念称为上位学习。对于命题来说,就是在原来命题基础上学习一个更加一般化的命题,使原来命题成为新学习命题的特例。如命题 4 和命题 5 的学习就是上位学习。

命题 4：三角形的内角和是 $180°$。

命题 5：n 边形的内角和等于$(n-2) \cdot 180°$。

再如,命题 6 和命题 7 到命题 8 的学习也是上位学习。

命题 6：$(a+b)^2=a^2+2ab+b^2$。

命题 7：$(a+b)^3=a^3+3a^2b+3ab^2+b^3$。

命题 8：$(a+b)^n=C_n^0 a^n+C_n^1 a^{n-1}b+\cdots+C_n^r a^{n-r}b^r+\cdots+C_n^n b^n (n \in \mathbf{N}^*)$。

(二) 下位学习

当原有认知结构中有关观念在其包摄和概括水平上高于新学习的观念时,称这种学习为下位学习。在命题学习中,下位学习指新学习的命题是原来命题的特例。下位学习与上位学习是两种相反的学习方式,也是数学命题学习的常见形式。在实际学习中,在学习了某一条定理后,利用这个定理直接解决的问题就是下位学习。例如,学习了函数零点存在定理后,证明某函数在某区间上存在零点就是典型的下位学习。再如,小学数学中,正方形的周长和面积公式可以看作是长方形的周长和面积的特例,则正方形的周长和面积公式的学习就是下位学习。

（三）并列学习

如果新命题与已学过命题之间既非上位关系，也非下位关系，但在学习新命题时要用到原来学习过的命题，或者两者之间存在一种潜在的、内隐的关系，则称这种新命题的学习方式为并列学习。平面几何中，后面定理的证明一般会用到前面某些定理，多是并列学习形式。此外，一些命题之间存在内隐性联系。例如，等式的基本性质与不等式的基本性质之间就有内在的联系，教师在教学中如果充分利用这种联系，通过等式的基本性质启发不等式的基本性质的学习，这种学习也是并列学习。再如，三角形的面积公式 $S=\frac{1}{2}ah$ 与扇形的面积公式 $S=\frac{1}{2}lr$ 之间也存在内隐的联系，教师可以类比三角形面积公式去引导学生探究扇形面积公式，这样的学习也属于并列学习。

四、数学命题学习的心理过程

数学命题学习分为命题获得、命题证明和命题应用三个阶段，最终使个体形成命题域和命题系。

（一）命题获得

与概念获得类似，命题获得也有同化和形成两种方式。命题同化要经历一个信息加工过程，是直接向学习者展示要学习的新命题，学习者将原有观念与新命题中的各有关概念联系起来，这种联系的最初阶段是刺激与反应的连接，学习者要在工作记忆中将一些激活的节点连接起来，然后将新命题纳入认知结构，对原来的认知结构进行改组和加工，形成新的认知结构。命题同化对应的学习方式是接受式，其学习过程包含刺激—反应的连接和对信息进行加工的认知因素，如果学习者仅完成了连接的心理过程而没有同化过程，则这种学习就是机械学习。只有将新命题纳入认知结构，才是有意义学习。一般来说，命题同化的学习方式在命题获得阶段为学生提供的主要是知识的信息。

命题获得的另一种形式是命题形成，即学习者通过考察命题的特例，抽象、概括、归纳出命题的过程，是一种上位学习。函数性质的研究，一般采用命题形成的形式。如为研究指数函数的性质,首先让学生考察几个特例如 $y=10^x$、$y=2x$ 和 $y=\left(\frac{1}{2}\right)^x$,画出这几个函数的图象并研究其性质,在这个基础上概括出指数函数的性质。立体几何中一些公理、定理的学习,也常采用命题形成的形式。如"平行于同一条直线的两条直线平行"这个公理,可以由平面中直线平行关系引入,通过在长方形中观察平行边得出。命题形成对应的学习方式是发现式,学习心理是以辨认、分化、假设、验证、抽象、概括等为主的一系列认知加工过程,给学习者提供的不仅是知识信息,而且包括智能信息。

命题获得是命题学习的第一阶段,要使命题表象进入长时记忆从而形成命题域和命题系,必须经命题证明和命题应用两个阶段去强化。

(二) 命题证明

命题证明指利用已学过的某些命题来推证当前命题,其心理过程可以用激活扩散模型来解释。首先,学习者通过命题同化或形成方式获取命题,并将该命题作为节点纳入认知结构适当的命题域(系)中,然后激活与它相连的有关命题或概念,并对每一个激活的节点进行评判,选择合适的节点连成一条欲证命题的题设和结论之间的通路,一旦通路形成,命题即得证明。在具体的教学中,命题证明这一过程的学习主要是在教师引导下完成,提供给学习者的主要是智能信息。

(三) 命题应用

命题应用指数学命题在解决数学问题中的应用。公式和法则实质上是解决一类问题的规则和程序,在应用中只需将待解决的问题输入工作记忆,从而与长时记忆中的命题联系起来,进行一种较简单的模式识别,然后按照规则和程序操作即可解决问题。而不含公式、法则的公理、定理的应用,则需要进行模式识别、策略选择、激活扩散等一系列的信息加工,而且还要受到元认知的调控,解决问题往往伴随着"顿悟"的过程。数学命题的应用是在使学生获得智能信息的同时,逐步形成稳固的命题域和命题系,充实和完善个体认知结构的过程。

综上所述,数学命题学习的过程可表述为如图 8-2 所示。

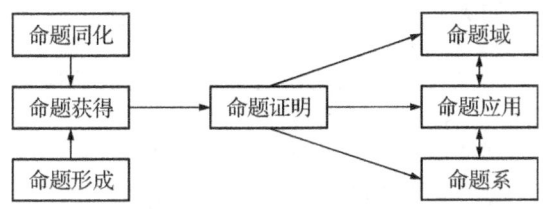

图 8-2 数学命题学习过程①

第二节 数学命题教学设计②

一、常见的数学命题教学模式

根据命题教学的特点,命题教学通常有发生型、结果型和问题解决型三种模式。三种模式都包括引入命题、命题证明、命题应用和形成命题域(系)环节,它们之间最大的差异在于命题引入的方式。

(一)发生型模式

发生型命题教学模式是通过揭示命题的产生过程学习命题,其理论基础是布鲁纳(Bruner)、萨奇曼(Suchman)、兰本达(Brenda)的发现—探究学习理论和情境认知学习理论。发生型命题教学模式如图 8-3 所示,有五个阶段。

阶段一:创设问题情境,教师可以采用将问题开放化、将问题特殊化、将问题进行变式等多种手段创设问题情境,引导学生对命题产生思考。

阶段二:归纳命题。在问题情境中,教师引导学生感知、体验、概括、抽象,从而归纳出命题。教师在学生归纳的基础上进行适当补充或严谨化。

---

① 喻平.数学教学心理学[M].北京:北京师范大学出版社,2010:260.
② 同①271-280.

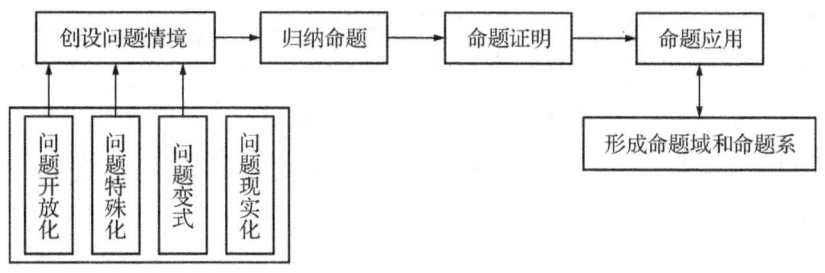

图 8-3 发生型命题教学模式①

阶段三:命题证明。分析证明思路,写出证明过程。

阶段四:命题应用,转入解题教学阶段。

阶段五:在命题应用的基础上,逐步使学生形成命题域和命题系。

例如,完全平方公式$(a+b)^2=a^2+2ab+b^2$的教学,如图 8-4 所示,可设计如下问题引入。

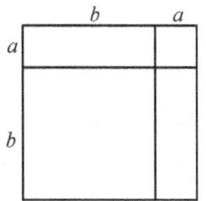

图 8-4 完全平方公式图形解析

问题:用两种不同的方法计算如图 8-4 所示大正方形的面积,并与同学交流你的发现。

学生通过运算和交流归纳得出完全平方公式$(a+b)^2=a^2+2ab+b^2$,然后师生共同证明该公式,并应用该公式进一步得出$(a-b)^2=a^2-2ab+b^2$,然后将两个公式应用于解题。

(二) 结果型模式

结果型教学模式是由教师直接展示命题去学习命题,其理论基础是奥苏贝尔的有意义学习理论和加涅的累加学习理论。相较于发现型模式,结果型模式在命题教学中应用更广。结果型命题教学模式如图 8-5 所示。

---

① 喻平.数学教学心理学[M].北京:北京师范大学出版社,2010:271.

图 8-5　结果型命题教学模式①

运用结果型模式切忌机械讲述,整个教学过程必须要有学生的参与,通过启发、互动和交流构建知识体系,使学生的学习真正成为有意义的接受学习。

(三) 问题解决型模式

问题解决型模式是通过解决问题引入命题的教学模式,其理论基础是杜威(Dewey)的实用主义教学思想、情境认知理论和问题解决教学思想。问题解决型命题教学模式如图 8-6 所示。

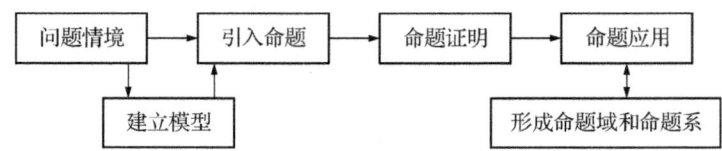

图 8-6　问题解决型命题教学模式②

问题解决型命题教学模式和前两种模式最大的差别是引入命题部分,需要组织更多的时间引导学生在问题情境中构建模型、引入命题。这种模式不仅对教师的教学设计能力有较高的要求,而且对学生的学习能力要求也较高。

阶段一教师创设问题情境,其基本思想是把命题还原为一个问题,这个问题可以是现实生活中的问题,也可以是学生已经熟悉的数学问题。阶段二由问题情境引入命题,或者对现实问题建立数学模型从而产生数学命题。后面三个阶段同"发生型模式"的阶段三至阶段五。

例如,基本不等式 $\sqrt{ab} \leqslant \dfrac{a+b}{2}$ 的教学,设计如下的问题情境,通过探究该问题的解决引入命题。

问题:从前有一人,聪明却很喜欢贪小便宜。一天,他去店里买金饰品,

---

① 喻平.数学教学心理学[M].北京:北京师范大学出版社,2010:272.
② 喻平.数学教学心理学[M].北京:北京师范大学出版社,2010:273.

趁店家不备,偷偷地将称重的天平偏离了原来的位置,将金饰品放入了力臂较长的那一边的托盘,称重得 a g,准备付钱。此时,一小伙计看到了刚才的一幕,他并未戳穿,只是将金饰品放到另一侧的托盘里,再次称重得 b g。小伙计说:"客人,我们的天平出了问题,两次称重不同,那您就按平均数 $\frac{a+b}{2}$ g 付钱吧!"请问店家和客人谁占了便宜,谁吃亏?

由问题情境到引入命题阶段,一般会经历提出猜想、反驳、修正猜想、证明猜想等一系列心理过程,这是问题解决型命题教学模式的特征,这一过程对于发展学生的直觉思维、提高合情推理能力及培养学生的创新意识等都具有促进作用。

二、数学命题教学策略

由于数学命题是由数学概念组合而成的,因此概念教学的很多策略也同样适用于命题教学,如采用变式教学、注重应用、形成体系等。此外,数学命题教学尤其需要注重过程。

这里的注重过程有两层含义:一是注重命题产生的过程;二是注重命题证明的过程。

(一)注重命题产生的过程

注重命题产生的过程就是在命题教学中追溯命题产生的过程、寻求命题生长的根,也就是溯源命题的逻辑起点。一般来说,命题的逻辑起点是先于命题产生的。使学生经历命题产生的过程,可以使学生厘清知识的来龙去脉及知识之间的关系,为形成命题域与命题系建立认识基础。

例如,小学数学"圆的面积公式"的教学,如图 8-7 所示,一般通过圆的分割拼接、逼近长方形,通过长方形的公式推导得出。该设计向学生初步展示了圆的面积公式的产生过程,揭示了圆的面积公式与长方形的面积公式的内在联系。

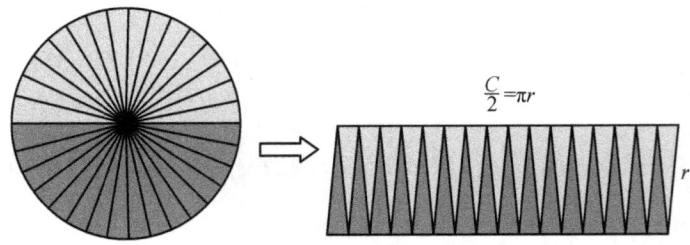

图 8-7 "圆的面积公式"推导过程

(二)注重命题证明的过程

命题证明一般会涉及三个重要资源:第一,一个命题的证明要以某些已经证明为真的命题为基础,也就是待证明的命题与原有命题之间存在某种内在的关系。第二,一个命题的证明要用到某些解决问题的策略和方法。第三,证明命题的过程中隐含着形式逻辑规则。这三种资源,彰显出命题证明过程对学习者形成命题域和命题系的独特作用。展示对一个命题的多种证明途径是充分挖掘这三种资源的有效方法,也是强调注重命题证明过程的要义所在。

例如,基本不等式 $\sqrt{ab} \leqslant \dfrac{a+b}{2}$ 的多种证明。

证法 1(作差比较法):$\dfrac{a+b}{2} - \sqrt{ab} = \dfrac{a+b-2\sqrt{ab}}{2} = \dfrac{(\sqrt{a}-\sqrt{b})^2}{2} \geqslant 0$

当且仅当 $a=b$ 时,等号成立。

证法 2(分析法):要证明 $\sqrt{ab} \leqslant \dfrac{a+b}{2}$,

只需证 $2\sqrt{ab} \leqslant a+b$,

只需证 $2\sqrt{ab} - a - b \leqslant 0$,

只需证 $-(\sqrt{a}-\sqrt{b})^2 \leqslant 0$,

只需证 $(\sqrt{a}-\sqrt{b})^2 \geqslant 0$,

而 $(\sqrt{a}-\sqrt{b})^2 \geqslant 0$ 显然成立。

所以原不等式成立。

证法 3(几何法):如图,AB 是圆 O 的直径,点 C 是 AB 上一点,$AC=a$,$BC=b$,过点 C 作垂直于 AB 的弦 DE,连接 AD,BD。

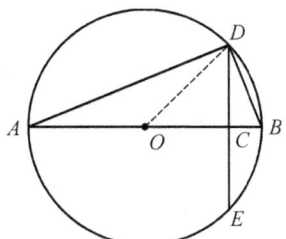

图 8-8 基本不等式的几何法

因为 Rt△ACD∽Rt△DCB，所以 $\frac{a}{CD}=\frac{CD}{b}$，所以 $CD^2=ab$，

所以半弦长 $CD=\sqrt{ab}$。因为半弦长小于等于半径长，所以 $\sqrt{ab}\leqslant\frac{a+b}{2}$，当且仅当点 C 与圆心重合时，即当 $a=b$ 时，等号成立。

证法 1 和证法 2 是证明不等式的两种常规的方法，证法 3 用几何法来证明则强调了数与形的结合。很多时候，一个命题的证明价值是高于它的发现价值的，最典型的如勾股定理。

拓展阅读

喻平. 数学教学心理学[M]. 北京：北京师范大学出版社，2010.

思考与实践

选择中小学数学命题，撰写一份教学设计。

第九章

数学问题解决教学设计

发现与提出数学问题、分析与解决数学问题能力的培养是当下数学教育的基本目标之一。数学问题解决教学的设计与实施是一个非常重要的专题。

第一节　数学问题与问题解决概述

一、数学问题与数学解题

(一) 数学问题

问题在日常生活、学习和工作中都会遇到,尤其是在数学学习中"问题"是使用频率很高的词。在直觉水平上,大家都知道什么是问题。但究竟什么是问题?《新华字典》中的解释是"需解决的矛盾;要求回答和解释的题目"。《牛津大辞典》的解释是"那些并非可以立即求解或较困难的问题,那种需要探索、思考和讨论的问题,那种需要积极思维活动的问题"。教育学家对问题的表述不尽相同。如美籍匈牙利著名数学家、数学教育家波利亚将问题理解为"有意识地寻求某一适当的行动,以便达到一个被清楚地意识到但又不能立即达到的目的,解决问题是这种寻求的活动"。1988 年在匈牙利召开的第六届国际数学教育大会的一份报告指出:"一个数学问题是一个对人具有智力挑战特征的,没有现成的直接方法、程序或算法的未解决的情境。"张奠宙、宋乃庆认为:"数学问题是指数学上要求回答或解释的疑问。广义的数学问题是指在数量关系和空间形式中出现的困难和矛盾。狭义的数学问题则是已经明显地表示出来的题目,用命题的形式加以表述,包括证明类问题、求解类问题等。"[①]

将上述关于"问题"的这些解释聚合起来,可以达到一种共识,即"问题"就是人们所面临的困境、需要解决的疑难。因其被使用或产生的具体情境不同,问题具有不同的表现形式。在学校数学教育中比较一致的看法是,问题不仅包括教科书上的问题,而且包括那些来自实际的问题;不仅包括常规的问题,而且包括非常规的问题;不仅包括条件充分、结论确定的问题,而且

[①] 张奠宙,宋乃庆.数学教育概论[M].3 版.北京:高等教育出版社,2016:182.

包括条件不充分、结论不确定的问题。常规问题指的是存在这样的一般规则或原理,它们唯一地确定解决这些问题的程序以及实行这个程序的每一个步骤。①

(二)数学解题②

数学解题就是求出数学题的答案。这个答案在数学上也叫做解,所以,解题就是找出问题的解的活动。小至学生求出作业的答案,教师讲完定理的证明,大至一个数学课题得出肯定或否定的结论,一个数学技术应用于实际构建出适当的模型等,都叫做解题。一般来说,数学家的解题是一个创造和发现的过程,数学教学中的解题则是一个再创造或再发现的过程。

在数学教学中,解题是一种最基本的活动形式,无论是数学概念的形成、数学命题的掌握、数学方法与技能的获得,还是学生能力的培养与核心素养的发展,都要通过解题活动来完成。同时,解题也是评价学生认知水平的重要手段。

二、问题解决的提出

解决数学问题已经有几千年的历史。自从学校教育制度诞生以来,求解数学问题更是数学教学的基本任务之一。数学问题解决,大家并不陌生。但是,20世纪80年代提出的"数学问题解决(mathematical problem solving)"教学模式则有其特定的意义。

20世纪60年代,"新数运动"席卷欧美。但是以失败而告终,其最终的结果是学生的数学成绩大幅度下降。作为对"新数运动"的反思,70年代提出"回到基础",结果又造成机械训练的十年。吸取两次改革的经验教训,1980年4月,美国数学教师协会(National Council of Teachers of Mathematics,NCTM)公布了一份纲领性文件——《关于行动的议程》(An Agenda for Action),强调"问题解决应该是学校数学课程的中心",并给出问题解决的具体策略与建议。由此揭开了以问题解决为旗帜的数学教学改革运动的

---

① 何小亚,姚静.中学数学教学设计[M].3版.北京:科学出版社,2020:134-135.
② 张奠宙,宋乃庆.数学教育概论[M].3版.北京:高等教育出版社,2016:184.

序幕。①

1982年，英国数学教育界积极响应美国提出的这一口号，发布了权威性文件——《科克罗夫特报告》(Cockcroft Report)，明确提出"数学教育的核心是培养解决数学问题的能力"，并且强调"数学只有应用于各种现实情境中才能实现真正的意义"。同时，学校数学课程设计小组(School Mathematics Project, SMP)不仅在英国高中生的数学学习中制定了问题解决的专门课程，而且规划制定了相应的水平测试及考试内容。

在美国提出问题解决后，问题解决在日本以专题学习的形式体现，同时日本的教育纲领要求数学课堂教学要以问题解决为核心，以解决智力型的实际问题为主要内容。

中国作为一个解题大国，对问题解决高度重视，且对其认识和要求也是与时俱进的。如第八次基础教育数学课程改革开始对问题解决就有明确的要求。2001年颁布的《全日制义务教育数学课程标准（实验稿）》把"初步学会运用数学的思维方式去观察、分析现实社会，去解决日常生活中和其他学科学习中的问题，增强应用数学的意识"作为课程目标之一；②2003年颁布的《普通高中数学课程标准（实验）》也把"提高数学地提出、分析和解决问题（包括简单的实际问题）的能力，数学表达和交流的能力，发展独立获取数学知识的能力"作为课程目标之一；③《义务教育标准（2011年版）》明确把问题解决作为课程目标之一，并给出了具体要求；④《普通高中标准（2017年版）》提出，通过高中数学课程的学习，学生能提高从数学角度发现和提出问题的能力、分析和解决问题的能力；⑤《义务教育标准（2022年版）》进一步强调："通过义务教育阶段的数学学习……学生能体会数学知识之间、数学与其他学科之间、数学与生活之间的联系，在探索真实情境所蕴含的关系中，发现

---

① 张奠宙，宋乃庆. 数学教育概论[M]. 3版. 北京：高等教育出版社，2016：196.
② 中华人民共和国教育部. 全日制义务教育数学课程标准（实验稿）[M]. 北京：北京师范大学出版社，2001：6.
③ 中华人民共和国教育部. 普通高中数学课程标准（实验）[M]. 北京：人民教育出版社，2003：11.
④ 中华人民共和国教育部. 义务教育数学课程标准（2011年版）[M]. 北京：北京师范大学出版社，2012：9.
⑤ 中华人民共和国教育部. 普通高中数学课程标准（2017年版）[M]. 北京：人民教育出版社，2018：8.

问题和提出问题,运用数学和其他学科的知识与方法分析问题和解决问题。"①

三、什么是数学问题解决②

关于什么是数学问题解决,有很多不同的提法。如问题解决是教学目的,问题解决是教学过程,问题解决是基本能力,问题解决是一种教学方式,问题解决是一种有意义的学习过程,问题解决是一种心理过程,等等。

目前,一个比较一致的看法是,问题解决是指综合地、创造性地运用各种数学知识去解决那种并非单纯练习题式的问题,包括实际问题和源于数学内部的问题。以问题解决作为数学教育的中心,则是指应当努力帮助学生学会"数学地思维"。

关于问题解决中的"问题",一个比较简洁的界定是:一个对人具有智力挑战特征的、没有现成的直接方法、程序或算法的未解决问题的情境。详细的界定是将问题描述为:对学生来说不是常规的,不能靠简单模仿来解决;可以是一种情境,其中隐含的数学问题要学生自己去提出、求解并做出解释;具有趣味和魅力,能引起学生的思考和对学生提出智力挑战;不一定有终极的答案,各种不同水平的学生都可以由浅入深地做出回答;解决它往往需伴以个人或小组的数学活动。

第二节 关于数学问题解决的典型研究

很多数学家、数学教育家对数学问题解决做过深入的研究,提出了各种解决数学问题的过程模式,其中比较典型的有下面几种。

---

① 中华人民共和国教育部. 义务教育数学课程标准(2022 年版)[M]. 北京:北京师范大学出版社,2022:11.
② 张奠宙,宋乃庆. 数学教育概论[M]. 3 版. 北京:高等教育出版社,2016:196-197.

一、波利亚的"怎样解题"表

波利亚在研究解题思维过程的基础上,撰写了《怎样解题》一书。这本书的核心是如表9-1所示的"怎样解题"表。波利亚把数学解题过程归结为弄清问题、拟订计划、实现计划、回顾四个阶段。"怎样解题"表的精髓是启发你去联想。波利亚认为,求解一个问题的关键是构想出一个解题计划的思路,这个思路可能是逐渐形成的,或者是在明显失败的尝试和一度犹豫不决之后,突然闪出的好念头。在波利亚看来,解题过程就是运用探索法诱发好念头的过程。

表9-1 "怎样解题"表①

	弄清问题
第一,你必须弄清问题	未知数是什么?已知数据是什么?条件是什么?是否满足条件?要确定未知数,条件是否充分,或者它是否不充分,或者是不是多余的,或者是不是矛盾的? 画张图,引入适当的符号。把条件的各个部分分开,你能否把它们写下来?
	拟订计划
第二,找出已知数与未知数之间的联系,如果找不出直接的联系,你可能不得不考虑辅助问题。你应该最终得出一个求解的计划	你以前见过它吗?你是否见过相同的问题而形式稍有不同? 你是否知道与此有关的问题?你是否知道一个可能用得上的定理? 看着未知数,试想出一个具有相同未知数或相似未知数的熟悉的问题。 这里有一个与你现在的问题有关,且早已解决的问题。你能不能利用它?你能利用它的结果吗?你能利用它的方法吗?为了能利用它,你是否应该引入某些辅助元素? 你能不能重新叙述这个问题?你能不能用不同的方法重新叙述它?回到定义去! 如果你不能解决所提的问题,可先解决一个与此有关的问题。你能不能想出一个更容易着手的有关问题?一个更普遍的问题?一个更特殊的问题?一个类比的问题?你能否解决这个问题的一部分?仅仅保留条件的一部分而舍去其余部分,这样对于未知数能确定到什么程度?它会怎样变化?你能不能从已知数据导出某些有用的东西?你能不能想出适于确定未知数的其他数据?如果需要的话,你能不能改变未知数或数据?或者二者都改变,怎样使新未知数和新数据彼此更接近?你是否利用了所有的已知数据?你是否利用了整个条件?你是否考虑了包含在问题中的所有必要的概念?

---

① 波利亚.怎样解题[M].闫育苏,译.北京:科学出版社,1982.

续表

第三,实现你的计划	实行计划
	实现你的求解计划,检验每一个步骤。你能否清楚地看出这一个步骤是正确的?你能否证明这一个步骤是正确的?
第四,演算所得到的解	回顾
	你能否检验这个论证?你能否用别的方法导出这个结果?你能不能一下子看出它来?你能不能把这个结果或方法用于其他的问题?

波利亚的"怎样解题"表对数学问题解决的影响非常深远,很多知名的数学问题解决专家都是在波利亚工作的基础上展开研究的。

二、舍恩菲尔德的数学解题模式[①]

美国数学教育学家舍恩菲尔德(Schoenfeld,1985)强调数学解题需要考虑四个因素:知识基础(resources)、解题策略(heuristics)、自我控制(control)及信念系统(belief system)。舍恩菲尔德依据元认知的观点,将解题过程区分为分析、计划、探究、实施和检验五个阶段,并给出了详细的解释。

首先,要分析问题实际表示什么意思,已知什么,要求的是什么,目标看起来是否合理,哪些主要的原理或者系统是相关的或者必须遵守的,问题是属于哪个数学内容的,等等。

其次是计划,计划贯穿整个过程,其作用是保证所进行的活动是有益的。例如,解题时不要立即投入复杂、详细的演算,而应该首先考虑:有没有其他途径?是否肯定要这样做?演算后要做的步骤是否必要,是否肯定有用?

再次是探究,探究是问题解决的"心脏",问题解决的主要活动都是在这一阶段进行的。经过一段时间的探究,可能需要回到计划这一阶段去平衡解题过程;或者带着探究过程中得到的启示,进行重新分析,寻找别的途径。

最后是实施,实施是解决问题的最后阶段。对于检验,也必须予以重视。通过检验不仅可以发现一些错误,而且往往可以发现其他的解题途径,

---

[①] 鲍建生,周超.数学学习的心理基础与过程[M].上海:上海教育出版社,2009.

发现与其他课题的联系,还可以从解题过程中总结出有用的特征用于其他情形。

三、喻平的数学解题认知模式[①]

喻平从认知心理学角度分析数学问题解决的过程,提出如图9-1所示的数学解题认知模式。该模式将解决数学问题分为理解问题、选择算子、应用算子和结果评价四个阶段,与此对应,其认知过程分别为:问题表征、模式识别、知识迁移和思维监控。

在数学问题解决的第一阶段,即理解问题阶段,解题者要将外部信息转化为内部信息,从表层和深层去理解题意,用自己的内部语言陈述问题的初始状态和目标状态,区分问题中的有关信息和无关信息,并初步识别问题的类型。在这一阶段,需要知识基础作为支持,同时受到元认知监控的作用。在第二阶段,解题者在解题监控作用下,拟订解题方案,将外部信息与长时记忆中的模式做比较,进行对外部模式的识别和外部与内部模式的匹配,此时,解题者需要知识基础与解题策略作为支持。在第三阶段,解题者需要调动与外部信息相匹配的模式,这是一个模式的迁移过程。为了解决当前问题,有时可能会用到多种模式,或是多种模式的组合,甚至还可能改造原来的模式以适应解题的需要。显然,在这一阶段,认知过程受到知识基础、解题策略和解题监控的交互作用。在第四阶段,解题者要对解题结果进行评价和检验,同时反思解题过程,对解题的思路、方法和效果进行评价,此时主要受解题监控的作用。上述四个解题阶段,都需要以工作记忆作为中介,即外部信息的内化与内部(长时记忆)信息的提取,两者都需要在工作记忆中加工。

喻平认为,数学解题认知模式是一种动态系统,这种动态系统能较好地解释数学问题解决的心理机制。喻平的数学解题认知模式不仅克服了历史上一些"解决问题阶段论"局限于对表面现象描述的缺陷,而且弥补了很多解题模式忽略自我监控在解题中作用的缺陷。

[①] 喻平.数学教育心理学[M].南宁:广西教育出版社,2015:235-241.

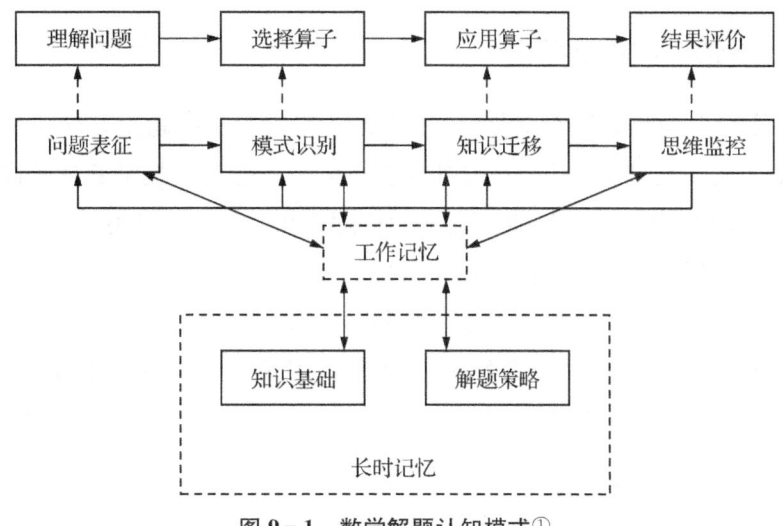

图 9-1 数学解题认知模式①

第三节 数学问题解决教学的一般模式

基于数学问题解决的过程,结合现代教学理论、学习理论以及教学实践,构建出如图 9-2 所示的数学问题解决教学的一般模式。整个教学过程包括如下五个环节:创设情境与提出问题,数学问题解决,反馈评价,变式、拓展与应用,总结与反思。

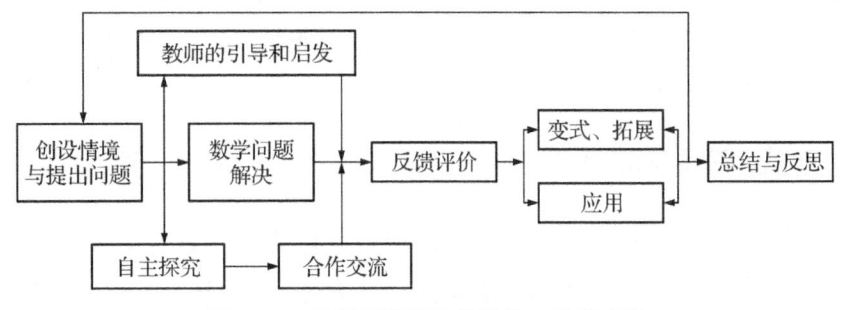

图 9-2 数学问题解决教学的一般模式②

---

① 喻平.数学教育心理学[M].南宁:广西教育出版社,2015:236.
② 叶立军.中学数学教学设计[M].北京:高等教育出版社,2015:146-147.

一、创设情境与提出问题

就数学问题解决一个周期来说,创设情境与提出问题是开端。创设的情境如何尤其是提出的问题质量如何直接影响问题解决教学的有效性。也就是说创设的情境应该是能够启发学生思考的,提出的问题应该是"好问题"。何谓"好问题"? 通常认为"好问题"应具有五个特征:问题是非常规的,具有挑战性;学生都可以动手做,具有可参与性;问题引人入胜,具有趣味性;问题能够推广或扩充到各种情形,具有探索性;问题有多种解法,多种答案,多种解释,具有开放性。[①]

二、数学问题解决

本环节是数学问题解决教学的核心部分,一般可以分为两个步骤:一是在教师的引导和启发下,学生进行独立思考,探索问题解决的策略,最大限度地寻求问题的自主解决。二是在此基础上进行小组合作与交流。在小组合作交流过程中,小组成员积极发表自己的见解,提出自己对问题及解决策略的意见和存在的困惑,展开组内讨论,在此基础上达成小组共识。

教师巡视并对存在困难和障碍的小组及时给予帮助。

三、反馈评价

反馈评价是数学问题解决的重要环节。由各小组代表发表对数学问题的理解和解决办法,同时也提出存在的疑问。对于存在的共性疑问,教师可以适当引导,启发更深入的讨论。之后,教师对各组的解决办法以及讨论结果进行深度评价,并提出不同的解决办法。

四、变式、拓展与应用

变式、拓展与应用也是数学问题解决教学的重要环节。变式是对原问题的某个部分进行变化,由此引出新问题和新的结论;拓展是把问题延伸、拓展到一般情形或其他特殊情形,把学生引向更广或更深层次的探究。变

[①] 张国杰. 数学学习论导引[M]. 重庆:西南师范大学出版社,1995.

式和拓展不仅能深化学生对问题的认识,而且也是培养学生的迁移能力和思维灵活性的重要途径。应用是将问题解决过程中获得的知识技能和思想方法应用于新的问题情境的一种再应用,新的问题情境常常是现实生活中的实际问题。实际问题的解决是培养学生数学建模能力和应用能力的有效途径。

五、总结与反思

总结与反思是师生共同对数学问题解决过程进行回顾,归纳总结所获得的知识技能、思想方法等,反思自己的得失,明确未来努力的方向。其中教师的总结尤为关键,学生的认识和体会往往是感性的或者是片面的,教师的总结应该使学生的认识由感性上升到理性、由片面达到全面。

上述数学问题解决教学的一般模式是数学问题解决教学的一般过程,其中各个环节并不是一成不变的,在教学过程中可以根据具体情况进行局部调整。

拓展阅读

波利亚. 怎样解题[M]. 闫育苏,译. 北京:科学出版社,1982.

第十章

数学探究教学设计

　　探究教学产生于美国的科学学科,是指学生在教师指导下,以类似科学研究的方式去获取知识的一种教学形式。布鲁纳的发现学习理论、皮亚杰的建构学习理论是探究教学的理论依据。为转变学生的学习方式,培养出具有一定学习能力和创新能力的人才,我国新课程改革特别强调探究教学。2001年教育部印发的《基础教育课程改革纲要(试行)》指出"要改变课程实施过于强调接受学习、死记硬背、机械训练的现状,倡导学生主动参与、乐于探究、勤于动手,培养学生收集和处理信息的能力、获取新知识的能力、分析和解决问题的能力以及交流与合作的能力。"《全日制义务教育数学课程标准(实验稿)》指出:"动手实践、自主探索与合作交流是学生学习数学的重要方式。"《义务教育标准(2011年版)》进一步强调"引导学生独立思考、主动探索、合作交流"。《普通高中数学课程标准(实验)》指出:"高中数学课程应力求通过各种不同形式的自主学习、探究活动,让学生体验数学发现和创造的历程,发展他们的创新意识。"而《普通高中标准(2017年版)》的课程内容部分无论是必修课程还是选择性必修课程都设有"数学建模活动与数学探究活动"主题,选修课程则将"数学探究活动"融入课程内容中。《义务教育标准(2022年版)》继续强调了学习过程中学生的自主探索。

第一节 探究教学存在的问题

应新课程改革的要求,探究教学在中小学数学课堂屡见不鲜,但深入课堂发现,现有的探究教学存在很多问题。其中典型的是①问题教师把握不好探究教学的度,这里的度涉及两个方面,一是探究进行到什么程度,也就是探究教学的深浅度,二是教师该引导到什么程度。② 探究教学时教师盲目追求方法多样,且缺乏探究后的总结,导致教学过程凌乱,探究过程及结果也不能得到方法和原理上的提炼。

一、教师把握不好探究教学的度

通过对一线教师的所谓探究教学课堂观察分析发现,很多教师把握不好探究教学的"深浅度"问题,使学生探究的问题要么过于浅显,没有探究价值,要么完全超出学生力所能及的范围,没办法探究。例如,"扇形的面积"一课,教师采取的是探究式教学,要求学生通过探究得出 $S=\dfrac{n}{360}\pi r^2$ 这一公式。关于"扇形的面积"的学情,通过课前测发现,在学习这一课前已经有一半以上的学生会用角度的部分与整体的关系解决简单的扇形面积问题[图10-1(1)],而且其中有20%的学生可以明确写出公式[图10-1(2)],访谈发现学生能够非常清楚地说出这个公式的来源。一个不教就有一半学生会的问题让学生去探究,这种所谓的探究过于浅显,导致探究教学流于形式。

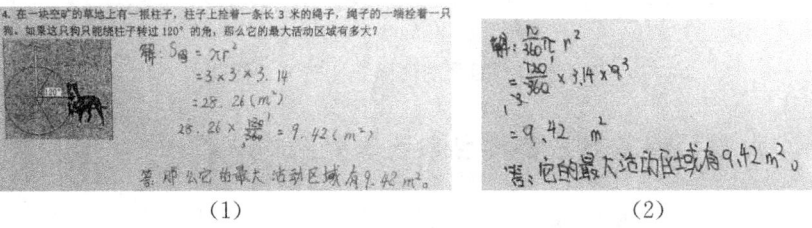

(1)　　　　　　　　　　　(2)

图 10-1 "扇形的面积"前测试卷剪辑①

---

① 俞宏毓,顾非石. 关于"扇形的面积"的教学指导研究报告[J]. 数学教育学报,2013,22(2):44-48.

有关教学研究表明,教师恰当引导下的探究卓有成效。但教学实践中,教师却往往把握不好引导到什么程度的问题。如"面积与周长的关系"一课的教学,教师采取的所谓探究式教学,第一个环节让学生判断"周长长,面积大"的命题,由教师出示如图 10-2 所示的 3 组图让学生观察得出命题不一定正确的结论。第二个环节凹凸图形面积大小比较,由教师出示如图 10-3 所示的三组图让学生观察。两个环节都很顺利得出结论,学生对图形的周长和面积的关系及图形凹凸认识较深刻。但这两个环节都是以教师灌输为主,而且对图形凹凸问题的研究超出学生的年龄段,没有把握好深浅度。其中图 10-3 的第(3)组图,教师把"凸"图形看作凸图形犯了常识性错误,说明教师的学科知识是有缺陷的。第三个环节探究周长相等的长方形什么时候面积最大,教师又缺少引导,完全放手让学生自行画图解决,结果只有 16.13%的学生通过画图得出了结论。

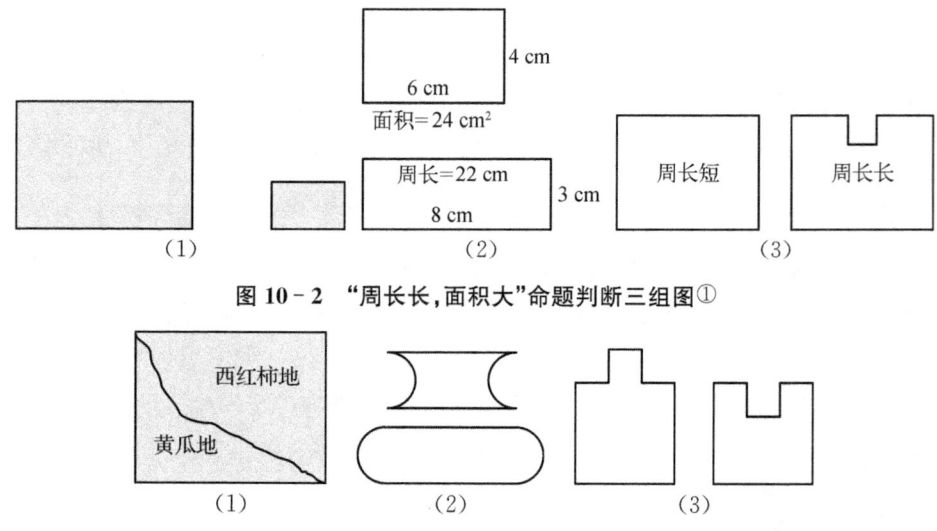

图 10-2 "周长长,面积大"命题判断三组图①

图 10-3 凹凸图形面积比较三组图②

二、教师盲目追求方法多样且缺乏探究后的总结

探究教学需要鼓励多样,激发多种角度的想象和创造,但有些教师盲目

---

① 俞宏毓,朱向阳,顾泠沅.探究教学的设计与改进:以"面积与周长的关系"教学为例[J].数学教育学报,2018,27(1):68-71.
② 同①.

追求方法的多样化,学生虽然探究出了各种方法、结果,教师却没有进行总结或点评,导致课堂凌乱而不知所从,学生对不同方法的认识仅停留在感性层面,没有达到对原理和规律的理解。

如某教师执教的"比的应用"一课,有这样一道应用题:学校图书馆买来450本图书,按4∶5分给四年级和五年级,两个年级分别分到多少本?

在师生共同分析了将总图书看作单位1的两种常规算法后,有学生提出了把五年级的图书看作单位1的第三种算法,教学片段如下。

生:我们可以从4比5看出来,5年级是比4年级多的,那么4比5,它的单位1首先是5年级,那么我们把它的比值算出来是0.8。以五年级为单位1的话,0.8就是四年级的,0.8加上1的话,就是四年级和五年级加起来的,450除以1.8,那就是五年级的,等于250。然后450减去250等于200,就是四年级的。

生:他就是把五年级看作单位1,然后四年级就是0.8,然后450除以那两个加起来的话,算出来的就是单位1。

师:他们合起来是多少本?

生:450本。

师:谁听懂了? 这种方法,有点难。

生:就是这里,把五年级看作单位1,就是五年级总共有5份,然后四年级,它就是4份。

师:也就是?

生:5分之4。

师:谁的5分之4?

生:五年级的5分之4。

这种将部分看作单位1的方法相对比较复杂,不太容易被想到。在解决这类按比例分配问题时不是一种理想的方法,但也是一种思路。教师只是评价这种方法"有点难",并没有点明这种方法和前两种方法的区别与内在联系。

再如"梯形的面积"一课,为探究梯形的面积公式,教师展示了如图10-4所示的9种将梯形转化为已经知道的图形来求面积的示意图。不仅方法太过繁多,令人眼花缭乱,而且有些方法超出了学生的年龄段,在要求学生将方法归类时学生有些茫然,教师也没能对各种方法进行解说。图形的分块、割补、拼接方法是求面积的常用方法,且方法繁多,课堂上可以选择典型的几种去分析,其余的可以留给学生自己课后去思考,而不是越多越好。如勾股定理有五百多种证法,教学不可能穷尽,只能介绍典型的几种。

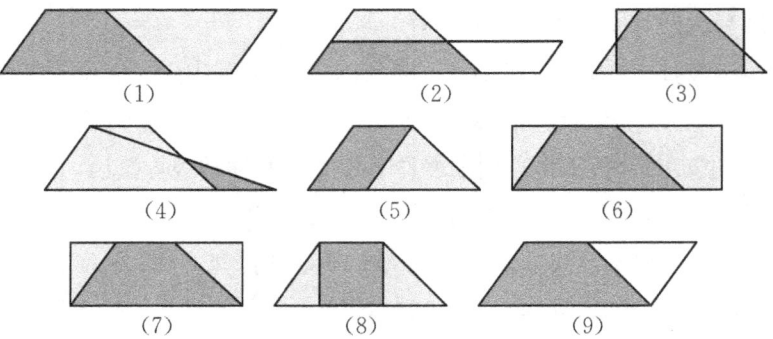

图 10-4　9 种将梯形转化为已知图形来求面积的示意图①

第二节　探究教学的一般模式

探究教学的一般模式是引导探究模式。问题探究教学、实验探究教学、活动探究教学、课题学习、研究性学习等多种教学方式均属于引导探究的教学模式。由于数学学科的特点,数学课采用较多的引导探究教学模式是问题探究教学,其教学模式的程序可表示为图 10-5,一般由问题情境、学生探究、探究结果展示与验证、总结概括、应用与拓展五个环节组成,其中教师的引导贯穿始终。

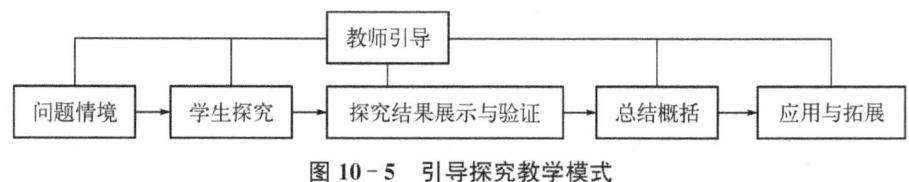

图 10-5　引导探究教学模式

为激发学生的探究,教师先要设置问题情境。问题情境的设置除考虑趣味性等外在因素外,还要能够启发学生思考,同时需要把握好深浅度问题,即不能太难,完全超出学生可探究的范围,也不能太容易,毫无探究意

---

① 俞宏毓,陈久仓,AYEH ISAAC GYAN.探究教学存在的问题与改进实践[J].现代中小学教育,2019,35(7):58-63.

义,也就是问题要设置在学生的最近发展区内。

第二个环节是学生探究。学生探究可以是小组合作探究,也可以是独立探究。在学生探究开始之前,教师首先要指引探究的方向、引导学生寻找探究的方法路径。学生探究需要留足够的时间。

第三个环节是探究结果展示与验证。学生展示各种解决方案,尤其是典型的探究思路及结果,这里的典型也可能是出现的典型错误。教师引导学生进行甄别、比较与筛选,将探究活动引向深入。

第四个环节是总结概括。教师引导学生对探究过程和结果进行总结,然后进一步归纳和总结。教师要从思路和原理上进行归纳和解释,学生固然可以探究出很多种不同的方法、得到不同的结果,但往往停留在感性认识,需要通过教师的归纳总结上升到理性认识。

第五个环节是对方法或结论的应用与拓展。对于数学学科来说,一般是处理练习题。除了常规练习题外,通过设计相应的拓展练习让学生运用数学方法、探究策略再次进行探究训练,提高分析问题、解决问题的能力。

有效的探究需要教师的恰当引导,没有引导的探究会迷失方向、误入歧途,五个环节中的每一个环节都离不开教师的引导。提倡学生探究并不是否定教师的作用,而是要求教师的教学方式由传授转变为引导。

第三节 实施探究教学的策略

依据教育学、心理学有关理论,针对探究教学存在的问题,结合探究教学的实践经验,总结出实施探究教学有下列三方面策略。

一、探究教学需要把握好深浅度

进行合理的探究教学,教师首先要设计好探究内容,把握好深浅度。学生经教师适当的引导和点拨力所能及的教学内容,也就是学生"跳一跳可以摘到桃子",不能太难,令学生高不可攀,也不能过于容易没有探究的意义。因此,教师需要进一步钻研学科知识,搞清楚知识的来龙去脉,深入挖掘知识背后的原理,这样才有可能设计出有深度的探究课。从本章第一节"探究教学存在的问题"也可以看出教师的学科知识是不完善的。同时,教师也需要深入了解学情,了解哪些内容对于学生来说是有一定的难度但经过努力是力所能及的。

二、探究需要在引导上下功夫

当代著名教育家顾泠沅曾说过,教学如同教孩子走路,抱着孩子走永远学不会走路,放任孩子自己摸索容易摔跤,理想的方式应该是牵着孩子走。学生探究不等同于教师完全放手,探究是需要引导的。要引导好探究,教师也是需要了解学情,了解学生的最近发展区,清楚学生在哪些地方是需要教师引导、点拨的,哪些地方又是可以自己探索出来的,需要引导的话该如何去引导。引导的方式可以是问题情境,也可以是教师的示范,而有的时候仅需要教师一句提示性的话。

三、探究需要适时归纳总结

学生探究往往会出现很多不同的结果。探究的目的是为了培养学生的实践能力和创新精神,需要适时鼓励多样,但不是越多越好。如果方法过多,可以选取部分典型方法。过分追求方法的多样,会导致课堂凌乱,学生也会眼花缭乱不知所从。对于多样的方法,需要及时归纳总结,揭示不同方法背后的原理,所谓"万变不离其宗",从原理、规律上去把握各种方法内在的一致性。此外,学生对探究的过程和结果的体会和认识往往是感性的、肤浅的,甚至是片面的、零散的,教师适时、恰当的点评和总结,可以使学生的体会和认识从感性上升到理性、从片面到全面、从零散到系统。

第四节 探究教学典型案例

一、"扇形的面积"教学案例[①]

教材:上海教育出版社数学六年级上册教材(2005年版)第四章第二节

---

① 俞宏毓. 教师发展指导者工作的案例研究[D]. 上海,华东师范大学,2013.

的"4.4 扇形的面积"。

执教教师：上海市青浦区实验中学宋秦。

教学过程：

1. 前置性引导

教师首先展示如图 10-6 所示部分阴影的圆，师生共同得出扇形的概念。然后让学生回顾圆面积公式及其得出的过程。

师：请同学们来回忆一下，我们圆面积的公式是如何推导出来的？圆的面积公式还记不记得？

学生回答以后，教师进行总结，并让学生求解如下问题。

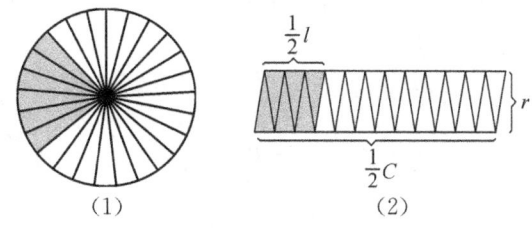

图 10-6 前置性引导图①

师：把一个圆分成很多份，然后把它拼成一个长方形。那么，长方形的一条边是圆周长的一半，另一条边就是圆的半径（边说边在拼出的近似长方形上比画）。那么在拼接的过程中，可以看到这个扇形也发生了改变。它也变成了一个长方形，其中这段是这个扇形弧长的一半。我们知道，扇形是圆的一部分，那么这个扇形的弧长占圆周长的几分之几？扇形的圆心角占整个圆周角的几分之几？扇形的面积占这个圆面积的几分之几？在工作单上完成。

给学生两分钟思考时间解答后提问，在学生正确回答以后，让学生探究圆心角为 $n°$ 的扇形面积。

师：现在任意作一个扇形，这个扇形半径为 r，圆心角为 $n°$，弧长为 l，周长为 C。这样的一个扇形，你能不能去探究一下它的面积究竟该如何计算呢？四个人为一个小组，在工作单上探究一下，看看有几种方法可以求这个扇形的面积。

---

① 俞宏毓. 教师发展指导者工作的案例研究[D]. 上海：华东师范大学，2013.

2. 扇形面积公式探究

学生四人一组探究、讨论，教师巡视指导。

3. 探究结果展示

以提问的形式让各组学生展示探究结果。

师：研究出来的小组起来说一下，你们觉得扇形的面积应该是如何计算的？好，这位同学。

生：我们觉得应该是 $\frac{1}{2}lr$。

师：说说看你是怎么想的？

生：因为把它分割了之后拼成平行四边形，它的底就是弧长除以2。

师：就是这段是不是啊？

生：它的高就是扇形的半径。

师：所以由此就可以得到扇形的面积公式 $S=\frac{1}{2}lr$。好，很好，请坐。这个方法是可以的。这个就跟我们圆一样分割拼接的方式是不是一样的？那么有没有其他方法的同学来补充一下。好，后面那位男同学。

生：我们是把圆面积公式加以改进可以算出扇形的面积。

师：嗯。很不错！

生：我们是 $S_{扇}=S_{圆} \cdot \frac{n}{360}$。

师：圆的面积公式，我把 $\frac{n}{360}$ 写在前面啊。这个圆心角是 $n°$，不是刚才一个圆了，不是整个圆的四分之一了。把 $n°$ 和整个圆周角 $360°$ 去比，那么这个圆心角占圆周角的几分之几，乘 $S_{圆}$ 就得到 $S_{扇}$ 的公式。还有没有其他不一样的方法？有没有啊？（停顿5 s）你来说说看。

生：先是把圆的弧长比上圆的周长。

师：是把圆的弧长比上圆的周长，再乘 $S_{圆}$，即"$S_{扇}=\frac{l}{C} \cdot S_{圆}=\frac{l}{C}\pi r^2$"，这种方法可不可以？

生齐答：可以。

4. 公式一致性的探究和验证

教师进一步要求学生探究三个公式之间的关系。学生认为公式 $S=$

$\frac{n}{360}\pi r^2$ 与公式 $S=\frac{l}{C}\pi r^2$ 都是扇形与圆之间部分与整体的比例关系。从圆心角看,$\frac{n}{360}$ 是扇形圆心角 $n°$ 与圆周角 $360°$ 的比;从弧长看,$\frac{l}{C}$ 就是扇形弧长与圆周长 C 的比。因此这两个公式是一致的,而公式 $S=\frac{1}{2}lr$ 是将圆分割拼接后由矩形的底乘高得出的,因此和前两个公式不一致。

教师没有直接指出学生的错误,而是让学生对三个公式进行相互推导,通过公式的相互推导得出三个公式的一致性。其中第三个公式 $S=\frac{1}{2}lr$ 的推导原本是个难点,但通过将圆周长公式 $C=2\pi r$ 直接代入公式 $S=\frac{l}{C}\pi r^2$ 后化简,立即可得到 $S=\frac{1}{2}lr$。

5. 扇形辨析

为加强学生对扇形概念本质的理解,教师出示如图 10-7 所示的一组图形让学生辨析。

例1 判断下列图形是不是扇形。

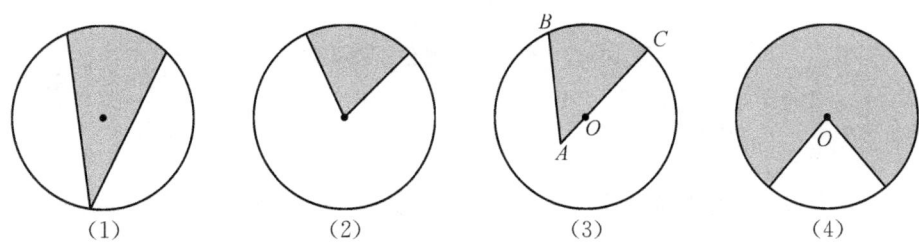

图 10-7 扇形概念辨析①

6. 扇形面积公式的应用

关于扇形面积公式的应用,首先解决例 2 三道公式直接应用的问题,其中第一小题学生口答、教师板书解题过程,第二、三题展示学生结果、教师点评。然后拓展到例 3 解决扇环形舞台面积的实际问题,学生思考讨论后第一小题由学生口答、教师板书,第二小题学生猜测出结果留到课后验证。

例2 计算如图 10-8 所示的扇形的面积。

---

① 俞宏毓. 教师发展指导者工作的案例研究[D]. 上海,华东师范大学,2013.

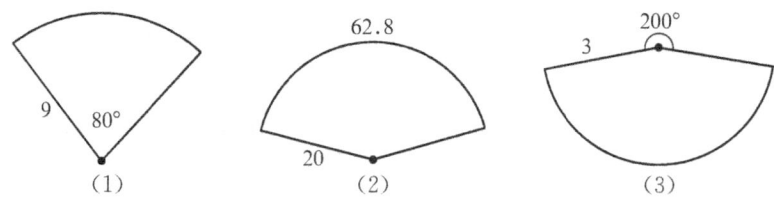

图 10-8　扇形面积公式的直接应用①

例 3 现在学校布置给我们一个任务,需要测量计算一个扇环形舞台的面积[图 10-9(1)]。

(1) 根据设计图纸,能得到如图 10-9(2)所示的数据,求扇环形舞台的面积。

(2) 如果没有设计图纸,在实际测量过程中只能测量得到如图 10-9(3)所示的数据,请猜测一下这个扇环形舞台的面积。

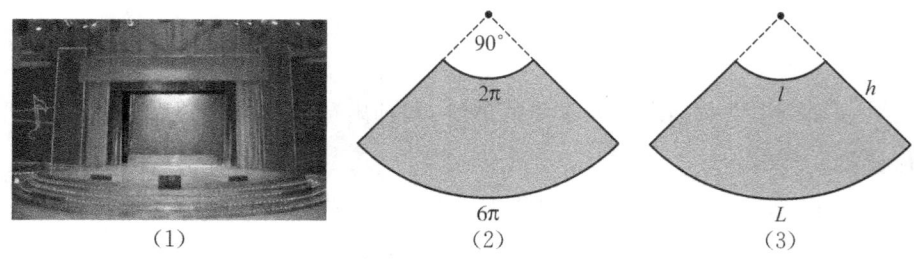

图 10-9　求扇环形舞台面积问题②

7. 课堂小结(略)

8. 作业布置

除练习册中常规题目外,补充了如下两道题:验证例 3 中第(2)小题你的猜测结论;完成从公式 $S_{扇形}=\dfrac{n}{360}\pi r^2$ 到公式 $S_{扇形}=\dfrac{1}{2}lr$ 的推导过程。

案例分析与评价:从教学效果来看,本案例真正实现了教师有效引导下的学生探究,成功突破了教学难点,学生达到了对公式的本质的理解,思维也得到了拓展。探究同时需要鼓励多样,激发多种角度的想象和创造,可能会得出多种结果。但是不能盲目追求表面的多样,过分的多样会导致凌乱,甚至会把学生搞糊涂。不同的方法最后要在原理上归宗,从原理、规律上去

---

① 俞宏毓. 教师发展指导者工作的案例研究[D]. 上海:华东师范大学,2013.
② 同①.

把握内在的一致性。本堂课通过公式的相互推导,达成了三个公式的一致性。

这样的设计卓有成效,但是一般情况下教师的教学往往拘泥于教材和成规。教育的理念非常重要,要为每个学生的终身发展奠基。在此理念下,至关重要的是要提高教师专业成长的创造力,教师应在教育工作中不断历练。为了促进学生进行有效的探究,教师一定要为学生腾出空间,学生探究有方法,教师先要想办法,设计要从学生的学情出发,要了解学生的困难在哪里,要抓住学科的主干知识,且不一定要拘泥于教材和成规,不会创造的教师是很难教出具有创造才能的学生的。[①]

二、"面积与周长的关系"教学设计[②]

教学背景:"面积与周长"是小学数学中的一个重要主题。关于面积与周长,人们往往会有"图形周长大面积也一定大"的错觉,因此有的教材有专门区分面积和周长的内容。如为区分面积与周长,上海教育出版社的教材在小学三年级下册的"长方形、正方形的周长"的第三部分安排了"小探究"和"数学广场——谁围出的面积最大"两个内容。"小探究"是让学生用12根火柴棒围各种不同的图形,比较谁的面积大。目的是让学生通过围图形得出周长相等时,面积不一定相等,其中不凹的图形(凸图形)面积较大。"数学广角——谁围出的面积最大"是通过让学生用20根火柴围出不同形状的长方形,得出周长相等的长方形中正方形面积最大的结论。

教学设计思路:教材的这两部分内容可以使学生进一步区分面积与周长,并对等周问题有初步的认识。根据顾泠沅教授的"小学数学教学中存在太多的浪费"的观点,将两部分内容并到一节课中教学。如本章第一节所述,教师关于"面积与周长的关系"的教学是存在问题的。关于图形凹凸问题,小学阶段只要稍微感受一下就可以了,不用深入研究,而且结论最好由学生自己探究得出,为启发学生探究教师可以给予一定的引导或示范,但不

---

① 俞宏毓. 教师发展指导者工作的案例研究[D]. 上海:华东师范大学,2013.
② 俞宏毓,朱向阳,顾泠沅. 探究教学的设计与改进:以"面积与周长的关系"教学为例[J]. 数学教育学报,2018,27(1):68-71.

能包办一切。教学可以通过从长方形上剪掉一块后周长和面积的变化让学生感受周长和面积的区别。从长方形上剪一块有很多种剪法,目的不是为了探究怎么剪,因此仅涉及图10-10所示3种代表性的情况。第一种剪去后"周长小,面积也小"的情况由教师示范,后两种情况由学生探究。学生剪出后两种情况时,可以得到"周长相等,面积变小""周长变大,面积变小"的结论。为让学生进一步感受周长相等时凸图形面积大,教师可出示如图10-11所示的图形,让学生比较弧线分割的两部分的周长和面积。

关于周长相等的长方形面积什么时候最大的探究,改进为让学生在虚线格子纸上画各种长方形的方法。"当长方形周长相等时,长与宽越接近,面积越大;当长与宽相等时,面积最大"的结论在教师引导下得出。用虚线格子纸画长方形,不仅可以避免用火柴棒或小棒摆图形的歪斜问题(图10-12和图10-13),而且有单位长度便于数形结合比较大小。

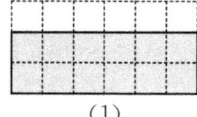
(1)
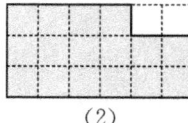
(2)
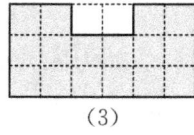
(3)

图10-10 区分周长和面积图形①

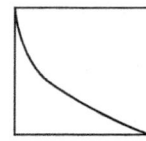

图10-11 周长相等的凹凸图形面积比②

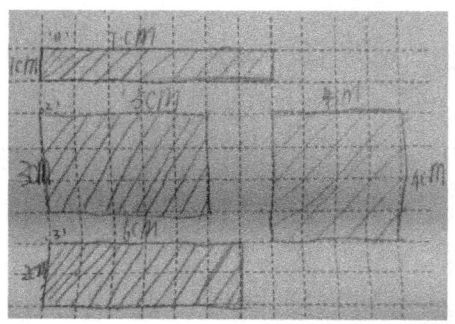

图10-12 学生在格子纸上画出的长方形③

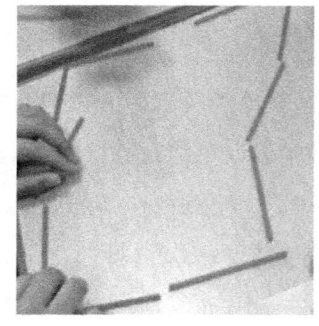

图10-13 学生用小棒围图形④

---

① 俞宏毓,朱向阳,顾泠沅.探究教学的设计与改进:以"面积与周长的关系"教学为例[J].数学教育学报,2018,27(1):68-71.
② 同①.
③ 同①.
④ 同①.

案例分析与评价：本案例的设计对探究教学的度把握得非常恰当，既不是教师的全盘灌输，也不是完全放手让学生盲目探究，真正实现了探究教学和传授的有机结合，是教师恰当引导下的有效探究。没有十全十美的教材，教师对待教材的正确态度应该是"用教材"，教学中切忌照本宣科，很多时候还需要对教材进行一定的处理。

三、"菱形"教学案例[①]

教材：浙江教育出版社数学八年级下册（2013年版）第五章第二节"菱形"（第一课时）。

教学设计思路：平行四边形、矩形和菱形都有概念、性质、性质的应用和判定四个方面，而且性质都是关于边、角、对角线的性质和对称性。根据知识和方法的类比迁移原理，可以从平行四边形、矩形的教学迁移到菱形的教学，因为是"菱形"的第一课时，所以仅涉及前三个方面的内容，没有涉及菱形的判定。关于菱形的教学，教材安排跟矩形一样，都是让学生通过从各种平行四边形中找出特殊的图形得出概念，在此基础上研究其性质。

本案例的设计思路是让学生用四个全等的直角三角形拼平行四边形，学生拼出来会有如图10-14所示的五种不同的结果，其中一种就是菱形。引导学生通过对拼出的平行四边形分类得出菱形的概念。然后让学生对照拼出的菱形，类比平行四边形和矩形的性质探究出菱形的性质。由于学生经历了由全等直角三角形拼出菱形的过程，因此不难得出菱形除具有普通平行四边形的性质外，还有一些特殊性质。关于菱形性质的应用，在教材例题的基础上进行适当变式和延伸，以拓展学生的思维。

[①] 俞宏毓,尉劲松,OCRAN PATRICK.基于学生探究与迁移能力培养的"菱形"教学研究[J].内蒙古师范大学学报(教育科学版),2019(4):99-103.

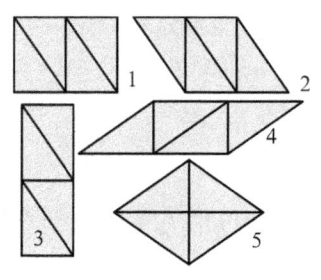

图 10-14 四个全等的直角三角形拼出的平行四边形①

	矩形	菱形
边	对边相等且平行	对边相等且平行；四条边都相等
角	对角相等，邻角互补；**四个角都是直角**	对角相等，邻角互补
对角线	对角线互相平分；**对角线相等**	对角线互相平分；**对角线互相垂直并且平分一组对角**
对称性	中心对称图形；轴对称图形	中心对称图形；轴对称图形

图 10-15 探究菱形的性质课件②

主要教学环节及教学行为：

（1）菱形的概念

首先是菱形概念的引入，学生通过拼出各种四边形并归类发现菱形，概念得出相对自然。如下为菱形的概念部分教学片段。

师：大家拼出来的四边形给它归类一下，大概就是这么五种，对不对？

生：对。

师：好。如果我让你把这五个图分类，把这五个平行四边形分分类，你会怎么分类？并说说你是依据什么来分类的。谁来说？

生：我觉得可以分成两种。

师：两种？哪两种？

生：一种就是普通的平行四边形。

师：然后呢？

生：还有两个是矩形。

师：哪两个是矩形？

生：1和3。

师：1和3是矩形，那么就是说你是以什么为依据来分类的？以角为依

---

① 俞宏毓，尉劲松，OCRAN PATRICK. 基于学生探究与迁移能力培养的"菱形"教学研究[J]. 内蒙古师范大学学报（教育科学版），2019(4)：99-103.

② 同①.

据,是不是这样子?

生:嗯。

师:那我们这里回顾一下矩形的定义,什么样的平行四边形叫做矩形?

生齐说:有一个角是直角的平行四边形叫矩形。

师:那你有没有另外的分类依据?刚刚我们通过角,还有没有别的?还可以以什么为依据?

生齐说:以边。

师:那以边为依据去分类你看哪个比较特殊?

生齐说:5。

师:为什么5比较特殊?

生齐说:5四边都相等。

师:那另外的四个呢?

生齐说:另外四个只有对边相等。

师:而5呢?除了对边相等以外?

生齐说:除了对边相等以外,邻边也相等。

师:那第5个图形相比其他四边形比较对称、美观,对吧?在生活中我们也经常用它来设计图案。这也就是我们今天要去认识的菱形。

(2)菱形性质的探究

菱形性质的探究是本节课的核心内容,为便于学生进行类比,首先复习平行四边形和矩形的性质。菱形和矩形都是平行四边形,都具有普通平行四边形的性质。为防止学生将它们作为普通平行四边形的性质和自身的特殊性质搅和在一起,也为防止学生疏漏它们具有的普通平行四边形的性质,首先提出它们作为平行四边形的边、角、对角线的性质和对称性,然后再研究它们的特殊性质,并在课件上用红色突出显示,如图10-15所示(红色部分在图中用粗体表示)。这样设计,不仅条理非常清晰,而且有利于学生对照平行四边形和矩形的性质去探究菱形的性质。菱形三条特殊性质的探究,要求学生对照拼出的菱形去进行。由于菱形是由四个全等的直角三角形拼得的,学生很容易得出四条边相等、对角线互相垂直且平分一组对角及轴对称的性质,在此基础上进行证明,使学生对性质的认识由感性认识上升到理性。如下为探究菱形性质的部分教学片段。

师：接下来我们要一起来探索一下菱形的性质，在探索之前，我们先来回顾一下，平行四边形有哪些性质？首先从边的角度说说看。

生：两组对边平行且相等。

师：很好，请坐，平行四边形两组对边平行且相等。后面，角？

生：对角相等。

师：很好，还有吗？

生齐说：邻角互补。

师：后面对角线呢？

生：对角线互相平分。

师：很好，请坐。平行四边形的对角线互相平分。那么从对称性的角度来说，大家说说看平行四边形是什么？

生齐说：中心对称图形。

师：那后来我们又学习了一种特殊的平行四边形叫什么？

生齐说：矩形。

师：那矩形既然作为特殊的平行四边形，这些性质有没有？

生齐说：有。

师：那它还有没有特殊的性质？有哪些？

生齐说：四个角都是直角。

师：还有吗？

生齐说：对角线相等。

师：还有吗？

生齐说：轴对称图形。

师：那矩形作为特殊的平行四边形，它有特殊的性质。那接下来我们就要去探索今天要认识的菱形。首先菱形也是什么图形？

生齐说：平行四边形。

师：它和矩形一样都是特殊的？

生齐说：平行四边形。

师：那么这些平行四边形该有的性质菱形有没有？

生齐说：有。

师：当然也有。那菱形作为特殊的平行四边形，它是不是也跟矩形一样呢？应该也有一些特殊的性质。那么接下来你们动脑筋想想看，它会有什么样的性质？结合你们刚刚拼出来的菱形，你们可以看一看，它有哪些特殊的性质是一般的平行四边形没有的？你想到了什么？你从边、角、对角线、对称性各个方面都去看一看，你觉得有哪些性质？

生：菱形的四条边都相等。

师：菱形的四条边都相等，因为大家看到你们拼出来的菱形四条边都相等，那同学们能说一说为什么菱形的四条边都相等？（板书该性质）

生：因为这是四个全等三角形的拼法。

师：因为你是用四个全等的直角三角形拼出来的，所以它四条边都相等。请坐。那你们能不能通过菱形的定义去证明菱形的四条边都相等？菱形的定义：一组邻边相等的平行四边形叫做菱形。好，这位女生。

生：因为菱形一组邻边相等，又因为菱形也是平行四边形，对边相等。

师：很好。因为这是一个菱形，所以它肯定是平行四边形，必然有对边相等。然后？

生：所以四条边都相等。

师：很好，请坐。因为这是平行四边形，对边是不是已经相等啦？然后从定义出发，它的邻边也相等，所以这样一来，四条边都相等。那么用几何语言应该怎么说？

生齐说：∵四边形 $ABCD$ 是菱形，

∴$AB=BC=CD=AD$。

师：很好。那我们从边的角度知道了菱形的四条边都相等，它是不同于一般平行四边形的，对吧？

生：嗯。

师：除此以外，还有什么发现？你说。

生：对角线互相垂直。

师：很好，请坐。我们很容易发现，菱形的对角线互相垂直。（板书该性质）再看看图，还有什么发现？因为我们是用四个小的直角三角形拼出来的，所以大家很容易发现对角线是互相垂直的。那既然这都是全等的直角三角形，你会发现这些角怎么样？

生齐说：相等。

师:这些角都是相等的,对不对?也就是说,这两条对角线平分了这个对角。那也就是说,菱形的对角线相互垂直并且平分一组对角。(板书该性质)这就是我们发现的又一条性质,那你能不能动手证证看这个性质?我们要证明对角线互相垂直,还要证明它平分一组对角,那你们想想看它有什么证明方法?

(3)菱形性质的应用

菱形性质的应用也是本节课的重要内容。性质的应用是对教材中的例题进行加工得到的,如例1。在处理基本问题的基础上,进行适当的变式和拓展,有利于实现分层教学。

例1 如图10-16,在菱形 $ABCD$ 中,对角线 AC,BD 相交于点 O,$\angle BAC=30°$,$BD=6$。

(1)求菱形的边长和对角线的长,并求出菱形的面积。

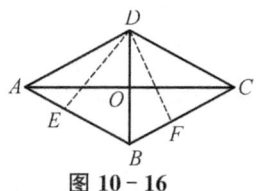

图10-16

(2)你能获得哪些结论?

(3)若 $\angle EDF=60°$,$\angle EDF$ 的两条边分别与 AB 交于点 E,与 BC 交于点 F,求证:$AE=BF$。当点 E 在 BA 的延长线上时,结论还成立吗?

表10-1 主要教学环节及教学行为①

主要教学环节	教学行为	点评
菱形的概念	要求学生用四个全等的直角三角形拼出各种平行四边形,然后进行归类。学生首先发现矩形,教师提示学生根据边的情况归类从而得出菱形	学生通过拼平行四边形并归类发现菱形,概念得出比较自然
菱形性质的探究	首先复习平行四边形的性质,在此基础上复习矩形的特殊性质,并在课件上用表格展示,其中矩形的特殊性质用红色突出显示。要求学生说出菱形作为平行四边形的性质并课件展示,然后让学生对照矩形性质和拼出的菱形找出菱形的特殊性质并证明,课件用红色字体突出菱形的特殊性质	复习平行四边形和矩形的性质,为学生探究菱形的性质做铺垫。在探究菱形性质时,也是首先将菱形作为平行四边形的性质提出,既避免学生忽略这些性质,又为学生厘清了思路

---

① 俞宏毓,尉劲松,OCRAN PATRICK.基于学生探究与迁移能力培养的"菱形"教学研究[J].内蒙古师范大学学报(教育科学版),2019(4):99-103.

续表

主要教学环节	教学行为	点评
菱形性质的应用	处理教材的例1并增加求菱形面积的要求,介绍求菱形面积的特殊方法;将例1进行适当变式处理后,改为结论开放题,要求学生课后思考写出不同结论并证明	例题安排恰当,在处理基本问题的基础上,进行适当的变式和延伸拓展,有利于实现分层教学

案例分析与评价:本案例其实是同时实现有效探究和学习迁移的一个典型。教师通过让学生拼平行四边形活动发现菱形,并通过观察图形和比照平行四边形、矩形的性质探究出菱形的所有性质。教师需要多钻研教材、多动脑筋,可以尝试模仿典型的案例,学习借鉴其中的设计思路和方法。关于探究教学,一方面需要把握好探究的深浅度,另一方面要进行恰当的引导,同时探究还要注意对方法和结果进行归纳总结。而要实现学习迁移,重点则要弄清楚知识之间的内在联系,哪些知识之间是可以类比迁移的,如学习不等式性质时可以类比等式的性质,平面几何中的一些知识和方法可以迁移到立体几何的学习中,等等。

拓展阅读

1. 俞宏毓,俞瑞卿. 我国探究教学研究的现状与反思[J]. 绍兴文理学院学报,2019(11):29-33.

2. 俞宏毓,陈久仓,AYEH ISAAC GYAN. 探究教学存在的问题与改进实践[J]. 现代中小学教育,2019,35(7):58-63.

3. 俞宏毓,顾非石. 关于"扇形的面积"的教学指导研究报告[J]. 数学教育学报,2013,22(2):44-48.

4. 俞宏毓,朱向阳,顾泠沅. 探究教学的设计与改进:以"面积与周长的关系"教学为例[J]. 数学教育学报,2018,27(1):68-71.

5. 俞宏毓,尉劲松,OCRAN PATRICK. 基于学生探究与迁移能力培养的"菱形"教学研究[J]. 内蒙古师范大学学报(教育科学版),2019(4):99-103.

思考与实践

选择一个中小学数学教学内容,撰写一份教学设计,要求有学生探究环节。

第十一章

说课

　　说课是一种具有中国特色的教学行为，是1987年由河南省新乡市红旗区教研室提出来的，是进行教学研究、教学交流与探讨的一种教学研究形式。说课是在教师备课基础上的理性思考，有利于提高教师的理论素养和驾驭教材的能力，也有利于提高教师个人在同伴之间的语言表达能力，因而受到广大教师和教育研究者的欢迎，在基础教研室广泛使用。

第一节 说课概述

一、说课的界定[①]

说课是在教师备课的基础上,授课教师对同行教师或教育行政领导,系统地谈自己的教学设计及其理论依据,然后由听者评说,达到相互交流、共同提高的目的。

说课教师主要说明教什么、怎么教、怎么做、为什么这样教、为什么这样做。它能集中而简明地反映教师的教育理念、教学技能与教学风格;能较好地反映教师的教学智慧,架通了备课、上课与评课之间的有机联系;使教师的教学实践能上升到一定的理性层面,解决教学与研究、实践与理论脱节的矛盾,是一项基于学校、面向教师、服务实践的教学活动。

说课基本要素构成如下:① 理念——以教学理论为指导,解读教学行为、表达教学行为的理论依据;② 主体——教师(包括说者与听者);③ 客体——所教的课程与教材;④ 中介——以语言表达为主,配以文字、图像或实物演示;⑤ 形式——个体阐述,群体评析、研讨。

说课形成的背景性要素:一是理论。科学的教育理论即新课改理论以及学科课程标准。二是教案。以教案中的教什么、怎么教为基础,构思"为什么这样教、这样做",指出理论依据。

二、说课的特点

说课改变了教师个人写教案或集体备课议教案之后即进入课堂授课的传统模式;说课使教师的教学构思从隐性思维走向显性思维,从静态思维走向动态思维。

[①] 方贤忠.如何说课[M].上海:华东师范大学出版社,2008.

1. 理论性与科学性

说课是教师写教案基础的再提高,要求教师从新课程理念上审视教材,这就有可能发现备课中的疏漏与不足,进而修改授课方案。从这个意义上来说,它能帮助教师更深入地解读教材、研究教材。

同时,说课的准备过程也是优化教学设计的过程。说课的核心要点是"说出为什么这样教",而不仅是教什么、怎么教的问题。这样就迫使教师去学习教学理论,从高位上去构思自己的教学设计,从理性上去解析将要发生的教学过程。

2. 交流性与示范性

说课是教师与教师之间双向的备课交流活动,它符合现代教育所倡导的合作学习理念。无论是同行,还是教研人员在评议说课中,都能通过交流教学经验获益,尤其对说课的教师是最实在、最贴切的指导。能带给教师更多的理性思考的各种说课活动都具有一定的示范性。如青年教师的教学评优活动、名师的说课带活动和教学专题研究中的说课活动,其示范作用与辐射性更为明显。

3. 简易性与操作性

说课不受时间、空间与人数的限制,备课组内数人,用二三十分钟的时间,便可以在教师办公室里完成。作为日常教研活动的说课,说课教师一般应在 10~15 min 内完成,然后由同伴共同评析。可见说课具有较强的参与合作性,能很好地解决教学与教研、理论与实践相脱节的矛盾。

三、说课的类型

说课有很多类型,按说课的组织管理的目标取向不同可以分为教学研究型说课、等级评比型说课、典型示范型说课。

1. 教学研究型说课

为改变备课组、教研组的工作职能,将说课纳入备课之中,不以如何设计教案为唯一话题,而先由组内一位教师将教案写成说课稿,说课后众人评议。

这种类型的说课,一般以教研组、年级组或备课组为单位,以一个研究专题为主题,选择一堂或几堂课的教学设计,将其提升为说课形式进行集体研究,目的是促进教师在切磋中提高课堂施教能力。

教学研究型说课一般包括如下五个步骤:① 集体研讨,确定说课的基本程序;② 分头准备,撰写说课稿;③ 集中说课,做好记录;④ 合作研讨,提出改进方案;⑤ 总结反思,积累经验。

2. 等级评比型说课

等级评比型说课,是鉴定、评价、认定等第,以比较优劣为主要目的,以发扬优点、相互学习借鉴为次要目的。按组织者的层次分为省、市、区(县)和校级评比,一般程序如下:① 确定说课对象和说课内容;② 钻研教材,撰写说课稿或提纲;③ 按要求依此说课;④ 综合评价,评定等级。

从目前说课的项目与内容变化上看,有下列几种不同的评比型说课:① 专题式说课,即不要求说课教师说出一节课设计及其依据的全部内容,只选择其中部分板块,如说目标设计与教材分析、说教法与程序等。② 组合式说课,即说课者根据要求,先在指定时间内完成一份简案,之后在提交简案时说出教学构思、思路和教学策略。③ 程序式说课,即说课者可以事先对指定的说课内容做准备,在进入说课评比现场后除按说课稿说课外,还要回答评委提出的问题,问题是围绕着说课内容的深化和拓展而展开的。

3. 典型示范型说课

以点带面,发现典型,树立榜样,集中展示是区域教学研究活动中经常采用的办法。区(县)的教学能手和教学骨干,往往被选为典型进行示范说课。

典型示范型说课的一般程序如下:① 发现典型,明确目标;② 重心下移,阵地前移;③ 说课展示,记录在案;④ 总结反思,专业引领。

第二节 说课的基本内容

在说课开始之前,应当先做自我介绍,再报出课题以及本课题是哪个年级使用的哪个版本的教材,在教材中哪章、哪节、哪课时。整个说课一般包括下面几个部分。

一、教学背景分析

教学背景分析一般包括教材分析、学情分析和教学重、难点分析三部分,有时会有教材的处理、裁剪与加工。

(一)教材分析

说出该课题的教材的主要内容,并介绍这部分教学内容是在学生学了哪部分知识基础上进行的,是前面所学哪些知识的延伸与应用,又是后面哪些知识的基础,它在整个知识体系中处于什么地位。

[案例 11-1][①]

初中数学"不等式的应用"教材分析:

不等式的应用是"不等式"一章的重要内容,是中学数学知识的重要交汇点,在高等数学中应用广泛。它以不等式的性质、不等式的解法、均值不等式为基础,与函数、方程等知识相结合,在概括知识体系与培养学生综合运用能力方面有着重要的价值。

[案例 11-2][②]

高中数学"集合与集合的表示"教材分析:

集合是近代数学最基本的概念之一,很多重要的数学分支都建立在集合论的基础上。因此,中学阶段学习一些集合初步知识显得十分重要。九年制义务教育教材中对集合概念已有所渗透,还引入了不等式的解集等概念,故而集合作为高一年级第一学期数学教材第一章,学习是有基础的。通过集合初步知识的学习,一方面可以使学生对初等数学中的一些基本概念理解得更深刻,表达得更明确;另一方面,也可为参阅一般科技读物和学习后继内容准备必要条件。因此,集合对知识点的链接起到了承上启下的作用。

教材是课程的载体,能否准确而深刻地理解教材,高屋建瓴地驾驭教材,教师首先要弄清楚该教材编写的意图和知识结构体系。上述两个案例分析了该内容在教材中所处的地位、与前后知识的关联,并强调了其重要作用。

---

① 张奠宙,宋乃庆. 数学教育概论[M]. 3 版. 北京:高等教育出版社,2016:334-335.
② 方贤忠. 如何说课[M]. 上海:华东师范大学出版社,2008:7.

(二)学情分析

学情分析包括分析学生学习本课程、本教材的基础状态,然后在此基础上进行学法指导。分析教学对象的共性与差异性是教师教学的基础条件。对学生的共性分析应包括以下几方面内容:

1. 学生的知识基础与生活经验

知识基础指接收新知识前的认识(包括课本知识和实践经验),生活经验指与本节课相关的生活经历与体验,同时指出它对学习新知识将会产生怎样的影响。

2. 学生基础能力分析

分析学生掌握教学内容所必需的学习能力和技能,主要包括自学能力、思维能力和动手实践能力等。

3. 心理特点和学习风格

从教学任务出发,分析该年龄段学生在学习本教材时的心理特征以及这种特征与本部分知识的相关性。教师任教的班级具有一些独特的学习风格和习惯也可作为说学生的必要内容。

[案例 11-3]

高中数学"投影与直观图"说课稿的学情分析:

① 知识方面

在初中阶段,学生对平行投影与中心投影有了一定的感性认识,并且在第一章前几小节中,学生对直线、平面间的位置关系的直观认识,以及对柱、锥、台、球的结构特征的学习,都为本节课奠定了良好的基础。

② 能力方面

高一学生,模仿力强,记忆力好,表现欲强,但同时对高中学习还不是很适应,需要加强主动学习的指导。

③ 情感方面

在学生已接触的空间几何体直观图的基础上,让学生亲自画出这些空间几何体,非常符合学生的好奇心,能激发他们的求知欲。

说学生、学情分析的意图在于它能为教师教学提供依据,是实现精准针对性教学的关键。说学情切忌空泛而谈,如"根据初中生的特点,采用……"并没有对实际情况做出具体表述。应该对学生基础条件的优势和现实中可能存在的问题等方面进行针对性分析，尤其要对针对本节课的学习做具体分析，以便为采取相应的教学对策提供现实依据。

（三）教学重、难点分析

说课中的教学重、难点分析与教学设计中的重、难点的表达不同。前者需要强调这些重、难点是在怎样的背景下被确定的，并点明将如何强调重点和突破难点；后者则只要写明重、难点分别是什么即可。

[案例11-4]

初中数学"一元二次方程"的教学重、难点及教学策略：

重点：一元二次方程的概念及一般形式是今后继续学习一元二次方程的重要基础，因此是本节的重点。

难点：经历用试验的方法探索求方程的解，并会解释解的合理性。

为了突出重点、突破难点，在教学中采取以下措施：① 从学生已有的知识出发，精心设置一些适合学生学力的具体问题情境，逐步引导学生观察、归纳出一元二次方程的有关概念，从中体会方程的模型思想。② 通过一元一次方程与一元二次方程的类比，明确它们之间存在的区别和联系，加深对概念的理解，抓住概念的本质。③ 逐步引导学生通过自主探索、合作交流，以小组学习的形式，借助计算器完成对方程解的估算。

[案例11-5]

高中数学"直线与平面垂直"教学重、难点与突破策略：

依据教材内容解析和分析学生学情，确定本节课的教学重、难点及突破策略如下：

教学重点：直线与平面垂直定义的生成过程，判定定理的发现过程，以及性质定理的证明过程。

教学难点：直线与平面垂直的定义和判定的生成过程，性质定理的证明方法的发现过程。

突破策略：教师引导学生先明确研究的内容与方法，从总体上认识研究的目标与手段；组织学生汇报交流，展现思维过程，相互评价，相互启发，促进反思；让学生经历直观感知、猜想、抽象概括、适当证明或说明的过程。

教学的难点往往与教学重点相联系,突破了难点就可能为学生完整地掌握重点铺平了道路。

二、说教学目标

说出本课时(或几个课时)的具体教学目标以及确定目标的依据。目标确定的依据一般指课标要求、教育理论与教学经验中的依据等。

[案例 11-6]

说初中数学"丰富的图形世界"的教学目标:

根据本节课内容的特点及初一学生的现有认知结构,依据课程标准中相应的课程目标确定本节课的教学目标如下:

① 知识与技能目标:经历直观感知→探索归纳→应用创新的认知过程,探索立体图形的分类,加深对图形的认识与感受。

② 过程与方法目标:通过动手操作、探究思索、交流互动,培养学生的实践能力、协作能力及创新意识。

③ 情感、态度价值观目标:体验数学与现实生活的紧密联系,培养学生的参与意识和集体主义观念,激发学生学习数学的兴趣与热情。

[案例 11-7]

说初中数学"反比例函数"的教学目标:

根据新课标的精神、教材的特点并结合学生的实际,设计如下教学目标:

① 知识技能

理解反比例函数的意义;根据已知条件确定反比例函数的解析式。

② 数学思考

让学生经历从实际问题中抽象出反比例函数模型的过程,体会反比例函数源于实际生活。

③ 问题解决

能从实际问题中抽象出反比例函数并确定其解析式。

④ 情感态度

经历反比例函数的形成过程,使学生体验到函数是描述变量间对应关系的重要数学模型;通过学习反比例函数,培养学生的合作交流意识和探索精神。

三、说教法手段

手段为目的服务,方法为内容服务。说教法手段的要点和条理要清晰,还要说明采用这些方法和手段的理论依据。

教学方法是由教学内容、教学目标决定的,要参照学生认知活动的规律和一定年龄阶段的发展水平。教师在一堂课中的教法是多样的,说课时应说出本节课所采用的最基本、最主要的教法,指出其依据。

教学方法是在教学过程中,教师与学生为实现教学目的、完成教学任务而采取的教与学相互作用的活动方式的总称。教师教学构思时,要充分认识教法在教学活动中的双边性,深入理解教的方法与学的方法的相互关联性。说教法中要突出教法为学法服务的理念,即说如何激发学习兴趣、如何引导学生学习;说如何指导学生理解教材、建构知识体系;说如何激活思维,培养创新精神与实践能力。

现代课堂教学手段主要指教学媒体的使用。传统教学媒体包括教科书、教具、模型、黑板、图表等;现代教学媒体,又叫电子技术媒体,包括幻灯、投影、录音、录像、电子计算机、电视等。如果教学中现代多媒体手段使用比较充分,教师就有必要增加"说教学手段"环节,主要内容是:使用什么教学媒体,集中呈现哪些教学内容;采用怎样的多媒体教学法;多媒体手段设计的原理、原则。

[案例 11-8]

"不等式的应用"说课稿说教法手段部分:①

学生已学完不等式的性质、解法、均值不等式,但对应用了解不多。在这节课之前,刚学过:把一个长方形截去四角小正方形后折成一个长方体,问截去的小正方形的边长为多少时长方体的体积最大?这个问题对本节课的思考有一定的帮助,但思维定式带来的影响也不可忽视。因此,本节课采用"问题驱动、启发探究"的教学方法,在教学中重点突出以下几个方面:

① 重视内隐性素材资源的利用:利用学生的思维定式所带来的"负面效应"作为课堂教学资源,关注课堂的动态生成,强调过程性知识的学习。

---

① 张奠宙,宋乃庆.数学教育概论[M].3版.北京:高等教育出版社,2016:334-335.

②由学生的特点确立自主探索式的学习方法。在教学过程中通过教师创设问题情境，启发引导学生进行自主探究；注意将学生的独立思考、自主探究、交流讨论等探索活动贯穿于课堂教学的全过程，突出学生的主体地位。

③除使用常规的教学手段外，还使用多媒体辅助教学。多媒体的应用一方面为师生交流与讨论提供了平台，另一方面通过演示模型的制作过程有助于学生建模和化解难点。

四、说教学程序

说教学程序是说课的重点内容。说教学程序，即说教学过程的安排以及为什么这样安排，一般分为说教学过程（流程）和说教学结构两方面。在说课的实践中，可以偏重过程，也可以偏重结构，还可以将过程与结构组合起来说。

1. 说教学过程

学科教学任务是通过精心设计的教学过程来完成的，分析、解说教学过程一般包括如下几个部分：

（1）教学总体思路和环节。教学总体思路和环节的介绍有助于听者清晰了解和把握说课者关于教学活动的整体安排。

（2）教学环节与方法、手段之间的联系。教师要说出根据自设的程序、环节，如何处理教材，运用哪些教学方法和手段，使教学过程流畅、有效，并适当点明这样安排的目的和将要达到的预期效果。

（3）教与学的双边活动安排。新课程改革强调学生的主动发展，课堂上活跃的师生双边活动是成功教学的一个重要标志。如下列问题属双边活动的内容，可以有所侧重地做些阐述：教师准备提哪些问题，这些问题能起到什么作用，学生怎样参与，如何组织，学生可能会出现哪些问题；教师有什么应对措施，有哪些思维定式需要克服，采取哪些措施；等等。

在说师生的双边活动时，根据需要还可以进一步说说突出重点、突破难点的具体做法。

（4）总结归纳，拓展延伸。如果教师在设计课堂教学时，在总结与延伸以及习题练习上有一定的创意，或占有比较重要的课堂地位，那么可以说说如何归纳知识体系,形成结构,通过怎样的形式与方法实现知识与思维活动的适度拓展。总结阶段习题设计与课后的作业布置,如有自己独特的创见也可做适当说明。

2. 说教学结构

说教学结构不同于说教学过程,教学结构是教师对教学具体程序的归纳,构成若干板块,而教学过程是教学流程中的步骤。

新课程改革强调教与学的互动、情境创设与情感体验。教师在课堂教学中会设计出若干师生互动的板块,如创设情境、架设桥梁;探究新知、自主建构;回归生活、解决问题;布置作业,课外延伸。这就是一种组合式板块状的说课表达。

说教学结构具体要求是:说清教学总体构思和各个教学板块;每个板块的表述要充分体现是什么、为什么、怎么样;要突出教与学的双边关系;适度交代重点怎样强化,难点怎样突破。

3. 说教学程序的注意事项

(1) 注重说理,强调理性思考下的过程设计

说教学程序不是对教学过程的简述,也要按说课的基本思路——"教什么""怎样教"和"为什么这样教"来表达,需要理性地分析。

(2) 突出重点,强调教学过程的机理

说教学程序,要求教师对整个教学过程做详略与主次的处理,突出阶段性和关节点,删除无关紧要和过细的具体内容。

教学过程不仅表现在时间的先后和"阶段"的变换,还表现在教学方法融入其中,教学艺术交汇其中,构成一个教与学的整体。无论是说程序还是说结构,都要将教学程序与教材、教学目标、重难点之间的对应关系以及所采用的教法等做有重点、有侧重的交代。

五、说板书设计

板书是直观教学的组成部分,能体现教师的教学风格,需要加以说明。要说出板书结构和设计的意图。

第三节　怎样说好课

一、说课方法

1. 说课的准备方法

说课准备和备课写教案基本上是同一个思路。二者主要的区别是备课主要沿着教什么、怎么教的思路进行,而说课除了要说明教什么、怎样教之外,还要重点要说出为什么这样教,即说课应以说理为主。

（1）选好要说的课

自选的说课首先要考虑有代表性、典型性的内容,主要指既能充分体现本学科特点,又能将当前该学科教改新教法融入其中。其次,要选择与教师本人业务专长相呼应的有关章节。最后,要突出重点,避免面面俱到。根据内容特点和自己的优势,在说课的四大板块中选某一板块重点说,其他板块选点说,如重点的突出、难点的突破。

（2）寻准教法的依据

课堂教学策略、教学方法的理论有很多,从宏观、中观到微观,跨多个学科。有教学论中的教学规律、教学过程、教学原则、教学策略方法和教学组织管理等方面的理论；有现代流行的控制论、信息论和系统论,还有教学艺术与技巧的方法论等。教法选择要求教师在说课的准备阶段以方法论为指导,确定所教内容应采用的最佳教学方法。

教学中的程序设计与具体做法,在说明理论依据时,关键是要能自圆其说、言之有理。

（3）把握说课程序

说课中的程序与教学设计中的教学过程在构思和表达上是有所区别的：前者是理性思维下的过程呈现,它体现着执教者的逻辑顺序和时间顺序,以及这两个顺序的有机结合；后者主要是过程性、阶段性的安排。

关于说课程序的把握,要从三个维度进行分析：一是厘清所教课题的知识系统和结构,这是需要学生全面掌握的,是教师说教学程序的主线;二是教师在课堂上所表现的教学程序和结构是动态的,是在师生互动中呈现出来的;三是教师说课时"说"的程序,即先说什么、后说什么、突出什么、淡化什么等方面的处理。

(4)突出重点,呈现个性

说课的内容十分丰富,一堂课的构思和设计不可能什么都说,各部分内容不宜平均分配,应有所侧重。如备课时,侧重研究一种全新的教学模式或教学方法的,说课时就要侧重介绍这种模式是什么、该模式的程序设计以及教学效果的预测;又如备课时,以研究学生问题意识、进行思维训练的,则要从教育心理学角度,分析本学科思维特点,从中获得本节课进行思维训练的依据。

教学方法和手段的选择是受教师的教学经验与个性影响的,不同的教师在各自教学经历中又会积累各不相同的个性化教学经验。教师说课时要突出自己的个性化教学,如哪些地方体现了自己的独到之处、创新之处,哪一步骤或环节展现出教学艺术,都可以适当表述。

2. 说课过程中的方法

说课不是读教学设计,也不是用解说的方法说教学设计。因为写教学设计时的思路与写说课稿的思路有明显差异,教学设计无法全部反映说课应有的内容,对教学设计做解读式说课是无法体现"说"的本质特征的。

以教学设计为蓝本,以说理、说缘由、说依据为主线,写成说课稿或说案,是说课前的最后阶段。

(1)说课是说明书

说课是信息传递,是告知。说课首先要自我介绍,然后介绍所说教材的版本、章节,随后围绕教什么、怎样教、为什么这样教展开说课。这样的过程,要求教师以叙述、解说为主线,在分析时可适当加以推理和论证。

(2)说课是"新闻发布会"

教师在说课中,要明确说出意图和缘由,要对"为什么要这样教"亮出自己的观点与见解。还要说出在这些观点的指导下,如何采用相应的教学措施与手段。

说课教师教学上的创新与个性化教学的信息,都可以成为听者比较感兴趣的"信息源"，说课教师要精心设计，使这部分说课内容达到观点鲜明、说理有度、自圆其说。

（3）说课是"真诚的告白"

一般说课安排在备课之后上课之前进行，说课说在教学效果产生之前，暂时无法得到实践效果的验证。未经验证的教法与过程设计不宜用十分肯定的语言来表达，不宜过多地"赞颂"自己。

3. 说课的表达方法

说课主要通过语言、图表、图像以及多媒体辅助手段来表达。语言用于表达教学思维，交流情感；多媒体技术用于直观呈现，调动听者的视觉、听觉，引起注意；体态语言和相关演示操作，辅助呈现感性直观，从而提高说课效果。

说课尽管有多种表达方式，但仍然以"说"为主，"说"中又以说理说服为主，配以适度的情感与情境表达。此外，说课还可适当展示有关板书设计、教学程序结构的示意图表和有关教学设备。

二、数学说课关注点

数学说课与数学备课一样具有许多本学科的特征，除了说出教什么、怎么教以及为什么这样教的一般思路外，还应当关注如下几点。

1. 说理——重在说数学教学原理与数学思想

教学设计是作为预设的教学方案，它解决怎么教的问题，而说课重点放在理论依据和设计意图上，数学教学中的说理应从如下几方面思考：

一是作为理科的知识教学，它应遵循学生认知原理与规律，吸收并恰当运用当代教学理论，如认知教学理论、情感教学理论、建构主义教学理论、新课程改革有关理论等。说课时要说出如何运用这些理论、原理指导教学行为。

二是根据数学学科特点，尤其是思维特点，如何体现学生在学习中的思维活动，逐步揭示获取知识的思维过程。在对学生进行概念教学时，要说出概念形成的原理；在进行结论推导时，要说出逻辑推理过程，演绎推理的程序关系；在讲例题、解题时，要说出如何引导学生通过运用分析、综合、类比、归纳、猜想等手段探索出解决问题的思路。

2. 说过程——重在说概念的形成、规律的掌握和能力的训练

著名数学家华罗庚曾说过："数学的学习过程就是不断建立各种数学概

念的过程。"而数学概念源于生活实际,归于解决实际问题,新课程改革强调对基本概念和基本思想的理解和掌握,由设置实例引入情境,展示概念的产生过程,抽象出概念的本质属性。

如山东省济南市教研室曾美露整理出的具有数学学科一般特征的说课程序结构,如图 11-1 所示。① 从该结构程序中可以看出数学教学的一般过程,这个过程区别于其他学科的是用数学思维方法提出问题,列出例题,并进行析题、解题。

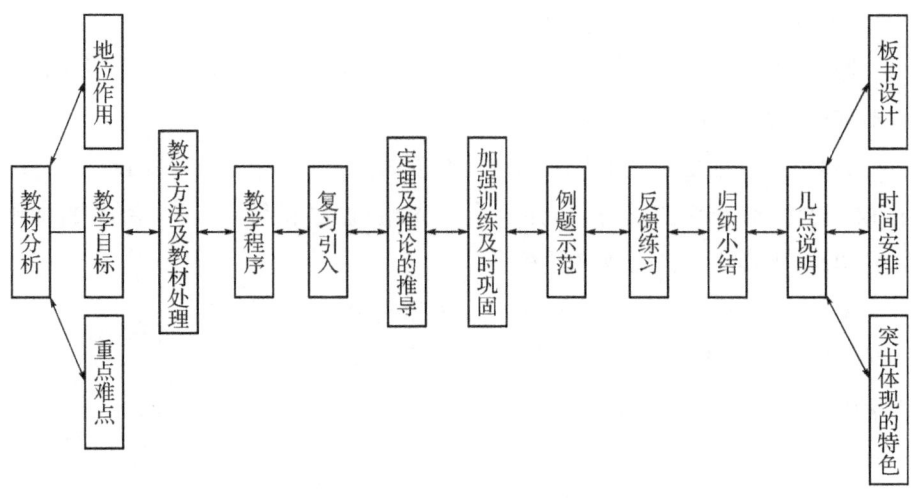

图 11-1 说课程序结构

3. 说问题与例题

教学过程实际上是一种有组织的认识过程,而教师"设问"贯穿于这个"过程"始终。数学教师的设问与例题的设置紧密联系,若干不同特点与性质的例题,又把数学教学分为几个阶段。数学说课,无论说教法、说程序,还是说重点的突出和难点的突破都要涉及相关的问题与例题。因此,把问题与例题说明白至关重要,不仅说出问题与例题是什么、它们的程序组合怎么样,还要说明这些问题的功能与作用,例题设计的意图与教学目标以及例题教学的主要过程等。

数学教师课堂中的设问次数很多,说课时不可能也不应该都作为说课

---

① 方贤忠. 如何说课[M]. 上海:华东师范大学出版社,2008:111.

内容,对于关节点、转折点、拓展点以及有创意的设问则要做重点说明。

例题在一般情况下,都是数学教学阶段转换的引子,引入新课、探索新知、练习巩固和小结延伸的各个阶段都有以例题为主线。说例题应注意如下几点:一是每道例题,尤其是重点例题列出后,要向听课教师做例题分析(包括例题特点、作用、学生的适应性等),指出该例题的教学意图;二是要注意表达整堂课例题组合的整体构思。

[案例 11-9]

"全等三角形的识别"说课摘要:

如图,池塘两端 A,B 无法直接达到,因此这两点的距离无法直接量出。请用学过的知识间接测量 A,B 的距离。

例题分析:这是一道实际应用题,开放程度较高,具有一定的难度。采用小组讨论、合作交流的方式,让学生首先通过"尝试练习",体验解决问题的成功,感受合作交流带来的快乐。

说明:(1) 教师应着重启发学生将实际测量方法"翻译"成已知条件,挖掘出其中的隐含条件,找出等量关系。让学生结合图形写出已知条件、求证和证明过程。

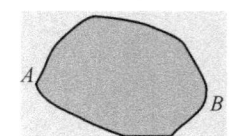

(2) 告诉学生,在实际中常利用三角形全等的原理,把不能直接度量的物体"移到"可直接度量的位置来度量。

拓展阅读

闫寒冰. 如何说课[M]. 上海:华东师范大学出版社,2008.

思考与实践

选择一个中小学数学教学内容,撰写一份说课稿。

附录 1

数学教学设计案例

1. 导数的几何意义

安徽省六安市第一中学东校区　李　敏

一、使用教材

人民教育出版社 A 版高中数学选择性必修第二册(2019 年版)。

二、内容与内容解析

1. 内容

导数的几何意义、导数的概念及其几何意义的综合应用。

2. 内容解析

微积分学是人类思维的伟大成果之一,为研究变量和函数提供了重要的方法。导数是微积分的核心概念之一,有极其丰富的实际背景和广泛的应用。导数的几何意义作为导数的概念的下位知识课,是学生掌握了上位知识——平均变化率、瞬时变化率以及导数的概念的基础上进一步从"形"的角度理解导数的含义与价值,体会逼近、以直代曲和数形结合的数学思想方法。同时,本节课的学习也为下位知识——导数的计算以及导数在研究函数中的应用奠定了坚实的基础。

3. 核心素养

直观想象、逻辑推理、数学运算。

基于以上分析,确定本课时的教学重点:对导数的几何意义的探究及其在数学、实际问题中的应用。

三、目标与目标解析

1. 目标

(1) 通过函数图象直观理解导数的几何意义;

(2) 通过经历导数几何意义的抽象概括过程,体会数形结合、以直代曲、极限等思想;

(3) 会应用导数的几何意义求曲线上某点处的切线方程。

2. 目标解析

达成上述目标的标志：

(1) 通过研究从曲线的割线过渡到切线，从割线斜率过渡到切线斜率的过程，得到导数的几何意义；

(2) 利用信息技术演示 P_0P 的动态变化效果，体会数形结合、以直代曲、极限等思想；

(3) 给定一个具体函数图象上的已知点 $P(x_0, y_0)$，会应用导数的概念得到 $f'(x_0)$，进一步应用导数的几何意义得到该点处的切线方程。

四、学情分析

1. 已经具备的基础

从知识储备上看，学生通过对实例的分析，经历了由平均变化率过渡到瞬时变化率的过程，了解了导数概念的实际背景，知道瞬时变化率就是导数，从数上体会了"逼近"的思想；同时，学生已经学习了直线的斜率与直线方程的相关知识。

从学习能力上看，教学对象是高二理科班的学生，思维活跃，具有一定的想象能力和研究问题的能力。经过半年多的训练，学生逐步形成小组合作探究，代表上台解释概括总结的学习模式。

2. 可能存在的困难

首先，学生对切线认识存在一定的思维定式——"与曲线仅有一个公共点的直线是曲线的切线"；其次，学生对导数几何意义的认知即找到数与形之间的联系存在一定的困难。

基于以上分析，确定本节课的教学难点：用运动变化、极限的观点理解导数的几何意义。在教学中借助信息技术工具，组织、引导学生通过图象直观观察割线变化到切线的过程，感受"逼近"过程，以此降低学生对导数几何意义的认知难度，从而突破本节课的教学难点。

五、教学支持条件分析

为突破本节课的教学难点，在教学中借助信息技术工具，使学生通过图象直观观察割线变化到切线的过程,感受"逼近"过程,以此降低学生对导数几何意义的认知难度。

1. 教法分析

"启发探究式"教学法,教学中遵循教师主导、学生主体、探究主线,教师更多的是启发引导学生的思维。

2. 学法指导

(1) 自主学习;(2) 合作学习;(3) 探究学习。

3. 教学媒体

PPT,GeoGebra

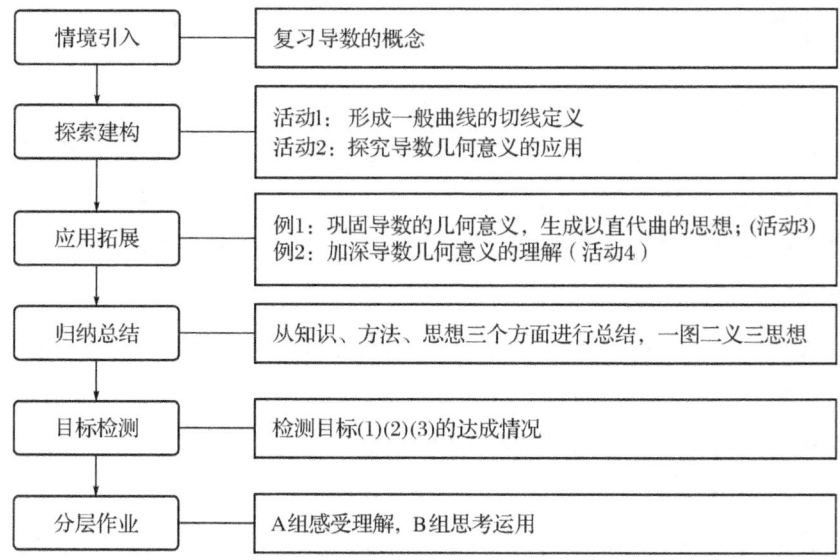

六、教学过程设计

（一）情境引入

问题 1:求函数 $y=f(x)$ 在 $x=x_0$ 处的导数 $f'(x_0)$ 分哪几步?

第一步:求增量 Δy;

第二步:求平均变化率 $\dfrac{\Delta y}{\Delta x}=\dfrac{f(x_0+\Delta x)-f(x_0)}{\Delta x}$;

第三步:求瞬时变化率 $f'(x_0)=\lim\limits_{\Delta x\to 0}\dfrac{f(x_0+\Delta x)-f(x_0)}{\Delta x}$。

前面我们以物理为背景,从"数"的角度研究了导数,现在我们想从"形"的角度来解读导数,即导数的几何意义。

【设计意图】由旧知引出问题,既复习了旧知,又启发学生思考,引出本节课课题。

(二) 探索建构

1. 切线的定义

问题 2:观察函数 $y=f(x)$ 的图象,平均变化率 $\dfrac{\Delta y}{\Delta x}=\dfrac{f(x_0+\Delta x)-f(x_0)}{\Delta x}$ 在图形中表示什么?

【学情预设】平均变化率表示的是割线 P_0P 的斜率。

师:这就是平均变化率 $\left(\dfrac{\Delta y}{\Delta x}\right)$ 的几何意义。

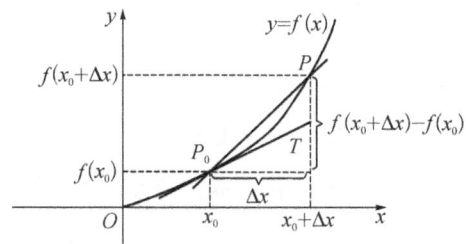

【设计意图】以求导数的两个步骤为依据,从平均变化率的几何意义入手,探索导数的几何意义,抓住 $\Delta x \to 0$ 的联系,在图形上从割线入手来研究问题。

◆多媒体演示【动画1】:

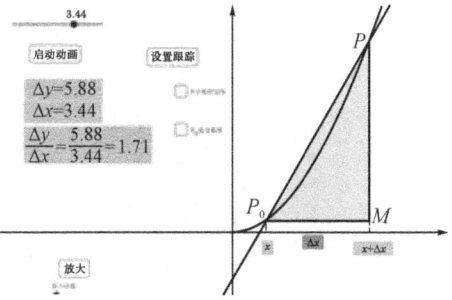

动态演示教材上点 $P(x_0+\Delta x, f(x_0+\Delta x))$ 沿着曲线 $f(x)$ 趋近于点 $P_0(x_0, f(x_0))$ 时,割线 P_0P 的变化趋势图。教师引导学生观察割线与切线

是否有某种内在联系呢?

问题 3:能否根据上述过程给出切线的定义?

【**学情预设**】学生观察【动画 1】,类比得出一般曲线的切线。

定义:当点 $P_n(x_0+\Delta x, f(x_0+\Delta x))$ 沿着曲线 $f(x)$ 逼近点 $P(x_0, f(x_0))$ 时,即 $\Delta x \to 0$,割线 PP_n 趋近于确定的位置,这个确定位置上的直线 PT 称为点 P 处的切线。

切线定义:在曲线 $y=f(x)$ 上任取一点 $P(x, f(x))$,如果当 $P(x, f(x))$ 沿着曲线 $y=f(x)$ 无限趋近于点 $P_0(x_0, f(x_0))$ 时,割线 P_0P 无限趋近于一个确定的位置,这个确定位置上的直线 P_0T 称为曲线 $y=f(x)$ 在点 P_0 处的切线。

【**设计意图**】让学生在获得直观感知的基础上,通过合作探索,亲身经历一般曲线切线的发生、发展过程,上升理性思维,形成切线定义,体会"逼近"思想。

追问 1:初中时,我们怎样定义圆的切线?

追问 2:圆的切线定义适合于任意曲线吗?

活动 1:小组合作列举必修一中基本初等函数的图象,探究圆的切线定义是否适合以上函数?

【**学情预设**】(1)切线与曲线的相对位置(二次函数);(2)切线与曲线公共点的个数(三次函数,正弦函数)。

追问 3:今天对切线的定义符合初中圆的切线定义吗?

◆**多媒体演示**【动画 2】:圆上点 P_0 处的切线 P_0T 和割线 P_0P,演示点 P 从右边沿着圆逼近点 P_0,然后再从左边沿着圆逼近点 P_0,即 $\Delta x \to 0$,割线 P_0P 的变化趋势。

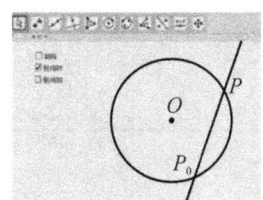

【**学情预设**】先感知后发现,当 $\Delta x \to 0$ 时,随着点 P 沿着圆逼近点 P_0,割线 P_0P 无限趋近于点 P_0 处的切线。

【设计意图】带着问题观察动画,借助熟悉的圆中的某点处的割线和切线,学生更易感知当 $\Delta x \to 0$ 时割线的变化趋势。

2. 导数的几何意义

问题 4:曲线上两点 $P_0(x_0, y_0)$,$P(x_0+\Delta x, f(x_0+\Delta x))$,当 $\Delta x \to 0$ 时,割线 $P_0P \to$ 点 P 处的切线,那么当 $\Delta x \to 0$ 时,割线的斜率 $\to$?与导数 $f'(x_0)$ 又有何关系呢?

【学情预设】生:$k_0 = \lim\limits_{\Delta x \to 0} \dfrac{f(x_0+\Delta x)-f(x_0)}{\Delta x}$

◆多媒体演示【动画 1】:

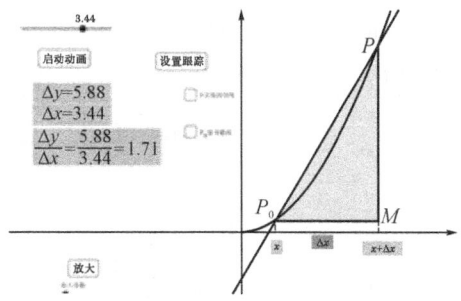

(1) 结合动画中的具体函数,由导数的定义求出 $f'(4.65)=0.93$。

(2) 结合动画,由切线的定义观察平均变化率的极限即 P_0 处的切线的斜率。

问题 5:你能发现导数的几何意义吗?

【学情预设】生:函数 $f(x)$ 在 $x=x_0$ 处的导数就是曲线在该点处的切线斜率 k,即 $k = \lim\limits_{\Delta x \to 0} \dfrac{f(x_0+\Delta x)-f(x_0)}{\Delta x} = f'(x_0)$。

导数的几何意义:$k = \lim\limits_{\Delta x \to 0} \dfrac{f(x_0+\Delta x)-f(x_0)}{\Delta x} = f'(x_0)$。

活动 2:小组讨论利用导数的几何意义能帮助我们解决哪些函数问题?以 $f(x)=x^2$ 为例。

【学情预设】(1) 求瞬时变化率;(2) 求曲线上某点处的切线方程。

【设计意图】体会导数的几何意义,抓住求导数的点与切点的联系。

3. 了解以直代曲思想

问题 6:图中哪条直线最贴近点 P_0 附近的曲线?

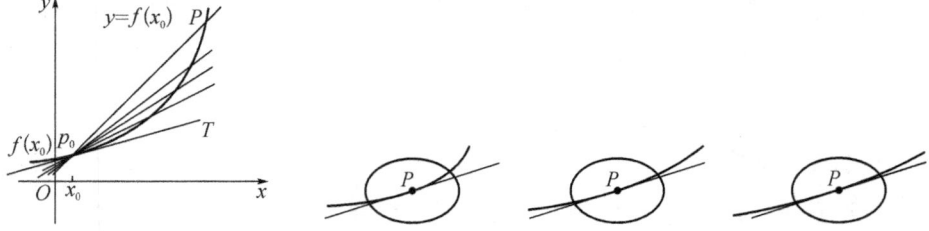

师：利用信息技术工具将 P_0 附近的曲线不断放大，引导学生发现 P_0 附近的曲线越来越接近于直线，引导学生理解以直代曲思想是指某点附近一个很小的研究区域内，曲线与切线的变化趋势基本一致，故可由曲线上某点处的切线近似代替这一点附近的曲线。

【设计意图】通过将曲线一点处的局部"放大、放大、再放大"的直观方法，形象而逼真地再现"以直代曲"思想。

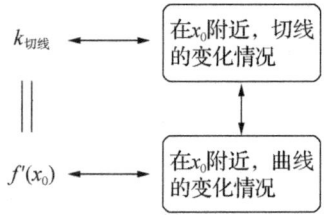

【设计意图】从"形"到"数"，一步步深入，最后生成"以直代曲"的思想，让学生感受到数学知识的产生是水到渠成的。

(三) 应用拓展

例 1 如图是高台跳水运动中某运动员的重心相对于水面的高度随时间变化的函数 $h(t)=-4.9t^2+6.5t+10$ 的图象。根据图象，请描述、比较曲线 $h(t)$ 在 $t=t_0, t_1, t_2$ 附近的变化情况。

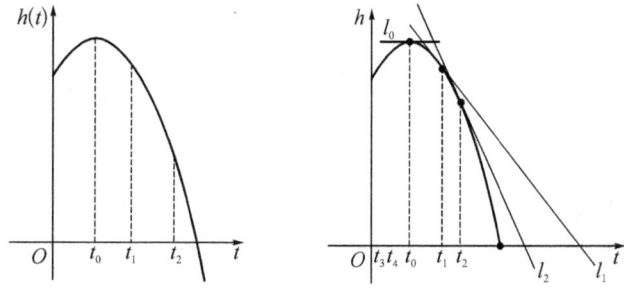

活动 3：小组合作根据图象，请描述、比较曲线 $h(t)$ 在 $t=t_0, t_1, t_2$ 附近的变化情况。

解：我们用曲线 $h(t)$ 在 t_0, t_1, t_2 处的切线斜率，刻画曲线 $h(t)$ 在上述三个时刻附近的变化情况。

（1）当 $t=t_0$ 时，曲线 $h(t)$ 在 $t=t_0$ 处的切线 l_0 平行于 x 轴，所以，在 $t=t_0$ 附近曲线比较平坦，几乎没有升降；

（2）当 $t=t_1$ 时，曲线 $h(t)$ 在 $t=t_1$ 处的切线 l_1 的斜率 $h'(t_1)<0$，所以，在 $t=t_1$ 附近曲线下降，即函数 $h(t)=-4.9t^2+6.5t+10$ 在 $t=t_1$ 附近单调递减；

（3）当 $t=t_2$ 时，曲线 $h(t)$ 在 $t=t_2$ 处的切线 l_2 的斜率 $h'(t_2)<0$，所以，在 $t=t_2$ 附近曲线下降，即函数 $h(t)=-4.9t^2+6.5t+10$ 在 $t=t_2$ 附近也单调递减。

由图可以看出，直线 l_1 的倾斜程度小于直线 l_2 的倾斜程度，这说明曲线 $h(t)$ 在 $t=t_1$ 附近比在 $t=t_2$ 附近下降得缓慢。

【**设计意图**】要求学生动脑（审题）、动手（画切线）、动口（讨论），体会利用导数的几何意义及运用导数来研究函数在某点附近的单调性，渗透"数形结合""以直代曲"的思想方法。

例2 如图表示人体血管中的药物浓度 $c=f(t)$（单位：mg/mL）随时间 t（单位：min）变化的函数图象，根据图象，估计 $t=0.2, 0.4, 0.6, 0.8$ min 时，血管中药物浓度的瞬时变化率。（精确到 0.1）

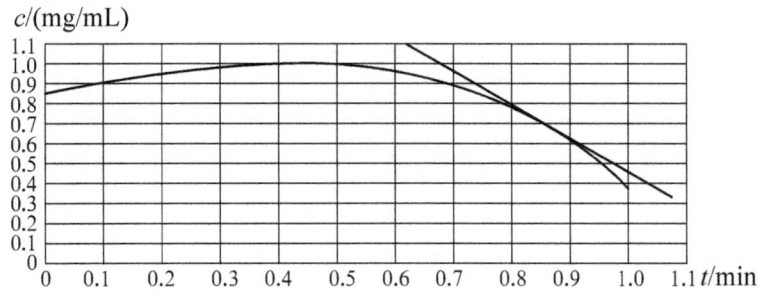

解：血管中某一时刻药物浓度的瞬时变化率，就是药物浓度 $f(t)$ 在此时刻的导数，从图象上看，它表示曲线 $f(t)$ 在此点处的切线的斜率。

如上图，画出曲线上某点处的切线，利用网格估计这条切线的斜率，可以得到此时刻药物浓度瞬时变化率的近似值。作 $t=0.8$ 处的切线，并在切线上取两点，如 $(0.7, 0.91), (1.0, 0.48)$，则该切线的斜率 $k=\dfrac{0.48-0.91}{1.0-0.7}\approx -1.4$，所以 $f'(0.8)\approx -1.4$。

活动 4: 小组合作利用网格估计 $t=0.2, 0.4, 0.6$ min 时,血管中药物浓度的瞬时变化率。

下表给出了药物浓度的瞬时变化率的估计值:

t	0.2	0.4	0.6	0.8
药物浓度瞬时变化率 $f'(t)$	0.4	0	-0.7	-1.4

【设计意图】要求学生动脑(审题)、动手(画切线)、动口(说出如何估计切线斜率),进一步体会利用导数的几何意义解释实际问题,渗透"数形结合""以直代曲"的思想方法。

导函数: $y=f(x)$ 的导函数 $f'(x)=y'=\lim\limits_{\Delta x \to 0}\dfrac{f(x+\Delta x)-f(x)}{\Delta x}$。

(四) 归纳总结

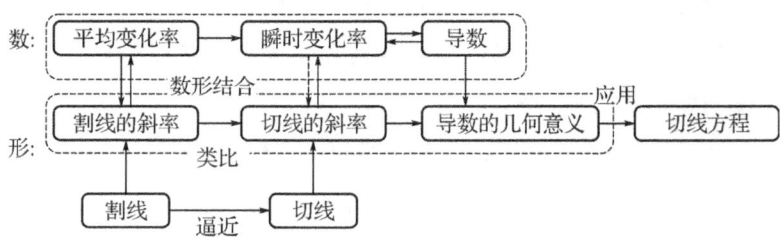

【设计意图】让学生自主厘清思路,进一步实现自我评价。师生用"一图二义三思想"进行总结,朗朗上口,方便记忆。

(五) 目标检测

1. 已知函数 $f(x)$ 的图象如图所示,$f'(x)$ 是 $f(x)$ 的导函数,则下列结论正确的是 (   )

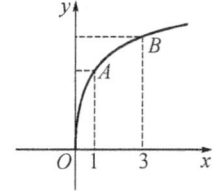

A. $0<f'(1)<f'(3)<\dfrac{f(3)-f(1)}{2}$

B. $0<f'(3)<\dfrac{f(3)-f(1)}{2}<f'(1)$

C. $0<f'(3)<f'(1)<\dfrac{f(3)-f(1)}{2}$

D. $0<\dfrac{f(3)-f(1)}{2}<f'(1)<f'(3)$

2. 如图,函数 $y=f(x)$ 的图象在点 P 处的切线方程是 $y=-x+8$,则 $\lim\limits_{\Delta x \to 0}\dfrac{f(5+\Delta x)-f(5)}{\Delta x}=$ ( )

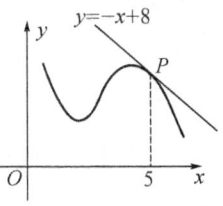

A. 1 B. 3
C. -3 D. -1

3. 下面对函数 $f(x)=\log_{\frac{1}{2}} x, g(x)=\left(\dfrac{1}{2}\right)^x$ 和 $h(x)=x^{\frac{1}{2}}$ 在区间 $(0,+\infty)$ 上的说法正确的是 ( )

A. $f(x)$ 的递减速度越来越慢,$g(x)$ 的递减速度越来越快,$h(x)$ 的递减速度越来越慢

B. $f(x)$ 的递减速度越来越快,$g(x)$ 的递减速度越来越慢,$h(x)$ 的递减速度越来越快

C. $f(x)$ 的递减速度越来越慢,$g(x)$ 的递减速度越来越慢,$h(x)$ 的递增速度越来越慢

D. $f(x)$ 的递减速度越来越快,$g(x)$ 的递减速度越来越快,$h(x)$ 的递减速度越来越快

(六) 分层作业

A 组

1. (1) 求函数 $y=x^2$ 在 $x_0=2$ 处的导数,并画出曲线 $y=x^2$ 在点 $P(2,4)$ 处的切线;

(2) 求函数 $y=-2x+1$ 在 $x_0=-1$ 处的导数,并画出直线 $y=-2x+1$ 在点 $P(-1,3)$ 处的切线。

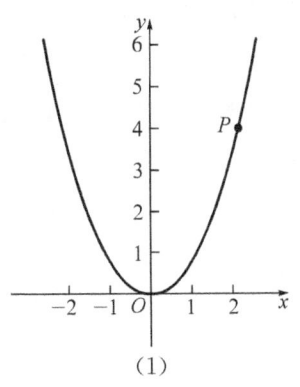

(1)

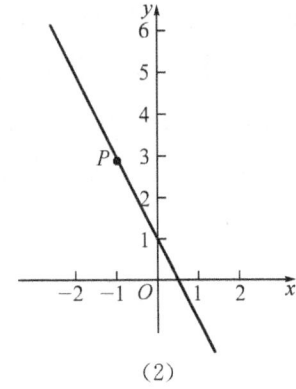

(2)

2. 理解探究导数的几何意义的过程。

B 组

1. 课本第 8 页练习,第 11 页 B 组第二题;

2. 阅读·理解:收集有关微积分创立的时代背景和牛顿、莱布尼茨的资料。

七、板书设计

| 5.1.2 导数的几何意义
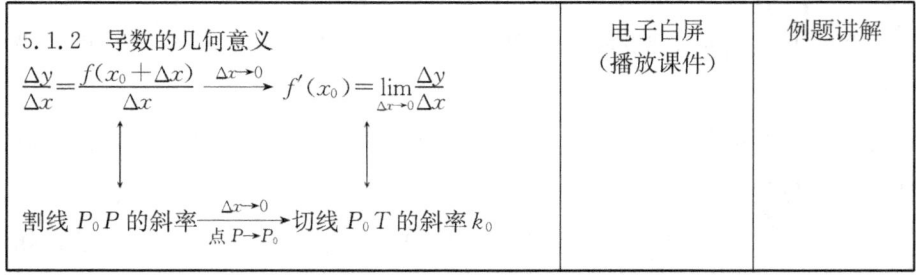 | 电子白屏
(播放课件) | 例题讲解 |

八、课后反思

1. 运用信息技术让学生直观感知无限逼近过程,直观定义切线,使学生理解切线定义的直观本质,重视对概念的深度剖析,从而使学生对核心概念——切线定义的理解能一步到位。

2. 注重让学生意识到数与形的结合,获得导数的几何意义,动态演示增强几何意义视觉化的效果,利用动画演示并结合导数定义和切线定义搭建数与形的联系。

3. 例题及其活动目的是使学生体会"以直代曲"的思想在解决问题中的作用,加深学生对导数几何意义的理解、掌握和应用,同时注意将导数多方面的意义联系起来,有效突破难点。课堂中学生数学语言的表达及数形结合的水平、读图的水平还需提高,希望在以后的教学中不断更新自己的教学理念、提高教学水平,让学生有效地"动"起来。

2. 统计小结与复习(第1课时)

安徽省六安市第一中学东校区　刘清尧

一、使用教材

人民教育出版社 A 版高中数学必修第二册(2019 年版)。

二、内容和内容解析

1. 内容

复习随机抽样、总体取值规律的估计。

2. 内容解析

本节内容主要帮助学生构建知识体系,形成利用统计知识解决问题的基本思路。

根据以上分析,确定本节课的教学重点:

(1) 对本章知识进行梳理,构建本章知识网络;

(2) 通过例题,体会如何根据实际问题的需要选择合适的抽样方法,如何用样本的频率分布估计总体的取值规律。

三、目标和目标解析

1. 目标

依据课程标准,基于上述分析,确定本节课的教学目标如下:

(1) 构建本章知识网络,体会研究统计问题的基本思路;

(2) 结合实例,会选择合适的抽样方法获取样本;

(3) 结合实例,学会列频率分布表,画频率分布直方图,发展数据分析核心素养。

2. 目标解析

达成上述目标的标志是:

(1) 能叙述本章所学的知识,解释利用统计研究问题的思路;

（2）能结合已掌握的总体信息，合理使用简单随机抽样或分层随机抽样获取样本；

（3）会使用信息技术画出居民用户月均用水量数据的频率分布表和频率分布直方图，并体会用样本估计总体的思想。

四、教学问题诊断分析

学生已学完统计全章知识，但尚未构建知识网络。另外，学生对分层抽样中样本平均数与总体平均数的关系还比较模糊，对实际问题如何根据需要选择合适的统计图描述数据也不是太清楚。

根据以上分析，确定本节课的教学难点：

（1）了解分层随机抽样中样本平均数与总体平均数的关系；

（2）让学生体会如何根据不同的实际问题选择不同的统计图来对数据进行可视化描述。

为克服以上难点，根据本节课的内容特点，在课堂教学中，以问题链为抓手推进教学活动，结合具体实例，由问题驱动统计概念和方法的学习，利用学生熟悉的生活实例引入，引导学生探究和思考。

五、教学支持条件分析

在教学中，应充分重视信息技术与数学课程的融合，发挥信息技术快速计算、作图分析的强大功能，通过信息技术帮助学生理解有关知识。另外，还需要 PPT 演示引导教学。

六、教学过程设计

为了达成以上教学目标，在具体教学中，把这节课分为以下 4 个阶段：知识梳理、应用示例、课堂小结、布置作业。

1. 知识梳理

问题 1：为什么要学习统计？

师生活动：学生讨论回答。

设计意图：通过讨论，明确在现实生活中，经常会接触到各种统计数据，要正确阅读并理解这些数据，需要具备一些统计学的知识。

问题 2:何谓"统计学"?

师生活动:学生讨论回答。

设计意图:通过讨论,明确统计学是通过收集数据和分析数据来认识未知现象的一门科学。

问题 3:"统计学"解决问题的基本思路如何?

师生活动:学生讨论回答。

设计意图:通过讨论,明确面对一个统计问题,首先根据实际需求,采用适当的方法获取数据,并选择适当的统计图表对数据进行整理和描述,在此基础上用各种统计方法对数据进行分析,从样本数据中提取需要的信息,推断总体的情况,进而解决相应的问题。

本章知识结构框图

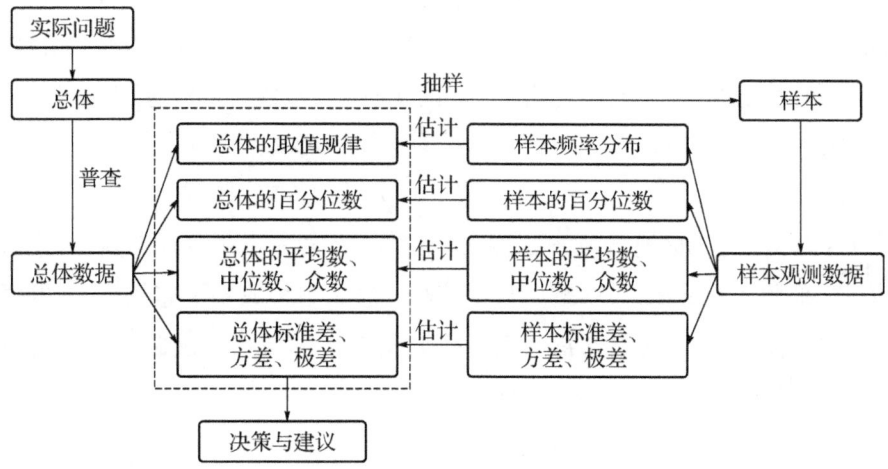

知识点 1:获取数据的途径

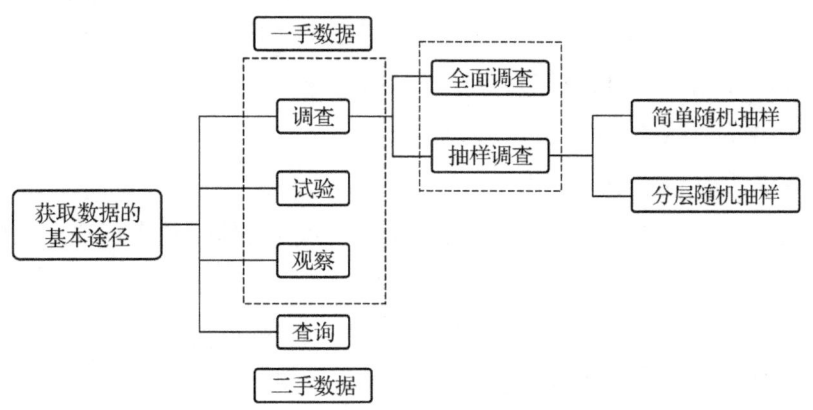

知识点 2：简单随机抽样和分层随机抽样的适用范围

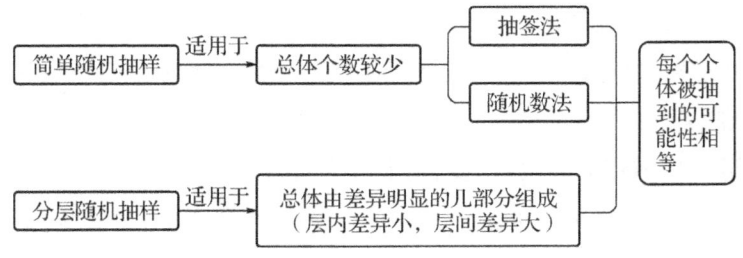

师生活动：学生回忆，尝试回答，老师补充。

设计意图：通过思维导图，带领学生复习本章知识，构建知识体系。

2. 应用示例

例 1 ① 某小区有 800 户家庭，其中高收入家庭 200 户，中等收入家庭 480 户，低收入家庭 120 户，为了了解有关家用轿车购买力的某个指标，要从中抽取一个容量为 100 的样本；② 从 10 名学生中选取 3 人参加座谈会。方法：(1) 简单随机抽样；(2) 分层随机抽样。则问题与方法配对正确的是（　　）

A. ①（1），②（2）　　　　　B. ①（2），②（1）

C. ①（1），②（1）　　　　　D. ①（2），②（2）

练习 1 某小区有 800 户家庭，其中高收入家庭 200 户，中等收入家庭 480 户，低收入家庭 120 户，现要从中等收入家庭中抽取一个容量为 80 的样本，用来调查中等收入家庭每月用在子女教育上的费用。试确定用何种方法抽取样本，并叙述具体操作步骤。

解析 简单随机抽样。步骤如下：

(1) 把 480 户家庭按 1～480 进行编号；

(2) 用随机数工具产生 1～480 范围内的整数随机数；

(3) 把产生的随机数作为编号，使与编号对应的家庭进入样本。重复上述过程，直到抽足样本所需要的人数。

师生活动：学生讨论回答。

设计意图：通过讨论，明确如何根据已掌握的总体信息合理选择抽样方法获取样本。

例 2 一个单位有职工 800 人，其中具有高级职称的 160 人，具有中级职称的 320 人，具有初级职称的 200 人，其余人员 120 人。为了解职工收入

情况,决定采用分层随机抽样的方法,从中抽取一个容量为 40 的样本。则从上述各层中依次抽取的人数分别是 (　　)

A. 12,24,15,9　　B. 9,12,12,7　　C. 8,15,12,5　　D. 8,16,10,6

练习 2　高二年级有男生 600 人,女生 400 人,李华按男、女生进行分层,通过分层随机抽样的方法,得到男生、女生的平均体重分别为 65.2 kg 和 48.7 kg。

(1) 如果李华在各层中按比例分配样本,总样本量为 100。在这种情况下,请估计高二年级全体学生的平均体重。

(2) 如果李华从男、女生中抽取的样本量分别为 70 和 30,那么在这种情况下,如何估计高二年级全体学生的平均体重更合理?

师生活动:学生讨论回答。

设计意图:通过讨论,了解分层随机抽样如何用样本平均数估计总体平均数。

例 3　下表给出了某校 500 名 12 岁男孩中通过随机抽样得到的 120 人的身高资料(单位:cm):

身高	[122,126)	[126,130)	[130,134)	[134,138)	[138,142)
人数	5	8	10	22	33
身高	[142,146)	[146,150)	[150,154)	[154,158]	
人数	20	11	6	5	

(1) 列出样本的频率分布表(频率保留两位小数);

(2) 画出频率分布直方图;

(3) 估计身高低于 134 cm 的人数占总人数的百分比。

练习 3　如图是某学校抽取的学生体重的频率分布直方图,已知图中从左到右的前 3 个小组的频率之比为 1∶2∶3,第 2 小组的频数为 10,则抽取的学生人数为 (　　)

A. 20　　B. 30
C. 40　　D. 50

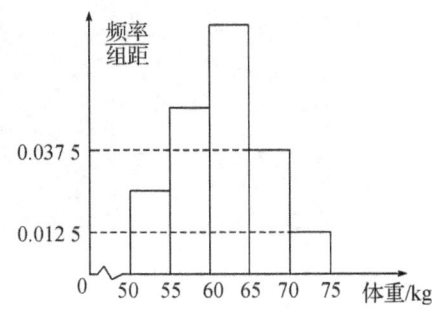

师生活动:学生讨论,运用信息技术实际操作画频率分布直方图。

设计意图:通过讨论、实际操作,掌握用信息技术画频率分布直方图的方法,加强信息技术与统计的融合,并体会样本估计总体的思想。

3. 课堂小结

问题4:通过这节课的学习,同学们有哪些收获?

经历第九章统计的学习,在面对一个统计问题时,首先要根据实际需求,采用适当的方法获取数据,并选择适当的统计图表对数据进行整理和描述;其次运用各种统计方法对数据进行分析,从样本数据中提取需要的信息,推断总体的情况,进而解决相应的实际问题.

设计意图:学生尝试进行总结,培养学生反思与总结的习惯,提升学生的数学交流和表达的能力。

4. 布置作业

(1)必做题:教材第222页　复习参考题9　第1,4,5,6,8(1)题

(2)选做题:教材第223页　复习参考题9　第11题

设计意图:必做题主要考查学生对本节课基本知识的掌握情况,提高学生运用所学知识解决问题的能力;选做题的设置是为了让学生体验数学在生活中的应用,提高学生的数学分析能力,培养他们的数据分析素养。

七、板书设计

八、教学反思

成功点：

（1）完整地构建了本章知识网络，并回顾了用统计知识解决实际问题的基本思路。

（2）通过针对性很强的例题，复习知识点，抓住知识的本质特征。

不足点：

分层随机抽样中，用样本的平均数估计总体的平均数，教师引导也不够恰当，导致学生理解不到位。

3. 基本不等式

广东省东莞市第六高级中学　李　敏　南京信息工程大学　俞宏毓

一、使用教材

人民教育出版社 A 版 2019 版高中数学必修第一册(2019 年版)。

二、授课类型

新授课

三、设计理念

本节课依据《普通高中数学课程标准(2017 版 2020 年修订)》的理念，立足新教材，探索教学策略。"基本不等式"是人民教育出版社 A 版高中数学必修第一册第二章的内容，是新教材变化较大的内容之一，也是代数式教学的良好素材。通过创设情境发现、探索"基本不等式"，有利于发展学生的数学建模素养，使学生学会用数学的语言表达世界；通过"基本不等式"的多角度证明，培养学生的逻辑推理素养；通过"基本不等式"的应用，发展学生分析问题和解决问题的能力。在教学过程中，注重启发式、探究式和互动式教学，倡导独立思考、自主学习、合作交流等多种学习方式，激发学生数学学习的兴趣,养成良好的学习习惯,促进学生创新意识和实践能力的发展。同时本节课利用几何画板制作动画,加深学生对基本不等式的理解,落实了"重视信息技术运用,实现信息技术与数学课程的深度融合"的新课程理念。

四、教材分析

第二章《一元二次函数、方程和不等式》是高中数学的预备知识。学生通过对相等关系与不等关系、从函数的观点看一元二次方程和一元二次不等式等内容的学习,体会数学知识的整体性和联系性,为高中数学课程做好学习心理、学习方式、知识技能等方面的准备,帮助学生完成初高中数学学习的过渡。为进一步学习函数等内容做好铺垫。

本节课"基本不等式"位于第二章第二节的第一课时,主要内容包括探究基本不等式的发现过程,分析基本不等式的代数、几何解释以及基本不等式的证明,初步掌握运用基本不等式解决最大(小)值问题。学生已经认识了不等关系和不等式的意义与价值,研究了不等式的性质和重要不等式,这为进一步探究基本不等式的发现过程、证明方法等打下了基础,同时本节课为进一步学习基本不等式的应用起到了铺垫作用。这一设计突出了"基本不等式"的本质属性,同时提升了"基本不等式"在高中数学学习中的基础性和工具性。

五、学情分析

学生处于高一阶段,已经学习了相等关系和不等关系,不等式的性质和重要不等式,已经具备了证明不等式性质的初步经验,能够根据两个实数大小关系的基本事实,利用作差比较法证明简单的不等式,但是对于基本不等式的几何解释理解起来较为抽象,因此在学习过程中应该重点引导学生理解基本不等式的几何解释和应用。

六、教学目标

1. 通过具体情境发现、探索基本不等式,掌握基本不等式的不同证明方法,理解基本不等式的几何背景,发展数学建模和逻辑推理素养;

2. 学会用"基本不等式"解决问题,明确基本不等式的使用条件和注意

事项,提高分析问题和解决问题的能力;

3. 经历基本不等式的代数证明和几何解释的探究过程,培养数形结合思想、转化与化归思想;

4. 通过基本不等式的学习,激发探究精神,培养严肃认真的科学态度。

七、教学重难点

1. 教学重点:基本不等式的代数证明和几何解释;基本不等式的应用。

2. 教学难点:利用几何图形验证基本不等式和基本不等式最值含义的解释。

八、教法与学法分析

1. 教法分析

本节课采用引导探究教学模式,通过问题情境—提出猜想—共同验证—总结概括—扩展练习的主线引导学生掌握基本不等式的证明和应用。通过情境导入法引导学生提出猜想,让学生意识到基本不等式引出的必要性;通过启发探究法引导学生多角度证明基本不等式;利用信息技术(几何画板)加深学生对基本不等式几何背景的理解;利用变式例题引导学生探究基本不等式的应用条件。整堂课采用多媒体辅助教学法、情境导入法、启发式探究法。

2. 学法分析

学生采取小组合作探究的学习模式。在课堂教学中鼓励学生独立思考、敢于质疑,通过小组合作、交流分享,突破难点,提升学生的合作探究意识,提高发现问题、提出问题、分析问题和解决问题的能力;在课堂教学中始终以学生为核心,教师组织,适时引导,有效地提升学生的课堂参与度,使学生经历完整的知识形成过程。

九、教学过程

(一)创设情境,提出猜想

师:请同学们思考这样一个问题:从前有一个人,聪明却很喜欢贪小便宜。一天,他去店里买金饰品,趁店家不备,偷偷地将称重的天平偏离了原来的位置,将金饰品放入了力臂较长的那一边的托盘,称重得 a g,准备付钱。此时,一小伙计看到了刚才的一幕,他并未戳穿,只是将金饰品放到另一侧的托盘里,再次称重得 b g。小伙计说:"客人,我们的天平出了问题,两次称重不同,那您就按平均数 $\dfrac{a+b}{2}$ g 付钱吧!"请问店家和客人谁占了便宜,谁吃亏?

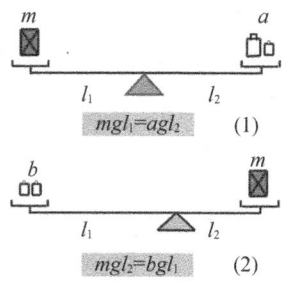

(1)
(2)

师:要想知道到底谁占了便宜,谁吃亏了,我们可以计算金饰品到底有多重?通过比较金饰品的真实质量和平均重量 $\dfrac{a+b}{2}$ 的大小,就可以解决这个问题了。那金饰品的真实质量应该如何计算呢?

生:可以利用杠杆原理,设天平左右臂长分别为 l_1 和 l_2,利用动力×动力臂=阻力×阻力臂。第一次称重得到方程:$mgl_1=agl_2$;第二次称量得到方程:$mgl_2=bgl_1$。通过联立方程组(1)(2),就可以解出 $m=\sqrt{ab}$。

师:我们只要比较出 $\sqrt{ab}$ 与 $\dfrac{a+b}{2}$ 谁大谁小就可以知道谁占便宜,谁吃亏了。$\sqrt{ab}$ 与 $\dfrac{a+b}{2}$ 具有什么关系呢?

生:$\sqrt{ab} \leqslant \dfrac{a+b}{2}$。

师:能否利用重要不等式进行解释?

生:因为重要不等式 $a^2+b^2 \geqslant 2ab$,用 $\sqrt{a}$ 替换 a,$\sqrt{b}$ 替换 b,得到 $\sqrt{ab} \leqslant \dfrac{a+b}{2}$。

师:通过探究我们得到 $\sqrt{ab} \leqslant \dfrac{a+b}{2}(a>0,b>0)$。说明店家占便宜了,

客人反而吃亏了。通过这个小故事,你发现了什么?

生:我们做人要讲诚信,不能贪小便宜,可能聪明反被聪明误了。

生:学不好数学容易吃亏,所以我们要好好学习数学。

师:通过替换法,我们得到了$\sqrt{ab}\leqslant\dfrac{a+b}{2}(a>0,b>0)$,当且仅当$a=b$时,等号成立。这就是我们今天学习的新内容——基本不等式(教师板书课题)。

【设计意图】从生活故事引出问题情境,激发学生学习数学的兴趣,引起学生研究问题的动机。通过问题求解的过程,让学生意识到基本不等式引出的必要性,培养学生的数学建模素养。同时通过小故事,将数学文化融入数学教学,启发学生数学学习的重要性。

(二)探求新知,多元证明

师:我们规定$\sqrt{ab}$为几何平均数,$\dfrac{a+b}{2}$为算术平均数。基本不等式成立的前提条件是$a>0,b>0$,并且和重要不等式一样,我们需要验证等号成立的条件:当且仅当$a=b$时,等号成立。

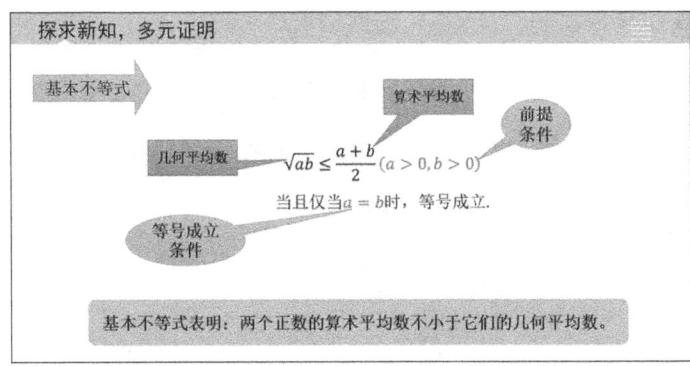

师:基本不等式表明两个正数的算术平均数不小于它们的几何平均数。那么n个正数也满足这样的关系吗?

生:满足,n个正数的算术平均数也大于等于它们的几何平均数。

师:你能对基本不等式进行证明吗?

学生独立完成作差法的证明。

生:(学生板书作差法的证明过程)通过作差法,得到$\sqrt{ab}-\dfrac{a+b}{2}$,作差后通过判断差的正负,才能比较谁大谁小。通分得到 $\dfrac{2\sqrt{ab}-a-b}{2}$,利用完全平方差公式得到 $-\dfrac{(\sqrt{a}-\sqrt{b})^2}{2}\leqslant 0$。并且我们要验证等号成立的条件:当且仅当 $a=b$ 时,等号成立。

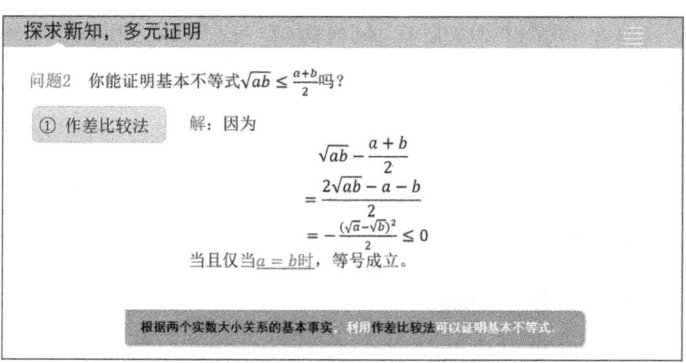

师:要证明基本不等式 $\sqrt{ab}\leqslant\dfrac{a+b}{2}$,实际上就是比较两个代数式的大小,我们可以利用作差法。如果两个代数式是幂或者乘积的形式,我们还可以利用作商法进行证明。

师:基本不等式 $\sqrt{ab}\leqslant\dfrac{a+b}{2}$ 还有其他证明方法吗?

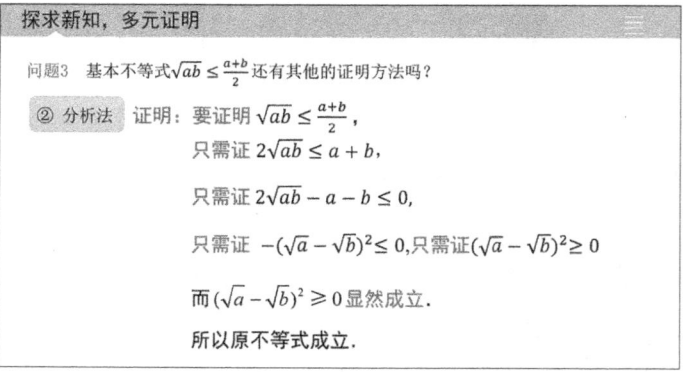

师:能不能从我们要证明的结论出发,一步步寻找结论成立的条件?(教师板书证明过程)

师:上节课我们利用赵爽弦图,通过比较正方形 $ABCD$ 的面积和 4 个直角三角形的面积和的大小关系,对重要不等式进行了几何解释。能否对基

本不等式进行几何解释呢?(小组同学讨论)

小组1:可以将基本不等式放在圆中解释,由直径长为 $a+b$,故 $OD=\dfrac{a+b}{2}$,所以我们得到了半径长为 $\dfrac{a+b}{2}$。

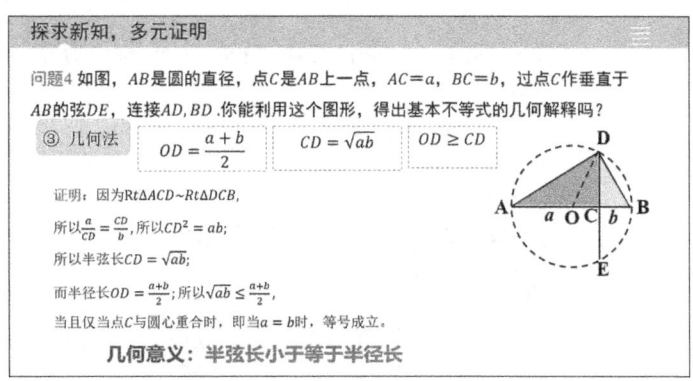

师:图中哪条线段为 $\sqrt{ab}$?(教师要求小组同学继续讨论)

师:非常棒!那还有其他证明方法吗?

师:同学们都非常棒!我们还可以利用几何画板进行验证。(教师展示几何画板的动画过程)

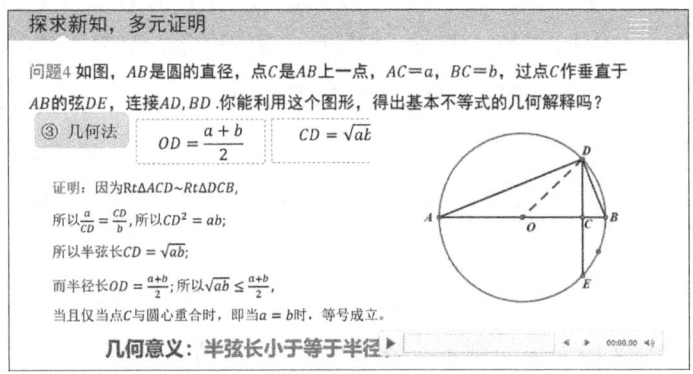

师:通过作差法、分析法我们对基本不等式进行了代数证明,我们还利用圆对基本不等式进行了几何解释。那还有其他的证明方法吗?

小组2:根据直径 AB 所对的圆周角为 $90°$,所以 $\triangle ABD$ 为直角三角形。根据直角三角形满足射影定理,得到 $CD^2=AC\cdot BC$,所以 $CD=\sqrt{ab}$。直角三角形中直角边小于等于斜边,所以满足 $\sqrt{ab}\leqslant\dfrac{a+b}{2}$。当且仅当点 C 与

O 点重合时,等号成立。

小组 3:可以利用相似三角形证明基本不等式。因为 Rt△ACD∽Rt△DCB,所以 $\frac{a}{CD}=\frac{CD}{b}$,所以 $CD^2=ab$;所以半弦长 $CD=\sqrt{ab}$;而半径长 $OD=\frac{a+b}{2}$;所以 $\sqrt{ab}\leqslant\frac{a+b}{2}$,当且仅当点 C 与圆心 O 重合时,即当 $a=b$ 时,等号成立。

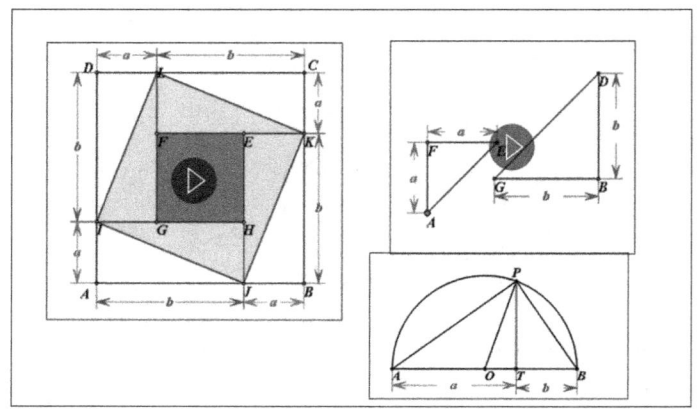

师:从古至今,数学家们从不同的角度对基本不等式进行了几十种的证明,充分体现了"横看成岭侧成峰,远近高低各不同"的解题哲学,也让我们体会到"解题岂一法,寻思求百通"的意境。关于基本不等式的证明也从未停止和穷尽,感兴趣的同学下课可以尝试着证明。

【设计意图】通过引导学生对基本不等式进行多元证明,让学生体会"解题岂一法,寻思求百通"的意境。首先,利用学生熟悉的作差法,加深学生对"根据实数大小关系的基本事实,可以证明基本不等式"的理解;其次,通过引导学生利用分析法证明基本不等式,培养学生的逻辑推理能力;再次,引导学生类比重要不等式的学习,尝试利用几何图形对基本不等式进行几何解释,通过小组探究的形式,加强学生对基本不等式的理解,培养学生的几何直观和数学运算、数学建模的核心素养,同时培养学生的合作探究能力。最后,向学生抛出问题:基本不等式还有其他证明方法吗?激发学生的探究和求真欲望。

(三) 应用举例,巩固提升

师:通过刚才的学习,我们利用替换法得到了基本不等式,利用作差法、分析法证明了基本不等式,还解释了基本不等式的几何背景。现在老师想

检验一下同学们的掌握情况。（出示例题）

例1 已知 $x>0$，求 $x+\dfrac{1}{x}$ 的最小值。

解：由基本不等式得：$x+\dfrac{1}{x} \geq 2\sqrt{x \cdot \dfrac{1}{x}}=2$，

当且仅当 $x=\dfrac{1}{x}$，即 $x=1$ 时，原式最小值为 2。

师：利用基本不等式我们可以解决最小值问题，在解题过程中，你发现了什么？（归纳利用基本不等式的条件：一正；二定；三相等）

生：我发现利用基本不等式要满足一些条件。首先，要保证所给的条件满足 $a>0,b>0$；其次 $x \cdot \dfrac{1}{x}$ 的积为定值；最后要验证等号成立。

师：看来同学们掌握得不错，那下面不妨做做这两道变式题！（出示变式题，进一步巩固基本不等式的应用）

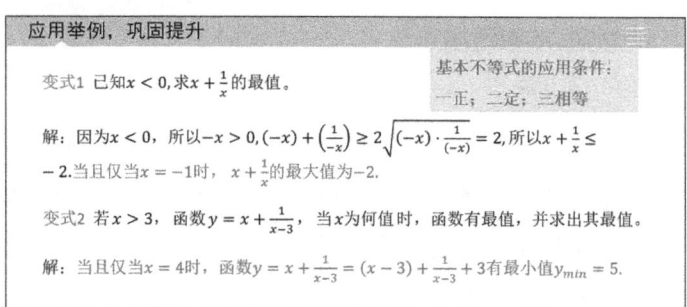

学生独立完成变式 1 和 2。

师：同学们非常棒！下面我们进一步探究基本不等式的应用（学生在草稿纸上完成）。

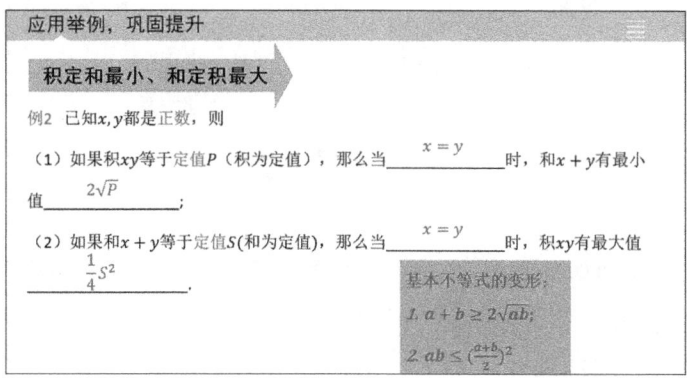

生:因为$x<0$,所以$-x>0$,利用基本不等式得到最大值为-2。

生:因为$x>3$,所以$x-3>0$,可以把$x-3$当成一个整体,利用基本不等式得到最小值为5。

学生完成例2。在教师的引导下得到基本不等式应用的两种模型:积定和最小,和定积最大和基本不等式的变形。

师:通过同学们的探究,我们得到了基本不等式的两个变形,这两个变形告诉我们积为定值时,和有最小值;和为定值时,积有最大值。(归纳出"积定和最小,和定积最大")

【设计意图】例1的设置是用"基本不等式"求解代数式的最小值,有助于学生理解应用"基本不等式"解决问题时"一正;二定;三相等"的特点。变式1和2加深学生对基本不等式的应用。例2是用基本不等式证明两类"最值问题",为下节课"基本不等式的应用"埋下伏笔。

(四) 归纳总结,反思提高

师:通过本节课的学习,你有什么收获?

生:我学习了通过重要不等式,利用替换法得到了基本不等式,并且利用作差法、分析法证明了基本不等式,并对基本不等式进行了几何解释。

生:我学会了利用基本不等式求最值的条件:一正,二定,三相等。还学会了求最值问题的两个数学模型:积定和最小,和定积最大。

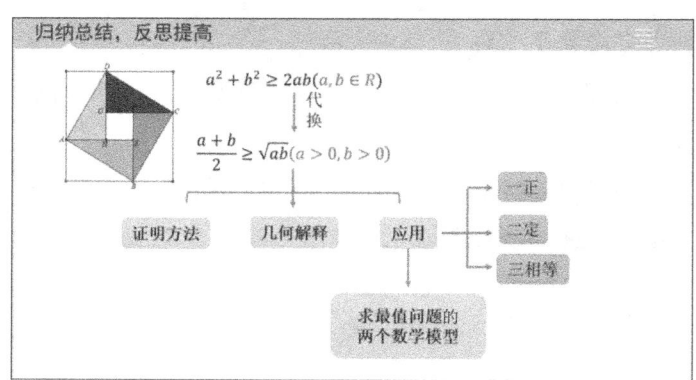

师:通过本节课的学习,相信同学们都收获满满。客人买金饰品的故事也告诉我们要好好学习数学才不会遭受损失。学习数学的道路永无止境,需要同学们的不断探索和求知。

【设计意图】通过反思总结,让学生加深对本节课知识的理解。

(五)布置作业,课后提升

师:下面看到本节课的作业(出示作业)。

基本作业:课本P_{48}习题第3、第4题。

拓展作业:

(1) 已知 x,y 都是正数,且 $x \neq y$,求证:

① $\dfrac{y}{x}+\dfrac{x}{y}>2$;② $\dfrac{2xy}{x+y}<\sqrt{xy}$.

(2) 已知 $0<x<1$,求 $x(1-x)$ 的最大值及相应的 x 值。

(3) 某工厂要建造一个长方体形无盖贮水池,其容积为 4 800 m³,深为 3 m。如果池底每平方米的造价为 150 元,池壁每平方米的造价为 120 元,那么怎样设计水池能使总造价最低?最低总造价是多少?

(4) 请同学们课外到阅览室或网上查找基本不等式的其他证明和几何解释,整理并相互交流。

【设计意图】将作业分为基本作业和拓展作业,使每位学生都能获得及时反馈,不同的学生在数学上得到不同的发展。

十、板书设计

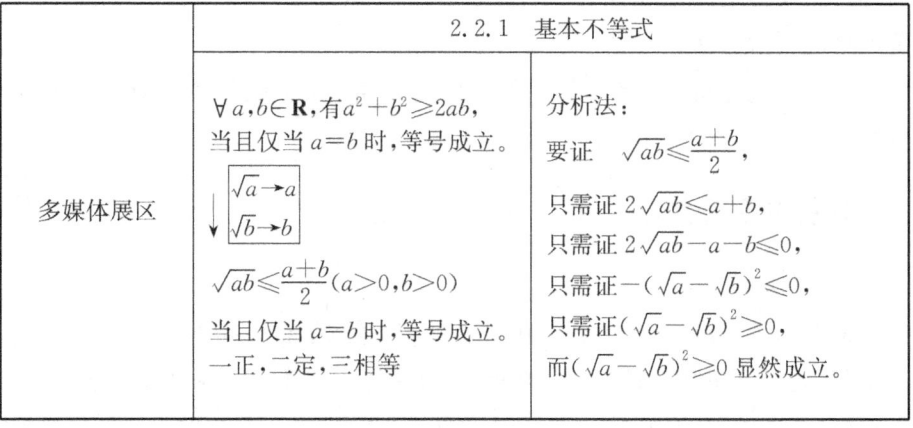

4. 向量的运算

安徽省合肥市第一中学　方锦峰　江苏省启东中学　程一帆

一、使用教材

人民教育出版社 A 版高中数学必修第二册(2019 年版)。

二、内容和内容解析

1. 内容

"向量的运算"习题课

2. 内容解析

向量的运算分为线性运算和数量积运算两类,利用向量的数量积的性质可以计算夹角问题、模长问题以及判断是否垂直问题,而怎样去求数量积则显得尤为重要。教材设置上将平面向量基本定理安排在向量的运算之后,而目前数量积的计算更多的是从几何位置的角度入手,综合利用向量的运算知识一起来解决数量积的问题。本节课的学习就是从教材课后的习题与练习出发来引出探究计算数量积的常用方法,进而归纳出具有代表性与普遍性的一般方法。

根据以上分析,确定本节课的教学重点为:向量数量积的计算常用的方法。

三、目标和目标解析

1. 目标

依据课程标准,基于上述分析,确定本节课教学目标如下:

(1)通过解决如何计算数量积问题,培养学生的数学运算核心素养。

(2)借助向量的加、减法的几何意义,利用图形的特点从几何上研究数量积的计算,培养学生直观想象的核心素养。

2. 目标解析

达成上述目标的标志是:

（1）能结合所给条件，熟练选择合适的方法来进行数量积的计算。

（2）能结合所给条件，有意识地利用向量的加减法来转化成共起点的向量之间的数量积运算，为后面建立基底思想做准备。

四、教学问题诊断分析

学生已学完向量的线性运算和数量积，但尚未能熟练整合两者之间的联系。另外，学生对投影法和极化恒等式的原理掌握得还不够，需要在具体数量积计算中选择合适的方法来达到强化和巩固的目的，根据以上分析，确定本节课的教学难点为：向量的综合运算。

为克服以上难点，根据本节课的内容特点，在课堂教学中，从书后习题和练习出发推进教学活动，结合典型例题，引导学生探究和提炼出求数量积的一般方法。

五、教学支持条件分析

教学中，应充分重视信息技术与数学课程的融合，通过PPT演示引导教学。

六、教学过程设计

（一）知识框图 复习引入

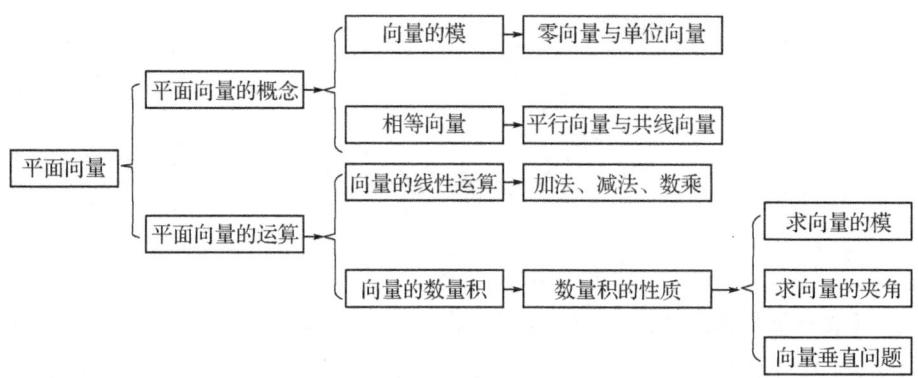

师：学习了向量的运算后我们发现利用数量积的性质可以解决向量的模长、夹角的计算以及垂直问题的判断等，这都体现了向量的数量积的重要性，那么到目前为止求数量积有哪些方法呢？

生:根据向量的模长、夹角利用定义可以进行计算。

师:除了定义还有没有别的方法呢?特别是向量的运算这一单元学完了,能否将向量的运算综合到一起去解决数量积的问题呢?老师发现书上的习题与练习里面也给我们提供了一些思路。

(二)创设情境,回归教材

1. 教材第 24 页

如图,在⊙C 中,是不是只需要知道⊙C 的半径或弦 AB 的长度,就可以求出 $\overrightarrow{AB}\cdot\overrightarrow{AC}$ 的值?

利用数量积定义及垂径定理可得 $\overrightarrow{AB}\cdot\overrightarrow{AC}=\frac{1}{2}|\overrightarrow{AB}|^2$

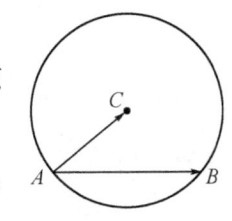

(投影法)

2. 教材第 22 页练习 3

求证:$(a+b)^2-(a-b)^2=4a\cdot b$。

利用数量积的运算律易证上式,其几何意义即

对于平行四边形 $ABCD$ 有 $\overrightarrow{AB}\cdot\overrightarrow{AD}=\overrightarrow{AO}^2-\overrightarrow{OD}^2$

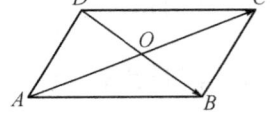

(极化恒等式:三角形两边对应数量积的计算只与中线长及第三边的长有关,与这两边及其夹角无关)

【设计意图】通过回归课后习题与练习,立足基础体现了"重教材"的原则,同时也提炼出了一般方法。

(三)例题精讲,知识应用

例 1 已知点 O 是 $\triangle ABC$ 的外心,$AB=8,AC=6$,则 $\overrightarrow{AO}\cdot\overrightarrow{BC}=$ _____.

$\overrightarrow{AO}\cdot\overrightarrow{BC}=\overrightarrow{AO}\cdot(\overrightarrow{AC}-\overrightarrow{AB})=\overrightarrow{AO}\cdot\overrightarrow{AC}-\overrightarrow{AO}\cdot\overrightarrow{AB}$

$=\frac{1}{2}|\overrightarrow{AC}|^2-\frac{1}{2}|\overrightarrow{AB}|^2=\frac{1}{2}(6^2-8^2)=-14$

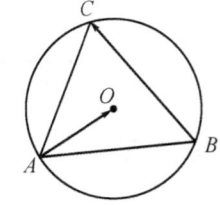

【设计意图】逆用了向量的减法运算转化为投影法的使用。

例 2 已知向量 $\overrightarrow{AB},\overrightarrow{AC}$ 的夹角是 $120°$,且 $|\overrightarrow{AB}|=2,|\overrightarrow{AC}|=3$,若 $\overrightarrow{AP}=\lambda\overrightarrow{AB}+\overrightarrow{AC}$,且 $\overrightarrow{AP}\perp\overrightarrow{BC}$,则实数 λ 的值是_____。

分析:向量垂直可用数量积为 0 来刻画,进而转化为 $(\lambda\overrightarrow{AB}+\overrightarrow{AC})\cdot\overrightarrow{BC}=0$,结合条件只有 $\overrightarrow{AB},\overrightarrow{AC}$ 的夹角与模长,所以还需将 $\overrightarrow{BC}$ 转化成与 $\overrightarrow{AB},\overrightarrow{AC}$

有关,如何转化?

(逆用向量的减法,将向量化为都以 A 为起点)

解:设 $\overrightarrow{AB}=\boldsymbol{p},\overrightarrow{AC}=\boldsymbol{q}$,则 $\overrightarrow{BC}=\overrightarrow{AC}-\overrightarrow{AB}=\boldsymbol{q}-\boldsymbol{p}$。

$\because \overrightarrow{AP} \perp \overrightarrow{BC}, \therefore \overrightarrow{AP} \cdot \overrightarrow{BC}=0 \Rightarrow (\lambda \boldsymbol{p}+\boldsymbol{q}) \cdot (\boldsymbol{q}-\boldsymbol{p})=0$,

即 $-\lambda \boldsymbol{p}^2+\boldsymbol{q}^2+(\lambda-1)\boldsymbol{p} \cdot \boldsymbol{q}=0$。 ①

$\because \boldsymbol{p}^2=4, \boldsymbol{q}^2=9, \boldsymbol{p} \cdot \boldsymbol{q}=|\boldsymbol{p}| \cdot |\boldsymbol{q}| \cos 120°=-3$,

$\therefore$ ① 式变为:$-4\lambda+9-3(\lambda-1)=0$,解得 $\lambda=\dfrac{12}{7}$。

【设计意图】通过本题的训练再次加深对向量的数量积计算要尽可能安排到同一起点,如何转化?(逆用向量减法法则,感受向量的综合运算)

例 3 在平行四边形 $ABCD$ 中,已知 $AB=8, AD=5$,点 P 在边 CD 上,$\overrightarrow{CP}=3\overrightarrow{PD}$,若 $\overrightarrow{AP} \cdot \overrightarrow{BP}=2$,求 $\overrightarrow{AB} \cdot \overrightarrow{AD}$ 的值。

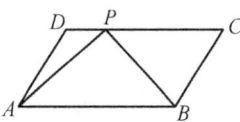

师生活动:

(1)教师提示:已知条件中 $\overrightarrow{AP} \cdot \overrightarrow{BP}=2$ 应该如何使用?平行四边形给我们什么启发?

(2)通过讨论,尽量让同学们得出思路:将向量 $\overrightarrow{AB}$、$\overrightarrow{AD}$ 通过线性运算去表示 $\overrightarrow{AP}$、$\overrightarrow{BP}$,然后代入已知条件进行计算;还可以用小写字母去记向量,从而方便书写。

(3)预设解题思路

设 $\overrightarrow{AB}=\boldsymbol{p},\overrightarrow{AD}=\boldsymbol{q}$,则 $\overrightarrow{AP}=\overrightarrow{AD}+\overrightarrow{DP}=\boldsymbol{q}+\dfrac{1}{4}\boldsymbol{p}$,$\overrightarrow{BP}=\overrightarrow{BC}+\overrightarrow{CP}=\boldsymbol{q}-\dfrac{3}{4}\boldsymbol{p}$,则 $\overrightarrow{AP} \cdot \overrightarrow{BP}=\left(\boldsymbol{q}+\dfrac{1}{4}\boldsymbol{p}\right) \cdot \left(\boldsymbol{q}-\dfrac{3}{4}\boldsymbol{p}\right)=\boldsymbol{q}^2-\dfrac{3}{16}\boldsymbol{p}^2-\dfrac{1}{2}\boldsymbol{p} \cdot \boldsymbol{q}=25-\dfrac{3}{16} \times 64-\dfrac{1}{2}\boldsymbol{p} \cdot \boldsymbol{q}=2$,故 $\boldsymbol{p} \cdot \boldsymbol{q}=22$,即 $\overrightarrow{AB} \cdot \overrightarrow{AD}=22$。

【设计意图】此题综合使用向量的线性运算和数量积运算解决问题,属于综合题。其中用两个不共线向量表示其他向量,体现了化归转化的数学思想,也是为接下来学习平面向量基本定理做一定的准备。另外,要注意在向量运算过程中,各种运算律的使用。

例 4 在 $\triangle ABC$ 中,D 为 BC 的中点,$BC=3AD=3$,则 $\overrightarrow{AB} \cdot \overrightarrow{AC}=$ _____。

分析：结合条件利用极化恒等式。

$\vec{AB} \cdot \vec{AC} = (\vec{AD}+\vec{DB}) \cdot (\vec{AD}+\vec{DC}) = (\vec{AD}+\vec{DB}) \cdot (\vec{AD}-\vec{DB}) = \vec{AD}^2 - \vec{DB}^2 = |\vec{AD}|^2 - |\vec{DB}|^2 = 1 - \dfrac{9}{4} = -\dfrac{5}{4}$。

练习：如图，AB，CD 是半径为 1 的圆 O 的两条直径，$\vec{AE}=3\vec{EO}$，则 $\vec{EC} \cdot \vec{ED}$ 的值是（　　）

A. $-\dfrac{4}{5}$　　　B. $-\dfrac{15}{16}$　　　C. $-\dfrac{1}{4}$　　　D. $-\dfrac{5}{8}$

$\vec{EC} \cdot \vec{ED} = (\vec{EO}+\vec{OC}) \cdot (\vec{EO}+\vec{OD})$
$= (\vec{EO}+\vec{OC}) \cdot (\vec{EO}-\vec{OC}) = \vec{EO}^2 - \vec{OC}^2 = \dfrac{1}{16} - 1 = -\dfrac{15}{16}$

（四）梳理小结，方法提炼

通过本节课的学习，你有哪些收获？

1. 利用投影法借助于垂径定理求数量积。

2. 利用向量的线性运算（如利用向量减法法则）来表示向量后求数量积。

3. 利用极化恒等式（与中线、中点有关）求数量积。

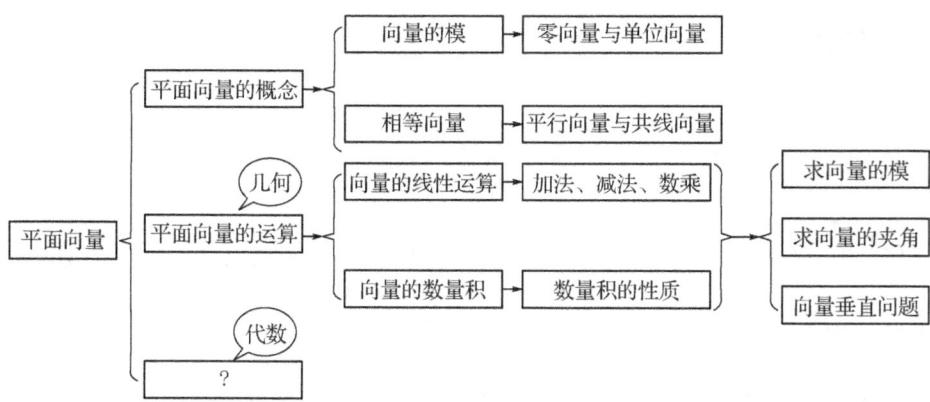

本节课主要是从几何的角度来研究向量的综合运算，那么从代数上能不能去研究向量的运算呢？这将是后面一个单元的内容，我们下节课会讲。

【设计意图】 框图再次呈现，体现了前后呼应，同时渗透了大单元教学的结构，为下节课的研究埋下伏笔。

(五) 布置作业，强化巩固

作业1：教材24页习题6.2 综合运用第18、20题

18. 已知 $|a|=4$，$|b|=3$，且 $(2a-3b)\cdot(2a+b)=61$，求 a 与 b 的夹角。

20. 已知 a 是非零向量，$b\neq c$，求证：$a\cdot b=a\cdot c \Leftrightarrow a\perp(b-c)$。

作业2：教材24页习题6.2 拓广探索第21题

21. 已知 △ABC 的外接圆圆心为 O，且 $2\overrightarrow{AO}=\overrightarrow{AB}+\overrightarrow{AC}$，$|\overrightarrow{OA}|=|\overrightarrow{AB}|$，则向量 $\overrightarrow{BA}$ 在向量 $\overrightarrow{BC}$ 上的投影向量为 （　　）

A. $\dfrac{1}{4}\overrightarrow{BC}$　　B. $\dfrac{\sqrt{3}}{4}\overrightarrow{BC}$　　C. $-\dfrac{1}{4}\overrightarrow{BC}$　　D. $-\dfrac{\sqrt{3}}{4}\overrightarrow{BC}$

作业3：如图，在 △ABC 中，∠BAC=120°，AB=2，AC=1，D 是边 BC 上一点，DC=2BD，则 $\overrightarrow{AD}\cdot\overrightarrow{BC}$ = _____。

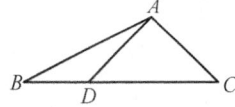

5. "分数四则混合运算"大单元教学设计

济南市钢城区新兴路学校　付春玲　张志国

【**学习主题**】青岛版（五·四制）数学五年级上册第八单元"分数四则混合运算"。

【**课标要求**】《义务教育数学课程标准（2022年版）》指出，小学阶段，在感悟数的概念本质上的一致性基础上，还要感悟数的运算以及运算之间的关系，体会数的运算本质上的一致性，形成运算能力和推理意识。分数的四则混合运算应注重对整数、小数和分数四则运算的统筹，让学生进一步感悟运算的一致性。同时，学生经历在具体情境中运用数量关系解决问题的过程，提高发现和提出问题、分析和解决问题的能力，形成模型意识和初步的应用意识。

【学习目标】

1. 经历分数四则混合运算计算方法的探索过程,掌握分数四则混合运算的计算方法,体会运算的一致性,发展运算能力和推理意识。

2. 能正确、熟练地进行分数四则混合运算,能说出运算律的含义,能运用运算律进行简便运算,能在较复杂的真实情境中,选择恰当的运算方法解决问题。

3. 在解决问题的过程中,体验成功的乐趣,相信自己能够学好数学,感受数学的价值,提高独立思考、合作交流、说理有据、迁移反思质疑的能力。

【评价任务】

1. 能根据整数、小数四则混合运算的计算方法总结出分数四则混合运算的计算方法并能准确表达。

2. 能熟练、准确地进行分数四则混合运算,会选择合适的运算律进行简便运算,能根据具体情境提出问题,熟练利用数形结合表达数量关系并准确选择恰当的运算方法解决问题。

3. 能准确表达自己的想法,能对自己学习过程中出现的问题进行反思和总结。

【学法建议】

1. 注重对整数、小数、分数四则运算的统筹,可以通过课前测了解学生对运算顺序、运算律的掌握情况,通过知识迁移感悟运算的一致性。

2. 利用真实情景,在理解四则运算含义的基础上,引导学生分析和表达出情境中的数量关系,用数学语言表达现实世界,形成模型意识,进一步提高解决问题的能力。

【学习过程】

一、课前准备

1. 整数和小数的混合四则运算前测,包括整数和小数简便计算的前测。
2. 课件。

二、课中学习

第一课时　单元学习计划

课时说明:作为单元学习的起始课,本节课旨在引导学生结合已有的学习运算(尤其是分数的计算)和解决问题的经验,对分数四则混合运算的主要学习内容和学习方法进行单元学习规划,初步明确单元学习路径,并以此为主线展开后续具体内容的学习。一方面培养学生自主规划学习的能力和意识,另一方面培养学生学习的自主性。

学习任务一:围绕分数四则混合运算,计划单元学习内容

活动描述:要求学生结合整数和小数的四则混合运算方法,尝试制订一个分数的四则混合运算单元学习计划。

1. 明确单元学习计划的基本要素

独立思考:单元学习计划应该包括哪些内容?

全班交流:(预设)

(1) 主要的单元学习内容。

(2) 怎样开展单元的学习:学习的顺序、学习的方法等。

(3) 单元学习计划的呈现方式:清单、表格、思维导图等。

2. 讨论分数四则混合运算单元的学习内容

小组讨论:分数四则混合运算单元要学习哪些内容?(预设)

(1) 不同的分数混合运算顺序是怎样的?怎样计算?

(2) 分数四则混合运算与整数、小数的四则混合运算有什么区别和联系?

(3) 学习分数的四则混合运算有什么用?

(4) 怎样用分数的四则混合运算解决实际问题?

学习任务二:聚焦学习内容,细化单元学习计划

小组讨论:选择一个学习内容,说一说你打算怎样研究?

全班交流:(以怎样才能找到通用的分数四则混合运算的计算方法为例)(预设)

(1) 要分别研究分数乘加、乘减的计算,从简单的数入手。

(2) 结合实际问题来研究。

(3) 在学习整数和小数的四则混合运算时,利用实际问题和图形帮助理解,分数四则混合运算也可以像整数和小数一样,利用实际问题和图形来帮助理解。

学习任务三:结合讨论,绘制单元学习计划图

(1) 绘制单元学习计划图

小组合作:绘制单元学习导图。

(2)交流各组学习计划,形成班级单元学习计划

全班交流:共同点,不同点,关键点。

教师小结:结合单元学习目标与学生的讨论,对整体学习计划进行合理修正。

第二课时　分数的四则混合运算

课时说明:本节课要达成渗透分数四则混合运算的方法和规律与整数、小数四则混合运算的一致性。本节课建立在学生提出问题、解决问题的基础上,探讨研究分数四则混合运算的顺序和规律,即分数四则混合运算的顺序和规律与整数、小数的一致。

学习任务一:依据计划,寻找素材

活动描述:回顾单元学习计划课中讨论的单元学习内容,根据情境图,先聚集问题,利用线段图分析数量关系,列出算式。

北京天坛公园占地面积约272公顷。

北京故宫的占地面积比天坛公园的 $\frac{1}{4}$ 多4公顷。

沈阳故宫的占地面积比北京故宫的 $\frac{1}{8}$ 少3公顷。

长城全长约8800千米,其中人工墙体约占全长的 $\frac{7}{10}$,天然山险墙约占 $\frac{1}{4}$,其他的是壕堑。

全班交流:提出什么问题,怎样列算式。(预设)

1. 北京故宫的占地面积是多少公顷? $\left(列式:272\times\dfrac{1}{4}+4\right)$

2. 沈阳故宫的占地面积是多少公顷? $\left(列式:72\times\dfrac{1}{8}-3\right)$

3. 长城中人工墙体和山险墙共长多少千米?

$\left(列式:8800\times\dfrac{7}{10}+8800\times\dfrac{1}{4}\ 或\ 8800\times\left(\dfrac{7}{10}+\dfrac{1}{4}\right)\right)$

通过交流达成共识:先研究 $272\times\dfrac{1}{4}+4$ 和 $72\times\dfrac{1}{8}-3$ 的算法,再研究 $8800\times\dfrac{7}{10}+8800\times\dfrac{1}{4}$ 和 $8800\times\left(\dfrac{7}{10}+\dfrac{1}{4}\right)$ 的算法。

学习任务二:根据经验,探索算法

活动描述:请学生根据线段图表示的各数量之间的关系,说一说先算什么再算什么,说一说每一步算式的意义,结合实际问题总结各算式的运算顺序。

先独立思考再小组讨论:(预设)

1. $272\times\dfrac{1}{4}+4$ 的计算方法:先算乘法后算加法。

2. $72\times\dfrac{1}{8}-3$ 的计算方法:先算乘法后算减法。

3. $8800\times\dfrac{7}{10}+8800\times\dfrac{1}{4}$ 的计算方法:先算乘法后算加法。

4. $8800\times\left(\dfrac{7}{10}+\dfrac{1}{4}\right)$ 的计算方法:先算小括号里面的后算乘法。

全班交流:全班交流算法,达成共识。

学习任务三:联系旧知,建立联系

活动描述:对分数四则混合运算的计算方法进行总结归纳,找到分数四则混合运算的规律,并体会分数四则混合运算的计算方法与整数、小数四则混合运算计算方法和规律的一致性。

全班交流:(预设)

1. 分数的四则混合运算顺序与整数、小数的四则混合运算顺序一致。

2. 整数和小数的运算规律同样适用于分数的运算,也就是分数的运算规律与整数、小数的运算规律一致。

第三课时 稍复杂的分数乘法问题(部分与整体的关系)

课时说明:本节课主要研究部分与整体关系的分数乘法问题,是学生归纳总结出分数四则混合运算计算方法后的应用提高,进一步加深对整数、小数、分数运算一致性的理解,体会整体与部分之间的数量关系,发展运算能力和推理意识。

学习任务一:独立尝试,提出问题

活动描述:有了前面的学习经验,学生已经掌握了分数四则混合运算的计算方法,但现实生活中还有非常多的混合运算的问题需要我们解决,结合情境图,独立思考,提出问题。

秦兵马俑被称为"世界第八大奇迹"。最早发现的三个兵马俑坑如下图:

1号坑　　　　　2号坑　　　　　3号坑

三个坑总占地面积约 20 000 平方米,其中 1 号坑和 3 号坑共占 $\frac{7}{10}$。

提出什么数学问题?怎样列式?(预设)

1. 1号坑和3号坑共占地多少平方米?$\left(20\ 000\times\frac{7}{10}\right)$

2. 2号坑占总面积的几分之几?$\left(1-\frac{7}{10}\right)$

3. 2号坑的占地面积是多少平方米?$\left(20\ 000-20\ 000\times\frac{7}{10}\right)$ 或 $20\ 000\times\left(1-\frac{7}{10}\right)$

学习任务二:推选问题,探索算法

活动描述:重点解决2号坑的占地面积是多少平方米这一问题。请学生用线段图表示出各数量之间的关系,并说一说各算式的运算顺序。

小组交流:交流算法,进一步加深对整数、小数、分数运算一致性的理解,体会整体与部分之间的数量关系。(预设)

1. $20\ 000-20\ 000\times\frac{7}{10}$ 的计算方法:先算乘法后算减法,也就是先求1号坑和3号坑共占地多少平方米,再求2号坑占地多少平方米。

2. $20\ 000\times\left(1-\frac{7}{10}\right)$ 的计算方法:先算减法后算乘法,也就是把三个坑

总占地面积看作单位"1",先求2号坑占几分之几,再求2号坑占地多少平方米。

全班交流:全班交流算法,达成共识。

第四课时 稍复杂的分数乘法问题(两个量之间的关系)

课时说明:本节课仍然是渗透分数四则混合运算的计算方法和规律,利用分数四则混合运算解决稍复杂的实际问题。

学习任务一:依据计划,寻找素材

活动描述:回顾单元学习计划课中讨论的单元学习内容,根据情境图,先聚集问题,利用线段图分析数量关系,列出算式。

◆"北京人"成年女子平均身高只有144厘米,现代成年女子平均身高比"北京人"成年女子高$\frac{1}{8}$。

◆"北京人"的脑容量比现代人的脑容量少$\frac{2}{7}$,现代人平均脑容量是1400毫升。

全班交流:提出什么问题,怎样列算式。(预设)

1. 现代成年女子平均身高是多少厘米?(列式:$144+144\times\frac{1}{8}$ 或 $144\times\left(1+\frac{1}{8}\right)$)

2. "北京人"平均脑容量是多少毫升?(列式:$1400-1400\times\frac{2}{7}$ 或 $1400\times\left(1-\frac{2}{7}\right)$)

学习任务二:根据经验,探索算法

活动描述:请学生根据线段图表示的两个数量之间的关系,理解求比单位"1"多几分之几或少几分之几的数用乘法算。在实际解决问题时,让学生说一说先算什么再算什么,说一说每一步算式的意义,结合实际问题总结各算式的运算顺序和运算规律。

先独立思考再小组讨论：（预设）

1. $144+144\times\dfrac{1}{8}$ 的计算方法：根据实际问题，分析先算比单位"1"多多少，再算比单位"1"多 $\dfrac{1}{8}$ 的数是多少，所以先算乘法再算加法。

2. $144\times\left(1+\dfrac{1}{8}\right)$ 的计算方法：根据实际问题，分析先算比单位"1"多 $\dfrac{1}{8}$ 的数是单位"1"的 $\dfrac{9}{8}$，再算单位"1"的 $\dfrac{9}{8}$ 是多少用乘法计算，所以先算括号里的加法再算乘法。

3. $1400-1400\times\dfrac{2}{7}$ 的计算方法：根据实际问题，分析先算比单位"1"少多少，再算比单位"1"少 $\dfrac{2}{7}$ 的数是多少，所以先算乘法再算减法。

4. $1400\times\left(1-\dfrac{2}{7}\right)$ 的计算方法：根据实际问题，分析先算比单位"1"少 $\dfrac{2}{7}$ 的数是单位"1"的 $\dfrac{5}{7}$，再算单位"1"的 $\dfrac{5}{7}$ 是多少用乘法计算，所以先算括号里的减法再算乘法。

全班交流：全班交流算法，达成共识。

学习任务三：联系旧知，建立联系

活动描述：比较以上两个问题的解决方法，对分数的四则混合运算的计算方法进行总结归纳，找到分数四则混合运算的规律，并体会分数四则混合运算的计算方法与整数、小数混合运算计算方法和规律的一致性。

全班交流：（预设）

1. 分数四则混合运算顺序与整数、小数四则混合运算顺序一致。

2. 整数和小数的运算规律同样适用于分数的运算，也就是分数的运算规律与整数、小数的运算规律一致。

第五课时　稍复杂的分数除法问题

课时说明：本节课仍然是渗透分数四则混合运算的计算方法和规律，利用分数除法解决稍复杂的实际问题。

学习任务一：依据计划，寻找素材

活动描述：回顾单元学习计划课中讨论的单元学习内容，根据情境图，先聚集问题，利用线段图分析数量关系，列出算式。

北京颐和园由昆明湖和万寿山组成。其中昆明湖占地 219 公顷，万寿山占地面积仅是颐和园的 $\frac{1}{4}$。

西藏的布达拉宫规模宏大，它东西长 360 米，比南北长 $\frac{1}{5}$。

敦煌莫高窟是世界著名的石窟，最大石窟宽为 30 米，宽比高少 $\frac{1}{4}$。

全班交流：提出什么问题，怎样列算式。（预设）

1. 颐和园的占地面积是多少公顷？

$$\left(列式：x-\frac{1}{4}x=219 \text{ 或}\left(1-\frac{1}{4}\right)x=219 \quad 219\div\left(1-\frac{1}{4}\right)\right)$$

2. 布达拉宫南北长多少米？

$$\left(列式：x+\frac{1}{5}x=360 \text{ 或}\left(1+\frac{1}{5}\right)x=360 \quad 360\div\left(1+\frac{1}{5}\right)\right)$$

3. 敦煌莫高窟最大石窟的高为多少米？

$$\left(列式：x-\frac{1}{4}x=30 \text{ 或}\left(1-\frac{1}{4}\right)x=30 \quad 30\div\left(1-\frac{1}{4}\right)\right)$$

学习任务二：根据经验，探索算法

活动描述：请学生根据线段图表示出两个数量之间的关系，根据前面分数乘法的运算方法以及整数、小数的解方程的方法来解方程。

先独立思考再小组讨论：（预设）

1. 解方程 $x-\frac{1}{4}x=219$ 和 $\left(1-\frac{1}{4}\right)x=219$ 的方法一样，都是解 $\frac{3}{4}x=219$，用除法解得 $x=292$。

2. 解方程 $x+\frac{1}{5}x=360$ 和 $\left(1+\frac{1}{5}\right)x=360$ 的方法一样，都是解 $\frac{6}{5}x=$

360，用除法解得 $x=300$。

3. 解方程 $x-\frac{1}{4}x=30$ 和 $\left(1-\frac{1}{4}\right)x=30$ 的方法一样，都是解 $\frac{3}{4}x=30$，用除法解得 $x=40$。

全班交流：全班交流算法，达成共识。

第六课时　四则混合运算回顾整理

课时说明：本节课回顾整理四则混合运算的计算方法和规律，让学生体会整数、小数、分数四则混合运算计算方法和规律的一致性，并能运用四则混合运算解决实际问题。

学习任务一：回顾整理四则混合运算的计算方法和规律。（预设）

1. 四则混合运算的计算顺序。

2. 四则混合运算的规律：加法交换律，加法结合律，乘法交换律，乘法结合律，乘法分配律，减法运算性质，除法运算性质。

学习任务二：熟练运算四则混合运算的规律解决实际问题

三、课后检测

1. 计算下面各题。（基础达标）

设计说明：本题为基础达标题，让学生掌握四则混合运算顺序，并会熟练计算。

$\frac{2}{7}-\frac{1}{4}\times 5$　　　　$\left(\frac{1}{3}+\frac{2}{3}\div\frac{2}{15}\right)\times\frac{6}{5}$　　　$\left(\frac{5}{6}+\frac{3}{8}\right)\div\left(\frac{5}{6}-\frac{3}{8}\right)$

$\frac{4}{7}\div\left[\frac{1}{2}\times\left(\frac{1}{7}+\frac{4}{7}\right)\right]$　　$\left(2-\frac{4}{5}\times\frac{1}{12}\right)\div\frac{1}{3}$　　$\frac{1}{2}-\frac{1}{3}+\frac{2}{3}+\frac{1}{2}$

2. 简便计算。（能力提升）

设计说明：本题为能力提升题，让学生体会四则混合计算规律的一致性，并能根据运算律进行简便计算。

$\left(10+\frac{5}{6}\right)\times\frac{4}{5}$　　$\frac{8}{13}\div 7+\frac{1}{7}\times\frac{6}{13}$　　$16\times\left(\frac{3}{4}-\frac{1}{8}\right)$　　$\frac{3}{7}\times 8-\frac{3}{7}$

$6-\frac{1}{8}-\frac{7}{8}$　　　　$\frac{1}{4}-\frac{1}{3}+\frac{3}{4}$　　　　　$\frac{1}{6}-\frac{1}{5}+\frac{11}{6}-\frac{4}{5}$

$\left(\dfrac{9}{16}+\dfrac{9}{8}\right)\div\dfrac{3}{8}$ $\dfrac{1}{9}\times\dfrac{9}{10}-\dfrac{1}{9}\times\dfrac{3}{10}+\dfrac{4}{9}\times\dfrac{1}{10}$

$\dfrac{3}{5}\times 6-\dfrac{3}{5}$ $12\times\left(\dfrac{3}{4}+\dfrac{1}{3}-\dfrac{5}{6}\right)$ $\dfrac{1}{4}\div\dfrac{5}{8}+\dfrac{1}{4}\times\dfrac{3}{5}$

3. 解方程。

设计说明：让学生体会整数、小数、分数运算的一致性，会利用四则混合运算的计算方法进行计算。

$x+\dfrac{3}{7}x=\dfrac{5}{4}$ $\left(1-\dfrac{3}{8}\right)x=25$ $\left(1+\dfrac{2}{5}\right)x=42$ $x-\dfrac{5}{9}x=64$

4. 解决问题（先用线段图整理条件和问题，再解答）。（拓展运用）

设计说明：本题为拓展运用题，是在四则混合运算的基础上，让学生利用混合运算解决实际问题。学习数学的目的是应用，是解决实际问题，因此本题是让学生学会解决实际生活中的问题，让学生体会学习数学的作用。

(1) 甲、乙两队合修一条 2400 米长的路，甲队修了全长的 $\dfrac{5}{12}$。乙队比甲队多修多少米？

(2) 一辆货车第一次运水泥 15 吨，第二次比第一次少运 $\dfrac{5}{9}$。两次共运水泥多少吨？

(3) 客车每小时行驶 70 千米，比货车快 $\dfrac{1}{6}$。货车每小时行驶多少千米？客车每小时比货车快多少千米？

【学后反思】

从教学目标来看，本案例基本体现了新课程改革理念，追求素养的培养和能力的提升，而非单纯知识的积累。从教学方式看，本案例采取单元整体教学设计，体现了数学知识之间的内在逻辑关系；同时，充分发挥了情境设计与问题提出对学生主动参与教学活动的促进作用。本案例的实施过程中，应注意以下事项：

1. 引导学生从整体上思考本单元的学习内容以及研究路径，这既有利于达成本单元的教学目标，又能帮助学生结构化地思考问题。

2. 学生之间的能力差异较大，教学时应关注到学生学习能力的层次性，做好评价，根据评价结果及时调整教学方法和策略。

【思维导图】

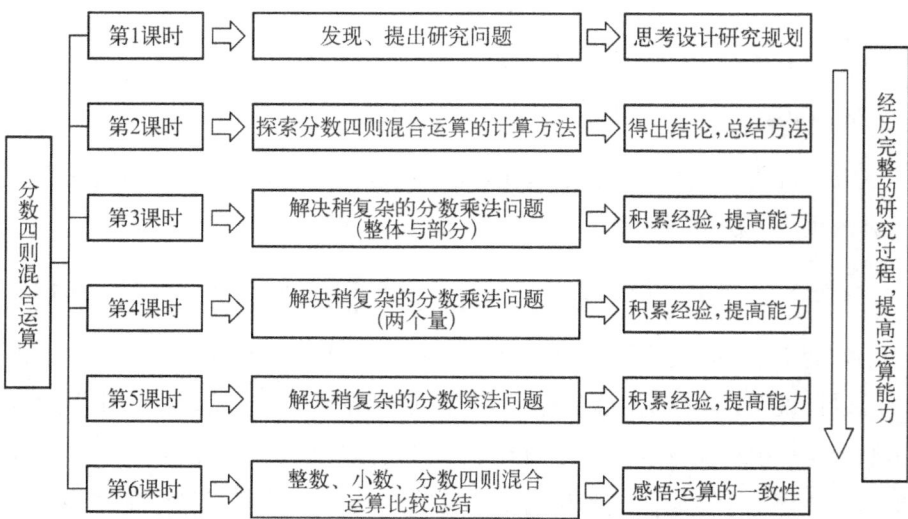

附录 2

典型课堂教学实录

1. "立方根"教学实录

南京市六合区金牛湖初级中学　周　杨

一、复习引入

师:你认为我们会沿着怎样的路径学习立方根?

生1:从概念、性质几个方面。

生2:还有计算(运算)、应用。

师:你是怎么知道的?

生2:与平方根的学习方法一样。

(师板书:概念—性质—运算—应用,类比平方根的学习)

师:接下来我们先回顾平方根的相关概念与性质,写在学习单上。

(学生在学习单上写出平方根的相关概念与性质,然后小组相互交流、补充)

师:哪位同学来说一下?

生3:如果 $x^2=a$,那么 x 叫做 a 的平方根。

师:这是平方根的什么?

生3:概念。

师:这里的 a 有没有什么条件?

生3:$a \geqslant 0$。

师:a 的平方根可以用什么符号表示?

生3:$\pm\sqrt{a}$。

师:求一个数平方根的运算叫做什么?

生3:开平方。

(师呈现PPT:如果 $x^2=a(a \geqslant 0)$,那么 x 叫做 a 的平方根,也叫做二次方根。记作:$\pm\sqrt{a}$。

开平方:求一个数平方根的运算)

师:平方根的性质有哪些?

生3：正数有平方根，2个，互为相反数；0有平方根，1个，为0；负数没有平方根。

（师呈现PPT：正数有平方根，2个，互为相反数；

　　　　　　0有平方根，1个，为0；

　　　　　　负数没有平方根）

师：还有哪些性质？

生4：$(\sqrt{a})^2 = a(a \geq 0)$，$\sqrt{a^2} = |a|$（$a$为任意实数）。

师：$\sqrt{a^2}$表示什么意义？

生4：a的平方的算术平方根。

师：这里的a有条件限制吗？

生4：没有。

（师呈现PPT：$(\sqrt{a})^2 = a(a \geq 0)$，$\sqrt{a^2} = |a|$（$a$为任意实数））

二、概念形成

师：能否类比平方根的概念，尝试写出立方根的概念，写在学习单上。

生5：如果$x^3 = a(a \geq 0)$，那么x叫做a的立方根，也叫做三次方根。记作：$\pm\sqrt[3]{a}$。

（师板书：如果$x^3 = a(a \geq 0)$，那么x叫做a的立方根，也叫做三次方根。记作：$\pm\sqrt[3]{a}$）

师：大家同意吗？

生6：奇数次方怎么可能有两个？

师：大家能明白吗？

生7：例如$2^2 = 4$，$(-2)^2 = 4$，所以4的平方根有2个。而$1^3 = 1$，$(-1)^3 = -1$，所以1的立方根只有1个。

师：如何修正立方根的概念？

生7：记作$\sqrt[3]{a}$，没有$a \geq 0$。

（师修正板书：如果$x^3 = a$，那么x叫做a的立方根，也叫做三次方根。记作：$\sqrt[3]{a}$）

师：求出下列各数的立方根，写在学习单上。

(师呈现PPT:求出下列各数的立方根:$8、\dfrac{64}{27}、0、-0.125、3$)

师:写好的同学检查,没写好的同学继续写,不会写的同学参考一下。

(师展示部分学生解答)

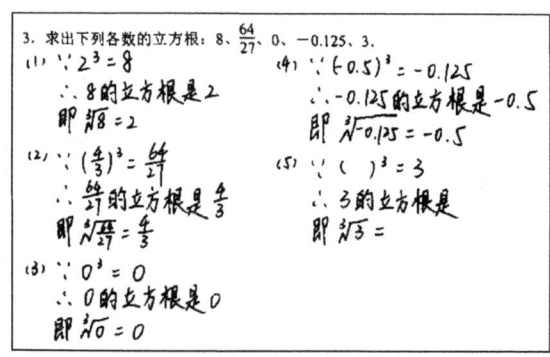

师:大家有修改完善的吗?

生8:第(5)题就是$\sqrt[3]{3}$。

师:刚刚解决的问题是什么运算?

生9:开立方。

师:什么是开立方?你刚刚做的是一件什么事情?

生10:求一个数立方根的运算。

(师板书:开立方:求一个数立方根的运算)

三、性质归纳

师:在上述解决问题的过程中,类比平方根你发现立方根有哪些性质?

生11:任何数都有立方根。

师:类比平方根,再细化一下?

生11:正数有1个立方根,为正数;0有1个立方根,为0;负数有1个立方根,为负数。

(师板书:正数有1个立方根,为正数;

0有1个立方根,为0;

负数有1个立方根,为负数)

师:类比$(\sqrt{a})^2=a(a\geqslant 0)$与$\sqrt{a^2}=|a|$($a$为任意实数),立方根也有类

似的性质吗？思考一下，写在学习单上。

生12：$(\sqrt[3]{a})^3=a$，$\sqrt[3]{a^3}=a$。

（师板书：$(\sqrt[3]{a})^3=a$，$\sqrt[3]{a^3}=a$）

师：a 有条件限制吗？

生12：没有，因为非负数才有平方根，所以需要加 $a\geqslant 0$；而任何数都有立方根，所以不需要加条件。

师：这两条性质正确吗？你是如何知道的？

生13：举例子验证，当 $a=8$ 时，$(\sqrt[3]{8})^3=2^3=8$；当 $a=0$ 时，$(\sqrt[3]{0})^3=0^3=0$；当 $a=-8$ 时，$(\sqrt[3]{-8})^3=(-2)^3=-8$；所以 $(\sqrt[3]{a})^3=a$。

生14：当 $a=3$ 时，$\sqrt[3]{3^3}=\sqrt[3]{27}=3$；当 $a=0$ 时，$\sqrt[3]{0^3}=\sqrt[3]{0}=0$；当 $a=-3$ 时，$\sqrt[3]{(-3)^3}=\sqrt[3]{-27}=-3$；所以 $\sqrt[3]{a^3}=a$。

师：非常好，刚刚是通过举例子的方式验证的，还有其他方式吗？

生14：开立方与立方互为逆运算。

师：很好，还有吗？能否从定义的角度来说明？

生众：……

师：a 的立方根是什么？

生众：$\sqrt[3]{a}$。

师：反过来说，$\sqrt[3]{a}$ 的立方就是 a。如何用式子表示这句话？

生众：$(\sqrt[3]{a})^3=a$。

师：这就是从定义的角度来说明它的正确性。那如何说明 $\sqrt[3]{a^3}=a$ 呢？

生15：a 的立方是 a^3，反过来 a^3 的立方根就是 a，用式子表示就是 $\sqrt[3]{a^3}=a$。

师：非常好，刚刚听到有的同学说还可以用图形来说明，这个问题留给大家课后思考。

四、新知应用

师：刚刚我们研究了立方根的概念、性质，接下来我们来看看立方根的运算，在学习单上完成。

(师呈现PPT：(1) 计算：$(\sqrt[3]{-3})^3 - \sqrt[3]{4^3} + \sqrt{(-2)^2}$；

(2) 求出 $8(x-1)^3 = 27$ 中 x 的值；

(3) 一个正方体的体积是 24 cm³，把它做成 3 个同样大小的正方体，小正方体的棱长是多少？）

（学生小组交流，师巡视，展示部分学生解答）

(1) 计算：$(\sqrt[3]{-3})^3 - \sqrt[3]{4^3} + \sqrt{(-2)^2}$ 　　　= -3 - 4 - 2 　　　= -9	(1) 计算：$(\sqrt[3]{-3})^3 - \sqrt[3]{4^3} + \sqrt{(-2)^2}$ 解：原式 = -3 - 4 + 2 　　　= -5
(2) 求出 $8(x-1)^3 = 27$ 中 x 的值. 解：$[2(x-1)]^3 = 27$ 　　$2x - 2 = 3$ 　　$2x = 5$ 　　$x = 2.5$	(2) 求出 $8(x-1)^3 = 27$ 中 x 的值. 解：$8(x-1) = \sqrt[3]{27}$ 　　$8x - 8 = 3$ 　　$8x = 11$ 　　$x = \frac{11}{8}$
(3) 一个正方体的体积是 24 cm³，把它做 解：$24 \div 3 = 8$ 设小正方体棱长为 x 根据题意得，$x^3 = 8$ 　　　　　　　$x = 2$	(3) 一个正方体的体积是 24 cm³，把它做 解：设小正方体棱长为 x 　　$3x^3 = 24$ 　　$x^3 = 8$ 　　$x = 2$

（学生纠错，师归纳）

五、回顾反思

师：我们来小结一下，本节课研究了什么？是如何研究的？

（师呈现PPT：(1) 本节课研究了什么？是如何研究的？

(2) 平方根与立方根有什么区别？）

生16：学习了立方根的概念、性质、运算、应用，我们是类比平方根学习的。

师：平方根与立方根有什么区别？

生17：概念上，平方根是二次，立方根是三次，写法上也不同；性质也不同，只有非负数有平方根，任何数都有立方根。

（教师呈现PPT并再次强调）

概念	如果 $x^3=a$，那么 x 叫做 a 的立方根，也叫做三次方根．记作 $\sqrt[3]{a}$．	如果 $x^2=a(a\geqslant 0)$，那么 x 叫做 a 的平方根，也叫做二次方根．记作 $\pm\sqrt{a}$．
	开立方：求一个数立方根的运算．	开平方：求一个数平方根的运算．
性质	正数有1个立方根，为正数； 0 有1个立方根，为0； 负数有1个立方根，为负数． $(\sqrt[3]{a})^3=a$，$\sqrt[3]{a^3}=a$	正数有2个平方根，互为相反数； 0 有1个平方根，为0； 负数没有平方根． $(\sqrt{a})^2=a(a\geqslant 0)$，$\sqrt{a^2}=|a|$

六、目标检测

师：接下来，通过几道题来检测一下学习效果。

【过关】

1. 27 的立方根是_____； 0.064 的立方根是_____．

2. $\sqrt[3]{216}=$_____； $\sqrt[3]{-\dfrac{1}{125}}=$_____．

【攻关】

3. $(\sqrt[3]{8})^3=$_____； $\sqrt[3]{(-4)^3}=$_____．

4. 求 $2(x-1)^3=54$ 中 x 的值．

【闯关】

5. $\sqrt[3]{a^6}=$_____．

6. 立方根等于本身的数是_____．

（师巡视，展示部分学生解答，学生纠错）

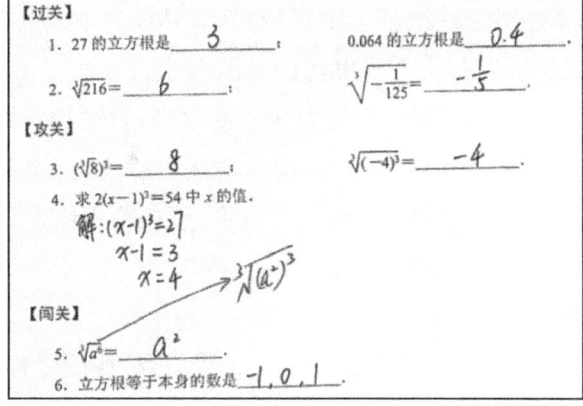

七、拓展延伸

师：接下来，你还想研究什么？你准备如何研究？

生众：四次方根，类比。

师：这节课我们就学习到这里，让我们期待下节课的学习。

2. 经历学习过程　理解概念内涵
——"认识线段"教学实录
南京市六合区实验小学　李从庆

认识线段是学生学习长度单位的起始课，建立线段概念是学生学习长度的必要基础。因为线段是测量长度的对象，我们在测量物体长度时，都是将物体的某一条边看成是线段来测量的。各版本教材将"认识线段"这节课安排在认识长度单位之前，也是基于应用长度单位定量描述线段长度的需要。

二年级学生的认知水平刚刚进入具体运算阶段，思维活动需要具体实物的支持，认知的守恒性特征亟须发展。结合学生的认知特点学习抽象的图形——线段，注重从实物出发，抽象出数学上的线段。在知识应用中，不仅注重概念的巩固练习，而且着力提升认知守恒性水平。在解读量黑板的长、课桌的长、门的高活动中，学生体会到虽然物体样态不同、颜色不同，但都是在测量对应的线段长度。

本节课中，学生经历线段概念的形成过程，体验概念的本质含义，从而理解概念的内涵。学生在将毛线由弯变直的直观操作基础上，抽象出数学上的线段；在变式与反例的对比中巩固线段的内涵；通过找一找生活中的线段、利用身边的材料做一做线段、手脑结合画线段的活动，加深对线段内涵的理解与认识；在解读测量物体长度的活动中，理解测量物体的长度就是测量线段的长度，丰富对线段概念的认识。

▶教学目标

1. 初步认识线段，知道线段是直的，有两个端点，线段是有长有短的，能从物体或图形中辨认出线段，数出简单图形中线段的条数，学会画线段。

2. 经历从毛线上抽象出线段的过程，在找线段、画线段、数线段的活动过程中深化对线段概念的理解，发展空间观念。

3. 进一步增强对数学的好奇心，感受数学与生活的密切联系。

▶教学重点：认识线段的特征。

▶教学难点：线段表象的建立。

▶教具准备：学生分别准备一根毛线，一张卡纸，一把尺子；教师准备一根长毛线，多根胶带。

▶教学过程

一、在拉直毛线活动中抽象出线段概念

（一）感知毛线上的线段

师：同学们，平时爱运动吗？（爱）来看看我们学校的孩子们课间做什么运动吧！（播放视频）

师：视频中的同学在做什么运动？（跳绳和拔河）

师：比较跳绳的绳子和拔河的绳子，有什么不同？

生：跳绳的绳子是弯的，拔河的绳子是直的。

师：生活中的线有的是直直的，有的是弯弯的。瞧！老师也带来了一根毛线，观察这根毛线，它的样子是弯弯的。

师：你能想办法让弯曲的毛线变直吗？

生：捏住毛线的两端，轻轻一拉，弯曲的毛线就直了。（一个学生上台展示）

师：你们也是这样做的吗？举起来给大家看看，你们的小手真巧！（老师拉直毛线，请上台的同学指一指）指一指，从哪儿到哪儿是直直的？

师:像老师和这位同学一样,同桌两人合作,一人拉一人指,从哪儿到哪儿是直直的。(学生练习)

师:谁愿意把手中直直的毛线贴到黑板上来?拉直咯,老师来帮你贴。(贴两条,长短不一)

师:请问这条直直的毛线是从哪里开始到哪里结束的呢?这条呢?

生:从这里开始到这里结束。(生手指毛线)

师:原来这两根胶带不仅固定了毛线,而且表明了毛线的开始和结束的地方。还有不一样的贴法吗?(方向不同)

师:同学们,仔细观察这些作品,比一比这些直直的毛线,它们有哪些相同之处和不同之处呢?

生1:它们都是直直的,它们的方向不同。

生2:它们都有两个端点。

师:他说的端点,你们知道是什么意思吗?哦,就表示开始和结束的两根胶带。

师:比较这些毛线,尽管这些毛线方向不同、长短不一,但是它们都是直直的,而且都有两根胶带表示开始和结束。(屏幕出示手拉毛线图)像这样,把弯弯曲曲的线拉直,两手之间的一段可以看成是线段。今天这节课,我们就"认识线段"。(板书课题:认识线段)

(二)抽象出数学上的线段

师:孩子们,让我们一起再认真观察一下黑板上的线段,回想一下它们的共同特征,它们都是直直的,它们都有两个端点。闭上眼睛,把这些特征留在你的脑海里。好,睁开眼,现在你能把线段画出来吗?动作快的孩子还能再画一条不一样的线段吗?

(展示有代表性的3幅作品)

师:观察你们的作品,比一比,这些作品都有哪些共同的特点?又有哪些不同呢?

1号 ————
2号 •———•
3号 |———|

生1:都是直的(都借助了尺子)。

生2:它们有的有端点,有的没有。

生3:它们的方向不同,有的横着,有的斜着。

师：这里的圆点或者图形就好比是刚才毛线上的胶带，表示了线段的开始和结束。

师：其实，在数学上，线段是这样画的。（用尺子画出一条直直的线，再画出表示开始和结束的小竖线或者小圆点）这样的小竖线叫做端点，表示线段的开始和结束，端点也可以用小圆点来表示。

师：请同学们先修正自己刚刚画出的一条线段，再仔细观察，想一想，数学上的线段有什么特征？

生：直直的，有两个端点。（板书特征）

（三）判断中巩固线段特征

师：孩子们，通过刚才的学习，我们认识了线段，并了解了线段的特点。那我们一起来认一认，看看下面的这些图形中哪些是线段？为什么是线段？

生：2号和4号是线段，因为它是直直的，有两个端点。

师：1号和3号为什么不是线段？

生：1号和3号都是弯曲的，所以不是线段。

1号　　　　　　2号　　　　　　3号　　　　　　4号

师：看来，只有像这样直直的、有两个端点的图形才叫线段。

二、在拓展应用中深化对线段的认识

（一）慧眼找一找

师：认识了线段，你能根据线段的特征（手指板书），在我们身边找一找，哪里有线段？

（学生汇报，教师适时让学生找出端点）

生1：直尺的边沿可以看成是线段，尺子的两头是两个端点。

生2：窗户的一条边框可以看成是线段。

生3：长方形纸的一条边可以看成是线段。

师:生活中的线段真不少!瞧!操场上两位同学在练习直线传球。(播放视频)

师:球滚动的过程能看成线段吗?

师(动态呈现球缩小和滚动的过程及其运动轨迹):如果把球看成一个点,你能指出球滚动的路线吗?能找出这里的两个端点吗?

师:足球直直地从一个同学的脚下运动到另一个同学脚下,足球走过的路线可以看成是一条线段。看来,有一些线段是用眼睛能直接看到的,还有一些线段需要发挥我们的想象力才能发现。

师(小结):回顾刚才我们找线段的过程,你有什么想说的?

生:原来我们的身边有很多线段。

师:生活中有很多数学的知识,学习了数学,我们可以戴上数学的眼镜,再去观察生活。

(二)巧手做一做

师(拿出一张正方形纸片):这张纸上有线段吗?请你来找一找。它的端点在哪里?正方形纸上有几条线段?(4条)这个图形呢?(三角形,3条)这个呢?(圆形,0条)

师:圆形的边为什么不是线段?

生:线段是直直的,圆形的边是弯的,所以不是线段。

师:圆形上没有线段,你能创造出一条线段吗?你看,刚才我们已经数过了,正方形是由四条线段围成的,那除了这四条线段,你还能用这张纸折出一条线段吗?先读一读活动要求,再试一试。

展示1：正方形纸上折出2条长短不同的线段。

师：指一指线段在哪儿，你是怎样创作这条线段的？（折痕是线段）

师：（放在一起展示对比）：这两条线段有什么相同与不同？

生：都是直的，有两个端点。线段的长短不同。

师：怎样比较线段的长短？

生：一端对齐，比较另一端。

师：在同样的正方形里，折法不同，得到的线段长短就不一样。看来，线段是有长有短的！（板书特征）

展示2：一个选择圆形的同学。

师：再请这位选择圆形的同学指一指他创作的线段在哪儿？你还能折出一条线段吗？比一比这两条线段，猜一猜，这两条线段的长短有什么关系？是的，在圆形里用对折的方法得到的线段都是一样长的。你还能再折出一条和它们长度相等的线段吗？

师：在圆形里，你能折出多少条长度相等的线段？

生：无数条。（几十条，几百条，几千条，几万条……我们可以说有无数条）

（三）动脑想一想

师：看似简简单单的线段，却蕴藏着很多的知识，让我们一起走进想象的世界，去看看更多神奇的线段。

1. 1个点画线段

师：从1个点出发，能画出线段吗？

师：从一个端点出发，线段没有了方向，如果端点在这里，线段是这样的，如果在这，是这样的。还有可能是这样的，这样的。还能继续画吗？从一个端点出发，线段的方向不同，而且长度也不确定。所以从一个点出发可以画出无数条线段。

2. 2个点发出的线段

师:增加一个点,现在给你两个点,连接这两点可以画多少条线段?

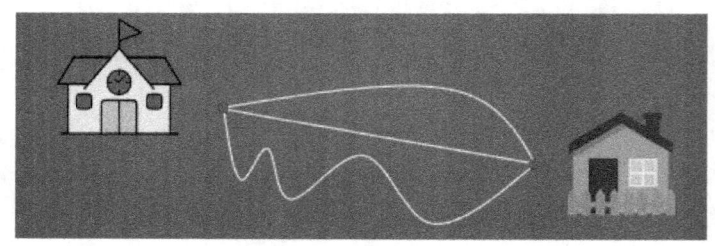

生:连接这两点只能画一条线段。

师:如果这边是学校,那边是家,从学校回家,走哪条路最近?

生:走直直的那条路最近。

师:这条最近的路就是我们今天认识的——线段。原来,两点之间线段最短。

3. 3个点发出的线段

师:再增加一个点,想象一下,在每两点之间画一条线段,可以连成几条线段呢?每两点之间画一条线段是什么意思?能得到什么图形?在作业纸上画一画。

师:画出了几条线段?得到的是什么图形?

4. 4个点发出的线段

继续增加一个点,共4个点,在每两点之间画一条线段,能画几条?

先想一想,再动手画一画。

展示4条和6条线段两幅作品,请画出6条的同学来介绍一下。

师:这么多同学画出的是4条,你能画出6条。跟同学们分享一下,你是怎么想到把6条线段都画出来的。

生:先画出外面,再画出里面。

师:按顺序画,可以帮助我们找到所有的线段。

小结回顾:回顾刚才画线段的过程,你发现了什么?

生:点越多,线段条数也越多。

生:画线段至少要有两个端点,再少就画不出来了。两点之间只有一条线段。

三、在总结延伸中丰富对线段的认识

师:回顾刚才我们的学习过程,我们经历了找线段、折线段、连线段,对线段的特征有了进一步的认识。这节课的学习你有什么收获?你还想了解线段的什么知识?

生:线段是有长有短的,线段有两个端点,它是直直的。

生:线段有什么用?

师:是呀,线段有什么用呢?你看,我们在生活中经常需要测量。量黑板的长,其实量的就是这条线段。量课桌的长,量的就是这条线段,量门的高,量的就是这条线段。这些线段都是我们能看得到的,直直的边。

师:那量身高量的是从哪儿到哪儿,量的是哪条线段的长呢?量手指的宽呢?量蜡笔有多长呢?(学生上前来指一指,说一说)

师:原来,我们今天认识的线段就在我们的身边,我们需要测量的长度其实就是量的线段长度。下课!

附录 3

优秀说课案例

1. 总体取值规律的估计

安徽省六安第一中学东校区　刘清尧

尊敬的评委老师:大家好!

今天我说课的内容是"总体取值规律的估计",是人民教育出版社 A 版高中数学(2019 年版)必修第二册第 9 章 9.2.1 节内容,该节内容共需 1 课时。下面我将从教学背景分析、教学目标设置、教学策略分析、教学过程阐述、设计反思五个方面进行说课。

一、教学背景分析

(一)教材解读

本节内容在高中统计部分占有十分重要的地位,一方面,它与前面学习的抽样方法之间有着紧密的联系。数据被收集后,通常是多而杂乱的,我们无法直接理解它们的含义。于是采用什么方法来分析数据就成为急需解决的问题。我们常常借助图、表、计算等方式,将数据中包含的信息转化成直观的容易理解的形式。这样,频率分布表和频率分布直方图就自然地产生了。另一方面,本节内容本身就是利用样本估计总体的一个重要方法,它是后面将要学习的用样本的统计特征估计总体的统计特征的基础,二者在思想方法上是一脉相承的。

根据以上分析,我确定本节课的教学重点如下:

(1)学会列频率分布表,画频率分布直方图;

(2)了解样本的取值规律与总体取值规律的关系,体会用样本估计总体的思想。

(二)学情分析

学生在上一节已学习了随机抽样的相关知识,在初中也已学过频数分布,了解画频数分布表和频数分布直方图的具体步骤,也学过条形图、扇形图和折线图。但画直方图如何进行合理分组,学生不是太清晰。另外,对于实际问题,如何根据需要选择合适的统计图也是学生模糊的地方。

根据以上分析,我确定本节课的教学难点如下:

(1) 画频率分布直方图时如何合理分组;

(2) 如何根据不同的实际问题选择不同的统计图对数据进行可视化描述。

二、教学目标设置

基于上述分析,确定本节课的教学目标如下:

(1) 通过实例体会总体取值规律的意义和作用;

(2) 经历分析样本数据的过程,学会列频率分布表,画频率分布直方图,发展数据分析核心素养;

(3) 通过实际问题,让学生理解每种统计图的特点和适用范围,体会合理使用统计图表的重要性。

三、教学策略分析

根据本节课的内容特点,以问题链为抓手,通过 22 个问题推进教学活动。

四、教学过程阐述

为了达到上述教学目标,在具体教学中,我把这节课分为以下 6 个阶段:导入新课—实例探究—操作讨论—运用巩固—归纳小结—布置作业。下面我选取几个环节重点说明。

(一) 如何导入

教材通过下面的实际问题导入:

我国是世界上严重缺水的国家之一,城市缺水问题较为突出。某市政府为了减少水资源的浪费,计划对居民生活用水费用实施阶梯式水价制度,即确定一户居民月均用水量标准 a,用水量不超过 a 的部分按平价收费,超出 a 的部分按议价收费。如果希望确定一个比较合理的标准,以使大部分居民用户的水费支出不受影响,你认为需要做哪些工作?

那么这个问题又是怎么提出来的呢？

首先我给学生展示了四幅图片,这四幅图片反映了一方面由于缺水,人类的正常生活受到严重威胁;另一方面,人类正在肆无忌惮地浪费珍贵的水资源。通过图片震撼的视觉效果,迅速抓住学生的注意力,将他们带入课堂。

其次通过宣传标语,使学生认识到节约用水刻不容缓!

问题1:那么如何将节约用水落到实处呢?

设计意图:通过讨论,明确需要规定一个用水标准,这样就引出了教材上提出的问题。

(二)如何突出重点

书中实际问题给出后,问:

问题2:如果希望确定一个比较合理的标准,以使大部分居民用户的水费支出不受影响,你认为需要做哪些工作?

需要知道每户居民用户的月均用水量。

问题3:那么如何获得每户居民用户的月均用水量信息呢?

利用前一节知识,学生知道需要抽样调查。

设计意图:通过交流讨论,让学生逐步明确:我们关心总体取值规律,但是又不便于进行全面调查,因而希望用样本估计总体。

接着,给出下面数据:

100 户居民用户的月均用水量(单位:t)

9.0	13.6	14.9	5.9	4.0	7.1	6.4	5.4	19.4	2.0
2.2	8.6	13.8	5.4	10.2	4.9	6.8	14.0	2.0	10.5
2.1	5.7	5.1	16.8	6.0	11.1	1.3	11.2	7.7	4.9
2.3	10.0	16.7	12.0	12.4	7.8	5.2	13.6	2.6	22.4
3.6	7.1	8.8	25.6	3.2	18.3	5.1	2.0	3.0	12.0
22.2	10.8	5.5	2.0	24.3	9.9	3.6	5.6	4.4	7.9
5.1	24.5	6.4	7.5	4.7	20.5	5.5	15.7	2.6	5.7
5.5	6.0	16.0	2.4	9.5	3.7	17.0	3.8	4.1	2.3
5.3	7.8	8.1	4.3	13.6	6.8	1.3	7.0	4.9	1.8
7.1	28.0	10.2	13.8	17.9	10.1	5.5	4.6	3.2	21.6

问题 4:从这组数据我们能发现什么信息呢?

设计意图:学生看到表中杂乱无章的数据后感到迷茫,于是提出如下问题。

问题 5:我们班某次期中考试后,大家除了关心自己的分数外,还关心本次考试的其他什么信息?

学生关心最高分和最低分以及自己处于哪个层次? 那么,老师一般如何对成绩划分层次呢? 对成绩分段,一般以10分一段进行分组,并统计每段的人数,计算及格率、优秀率等。类比成绩分析,得出用水量分析:了解用水量的最大值和最小值,将用水量分组,用信息技术画出频率分布表。在此过程中提出两个问题:

问题 6:分段是不是越多越好或越少越好呢?

问题 7:对于居民月均用水量问题,如何合理分组?

在此老师对学生的讨论进行了小结,让学生明确:合理分组并没有统一的标准,实际操作时含有经验的成分,常常需要一个尝试和选择的过程。当样本量不超过 100 时,常分成 5~12 组。

设计意图:这里用类比思想初步感知如何合理分组。

接着,学生尝试归纳,老师板书列表步骤,并向学生示范如何利用信息技术根据原始数据作出频率分布表。

接着提出一个问题:

问题 8：有了频率分布表，虽然能反映样本数据的频率分布情况，但不够直观。在以前的学习中，是如何将已知条件直观化、形象化的？

学生会想到作图。接下来老师向学生示范如何利用信息技术根据频率分布表作出频率分布直方图。

设计意图：利用信息技术，把学生从机械、烦琐的数据处理中解放出来，把更多精力集中于统计概念和方法的理解。（突出重点）

在此过程中，提出 3 个问题：

问题 9：由频率分布表可以发现样本观测数据的频率分布情况吗？

问题 10：由频率分布直方图可以发现样本观测数据的频率分布情况吗？

问题 11：有了样本观测数据的频率分布，可以用它估计总体的取值规律吗？

师生共同讨论完成。

学生发表意见，教师进行评价，并引导学生认识到：从频率分布表可看出，样本观测数据落在各个小组的比例大小。例如，月均用水量在区间 [4.2,7.2) 内的居民用户最多，在区间 [1.2,4.2) 内的次之，而且月均用水量超过 16.2 的各区间内数据所占比例较小。

从频率分布直方图可以看出，居民用户月均用水量的样本观测数据的分布是不对称的，图形的左边高、右边低，右边有一个较长的"尾巴"。这表明大部分居民用户的月均用水量集中在一个较低值区域，尤其在区间 [1.2,7.2) 最为集中，少数居民的月均用水量偏多，而且随着月均用水量的增加，居民用户数呈现降低趋势。

根据 100 户居民用户的月均用水量的频率分布，可以推测该市全体居民用户月均用水量也会有类似的分布，即大部分居民用户月均用水量集中在较低值区域。这使我们在确定用水量标准时，可以定一个合适的值，以达到既不影响大多数居民用户的水费支出，又能节水的目的。

设计意图：该环节让学生明白，有了频率分布表、频率分布直方图，就可以利用样本数据的频率分布估计总体的取值规律，并体会样本的随机性和规律性。这样学生系统地经历了提出问题、收集数据、整理分析数据、做出推理的全过程，进一步体会用样本估计总体的思想以及统计思维与确定性思维的差异。（突出重点）

(三) 如何突破难点

接着,完成一个探究题:

分别以 3 和 27 为组数,对数据进行等距分组,画出 100 户居民用户月均用水量的频率分布直方图(学生以 3 为组数画图,可使用计算器处理数据,并给每位同学一份从小到大排好序的原始数据;老师以 27 为组数,利用信息技术画图)。得出图形后,学生分组讨论以下问题。

问题 12:观察图形,你发现不同的组数对于直方图呈现数据分布规律有什么影响?

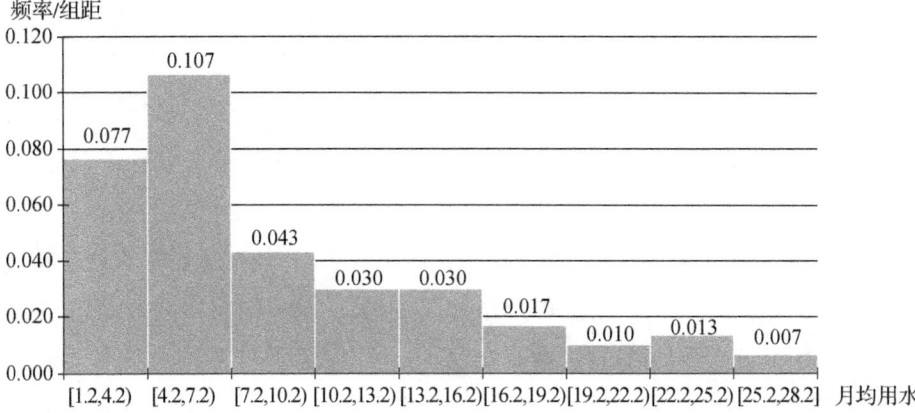

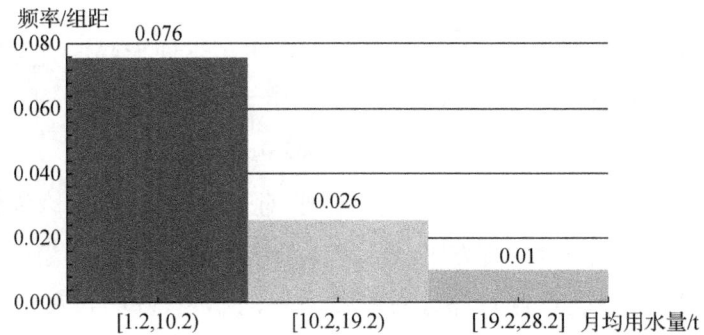

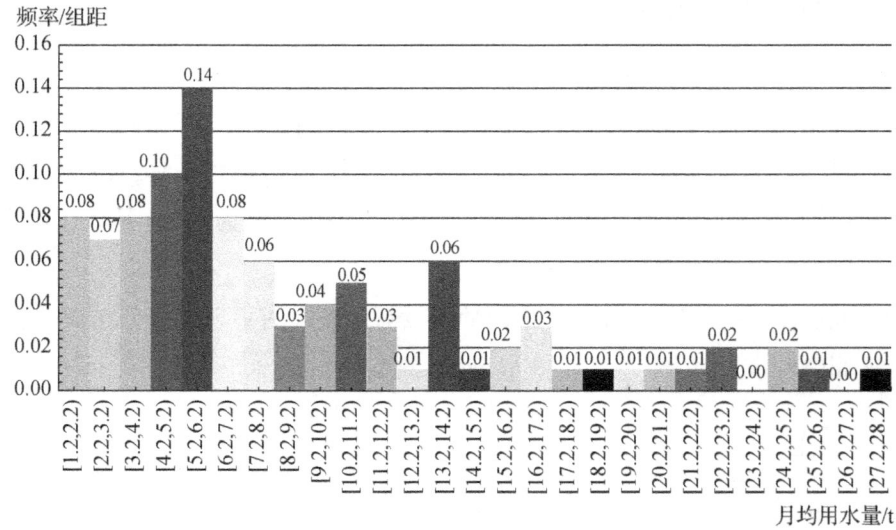

此处,把组数不同的三幅图放在一起,让学生对比讨论,学生发表意见,教师进行评价,并引导学生认识到:

① 当频率分布直方图的组数少、组距大时,容易看出数据整体的分布特点,但由于无法看出每组内的数据分布情况,损失了较多的原始数据信息。

② 当频率分布直方图的组数多、组距小时,保留了较多的原始数据信息,但由于小长方形较多,有时图形会变得非常不规则,不容易从中看出总体数据的分布特点。

对于同一组数据,因为组距、组数不同而得到不同形状的直方图,会给人以不同的频率分布印象,这种印象有时会影响人们对总体的判断。因此,我们要注意积累数据分组、合理使用图表的经验。

设计意图:通过让学生小组讨论,发现:对于同一组数据,因为组距、组数不同而得到不同形状的直方图,会给人以不同的频率分布印象,进而体会如何合理分组(突破难点),并且对刚才学习的制表、画图过程进行练习、巩固。

在此过程中,从平均的角度回答频率分布直方图的纵轴为什么是频率/组距?

接着,给出例题。

例1 已知某市 2015 年全年空气质量等级如下表所示:

空气质量等级(空气质量指数(AQI))	频数	频率
优(AQI≤50)	83	22.8%
良(50＜AQI≤100)	121	33.2%
轻度污染(100＜AQI≤150)	68	18.6%
中度污染(150＜AQI≤200)	49	13.4%
重度污染(200＜AQI≤300)	30	8.2%
严重污染(AQI＞300)	14	3.8%
合计	365	100%

2016年5月和6月空气质量指数如下表所示：

5月	240	80	56	53	92	126	45	87	56	60
	191	62	55	58	56	53	89	90	125	124
	103	81	89	44	34	53	79	81	62	116
	88									

6月	63	92	110	122	102	116	81	163	158	76
	33	102	65	53	38	55	52	76	99	127
	120	80	108	33	35	73	82	90	146	95

选择合适的统计图描述数据，并回答下列问题：

① 分析该市2016年6月的空气质量情况。

② 比较该市2016年5月和6月的空气质量，哪个月的空气质量较好？

③ 比较该市2016年6月与该市2015年全年的空气质量，2016年6月的空气质量是否好于去年？

带领学生审题，并用如下问题引导学生，体现教师的主导地位。

问题13：以前我们使用过哪些统计图来描述数据？这些统计图有何特点和适用范围？

问题14：由例题题干，你能看出2015年每天的空气质量指数吗？

追问：2016年6月有每天的空气质量指数，与2015年的空气质量等级相比，在描述空气质量情况时更清楚吗？

问题15：对于例题的第①问，能使用频率分布直方图来分析吗？

问题 16：对于例题的第②问，使用什么统计图来描述数据比较好？

问题 17：对于例题的第③问，也能类似于第②问使用复合频数分布条形图吗？

设计意图：通过问题串，让学生体会：如何根据实际问题的特点，合理选择统计图对数据进行可视化描述，以使我们能通过图形直观地发现样本数据的分布情况，进而估计总体的分布规律（突破难点），并学会用信息技术画 5 种常见统计图表（展示）。

（四）如何进行课堂小结以及布置什么形式的作业

（1）课堂小结

问题 18：通过这节课的学习，同学们在知识和思想方法上有哪些收获？

在知识上：

① 会列频率分布表，画频率分布直方图；

② 了解样本取值规律与总体取值规律之间的关系，会用样本取值规律估计总体取值规律；

③ 根据实际问题的特点，合理使用统计图表。

在思想方法上，运用了类比的数学思想方法，体会收集数据、整理数据、提取信息、进行推断、获得结论的过程，提升了数据分析这一核心素养。

设计意图：通过问题，学生从知识和思想方法两方面进行总结，培养学生反思与总结的习惯，提升学生的数学交流和表达的能力。

（2）布置作业

基础作业：1. 教材第 197 页，练习第 1 题，第 2 题

2. 教材第 201 页，练习第 1 题

3. 用统计软件完成教材第 196 页的"探究"，试着自主地多选几个组数画图并与同学进行交流

实践作业：1. 教材第 197 页练习第 3 题

2. 教材第 201 页练习第 2 题

设计意图：基础作业主要考查学生对本节课知识的掌握情况；实践作业是为了让学生体验数学在生活中的应用，培养数据分析素养。

五、设计反思

成功点：

（1）结合典型案例学习数据分析方法，经历统计概念和方法的形成过程。

（2）加强了信息技术与统计的融合。通过合理使用信息技术，可以把学生从机械、烦琐的数据处理中解放出来，把更多精力集中于统计概念和方法的理解。

不足点：

课堂上学生自己使用信息技术画图机会较少，体验不足。

以上是我对这节课的设计与思考，请专家、老师们指正！我的说课到此结束，谢谢大家！

2. 整数指数幂

南京信息工程大学教师教育学院　许晓娟；江苏省启东中学　程一帆

指导：俞宏毓

各位老师：大家好！

今天我说课的课题是"整数指数幂"，是人民教育出版社数学（2013 年版）八年级上册第 22 章"分式"中第二节第三课时的内容。下面我从说教学背景、说教学目标、说教法手段、说教学程序、说板书设计五个方面进行我的说课。

一、说教学背景

（一）教材分析

"整数指数幂"是初中数学中较为重要的知识点之一，在幂运算中起着承上启下的作用。本节在学习了整式和分式的相关运算、正整数指数幂的基础上，将正整数指数幂运算推广到整数指数幂运算，为进一步研究分式运算、有理数指数幂、实数指数幂打下基础。

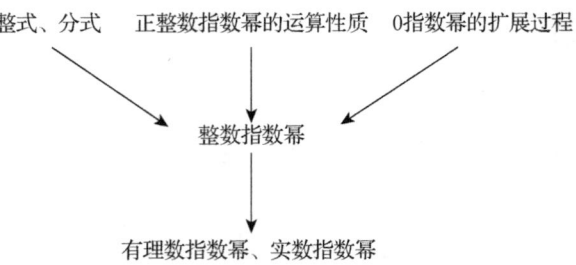

(二)学情分析

学生已经学习了正整数指数幂、分式和 0 指数幂,具备将指数幂运算推广到整数范围的基础。由于思维定式,学生最初不太容易接受负整数指数幂的概念,也会出现忽略负整数指数幂中底数不为 0 的现象。教学中需要采取引导学生进行类比、归纳等措施,从而使学生顺利地将正整数指数幂运算推广到整数指数幂运算。

(三)教学重、难点分析

基于上述教材分析和学情分析的结果,确定本节课的教学重、难点如下。

教学重点:负整数指数幂的概念,整数指数幂的运算性质及其应用。

教学难点:负整数指数幂的理解。

二、说教学目标

根据《义务教育数学课程标准》(2022 年版)的理念和要求,结合上述教学背景的分析,设定如下表所示的教学目标。

一级目标	二级目标	具体表述
核心素养	主要核心素养	推理能力、运算能力、创新意识
	次要核心素养	模型观念、应用意识
四基	基础知识	负指数幂的含义、整数指数幂的运算性质
	基本技能	能够运用整数指数幂的性质解决幂的运算问题
	基本思想	类比、从特殊到一般
	基本活动经验	通过探究获得研究数学问题的经验

续表

一级目标	二级目标	具体表述
四能	发现、提出问题	用数学的眼光发现和提出现实生活中的整数指数幂问题
	分析、解决问题	用数学的思维分析和解决问题,引出新知识
品格与价值观	理性思维、勇于探究、合作学习	

三、说教法手段

在进行本节课教学设计时,我选择让学生先自主发现负整数指数幂的存在,揭示整数指数幂的扩充是生活实际需要,而不是教师人为给定的。在教学过程中,以问题探究法为主,利用观察、猜想、类比、归纳等方式引导学生独立思考,逐步理解。课程改革一再强调要"发展学生自主学习能力",因此课堂教学突出学生主动探究、自主学习。

四、说教学程序

根据上述教学背景的分析,为实现教学目标,我设计了如下五个教学环节。

(一) 问题导入

问题导入,以问题为主线,层层递进,环环相扣,有目的性地引起学生的学习兴趣。因此我将以问题串的形式展开。

1. 问题 1

我们今天要学习的是整数指数幂,我们之前接触过整数指数幂吗?能不能举个例子?

设计意图:这是一个承上启下的问题。前面已经学习过正整数指数幂和 0 指数幂,接下来自然地会提出是否存在负整数指数幂的问题。从已知到未知,符合学生的心理特点和认知规律。

2. 问题 2

根据数的分类,整数可以分为正整数、负整数和 0,我们有没有见过负整数指数幂?想想现实生活中或者其他书本里有没有见过。

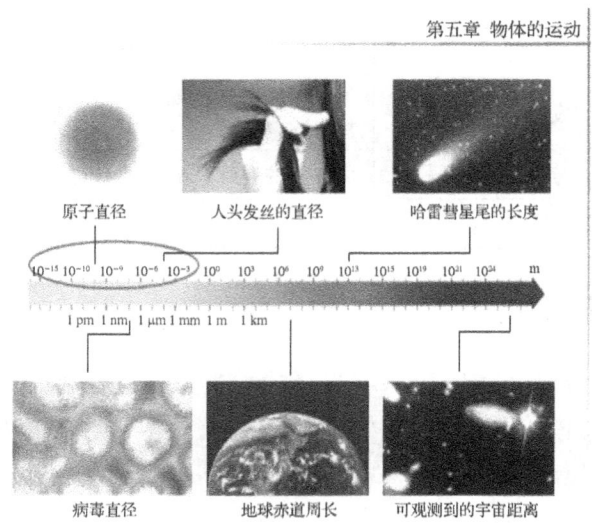

教师可帮助学生补充物理课本上关于负整数指数幂的生活实例。

设计意图：让学生先自主发现负整数指数幂的存在，揭示整数指数幂的扩充是生活实际需要，而不是教师人为给定的。

（二）探索负整数指数幂的含义

在揭示负整数指数幂存在的必要性后，我会选择继续采用问题串的形式展开问题探究。

1. 问题3

$a^0=$？为什么它等于1呢？大家还记得0指数幂是如何引进的吗？

设计意图：回顾 $a^0=1(a\neq 0)$ 这一规定产生的原因，即同底数幂除法性质需要扩大应用范围，为之后 $a^{-n}=\dfrac{1}{a^n}$（$a\neq 0$，n 为正整数）这一规定的引入提供方法上的参考，蕴含类比的思想方法。

2. 问题4

除了 $m\geqslant n$，还有什么情况我们不知道？请大家任给出 m 和 n 要求满足 $m<n$，我们来观察 $a^m\div a^n$。

设计意图：让学生明白新知识的产生，并不是人为要求规定的，而是对原有性质的补充和延伸。可以让学生重视概念形成的过程。

由于学生可能会给出不同的数值，因此产生第一个师生互动。

3. 活动 1

随机研究两位学生给出的特殊值,将 $a^m \div a^n$ 写成分式形式和同底数幂推广形式,由 $a^{-1} = \frac{1}{a}$,$a^{-2} = \frac{1}{a^2}$,猜想 $a^{-n} = \frac{1}{a^n}$。

设计意图:探究学生给定的数值,体现学生学习的主体性地位,从特殊值推广到一般值,让学生体会从特殊到一般的数学思想。

4. 活动 2

通过代数法和几何法验证猜想 $a^{-n} = \frac{1}{a^n}$,并通过问答法,让学生自主揭示 a 和 n 的要求,最终得出 $a^{-n} = \frac{1}{a^n}$ ($a \neq 0$,n 为正整数),并指出 a^{-n} ($a \neq 0$) 是 a^n 的倒数。

代数法

$$16 = 2^4 \qquad \frac{1}{2} = 2^{-1}$$

$$8 = 2^3 \qquad \frac{1}{4} = 2^{-2}$$

$$4 = 2^2 \qquad \frac{1}{8} = 2^{-3}$$

$$2 = 2^1 \qquad \vdots$$

$$1 = 2^0 \qquad \frac{1}{2^n} = 2^{-n}$$

$8 = 2^3$; $4 = 2^2$; $2 = 2^1$; $1 = 2^0$

$\frac{1}{2} = 2^{-1}$; $\frac{1}{4} = 2^{-2}$; $\frac{1}{8} = 2^{-3}$ …

几何法

(数轴:0 1 2 3 4 8 16)

$$2^{-n} = \frac{1}{2^n}$$

设计意图:通过代数法和几何法,让学生多方面验证 $a^{-n} = \frac{1}{a^n}$ 猜想的合理性,帮助学生拓宽思维,发展学生的推理能力和几何直观素养,感受数形结合的数学思想。学生自主揭示 a 和 n 的要求体现数学的严谨性。

(三)探索整数指数幂的性质

在引入负整数指数幂后,同底数幂的除法法则指数的取值范围就推广到了全体整数,顺其自然联想到正整数指数幂的其他性质是否能推广到全体整数。

活动3

复习回顾正整数指数幂的性质,并以同底数幂相乘的法则为代表进行研究,给出三组算式:

(1) $a^3 \times a^{-5}$ = $a^3 \times \dfrac{1}{a^5} = \dfrac{1}{a^2}$ = $a^{-2} = a^{3+(-5)}$

(2) $a^{-3} \times a^{-5}$ = $\dfrac{1}{a^3} \times \dfrac{1}{a^5} = \dfrac{1}{a^8}$ = $a^{-8} = a^{(-3)+(-5)}$

(3) $a^0 \times a^{-5}$ = $a^0 \times \dfrac{1}{a^5} = \dfrac{1}{a^5}$ = $a^{-5} = a^{0+(-5)}$

分式形式　　　同底数幂的形式

类比同底数幂除法法则进行验证,得到 $a^m \times a^n = a^{m+n}$,m、n 为整数。类似地可以发现,随着指数的取值范围由正整数推广到全体整数,前面提到的运算性质也推广到整数指数幂。

(1) $a^m \times a^n = a^{m+n}$,m、n 为整数

(2) $(a^m)^n = a^{mn}$,m、n 为整数

(3) $(ab)^n = a^n b^n$,n 为整数

(4) $a^m \div a^n = a^{m-n}$,$a \neq 0$,m、n 为整数

(5) $\left(\dfrac{a}{b}\right)^n = \dfrac{a^n}{b^n}$,$b \neq 0$,$n$ 为整数

设计意图:从局部研究同底数幂的除法法则,联想到正整数指数幂的其他性质,帮助学生完善逻辑体系,以同底数幂相乘的法则为代表进行研究,其余学生自主探究,加强学生的类比能力和自主探究能力。

(四) 巩固练习

计算:(1) $a^{-2} \div a^5$;(2) $\left(\dfrac{b^3}{a^2}\right)^{-2}$;(3) $(a^{-1}a^2)^3$;(4) $a^{-2}b^2 \cdot (a^2b^{-2})^{-3}$

设计意图:学生的解法有的从定义出发,有的从性质出发,引导学生寻求最优方案,简化计算过程,并启发学生除法可以转化为乘法,凝练简化性质。

(五)总结反思,布置作业

1. 总结反思

通过本节课的学习:(1)你学到了哪些知识?(2)掌握了哪些方法?(3)感悟到了哪些数学思想?请和同学们分享。

通过这三个问题,让学生回顾本节课的内容,促进学生对知识和方法的深入理解。

2. 布置作业

为使学生巩固本节课内容,要求学生完成教材习题22.2的第7题、第8题、第9题三题。为实现分层教学,还布置了拓广探索题第16题,要求学有余力的学生完成。

---

7. 计算:

(1) $3a^{-2}b \cdot 2ab^{-2}$; (2) $4xy^2z \div (-2x^{-2}yz^{-1})$;

(3) $(-3ab^{-1})^3$; (4) $(2m^2n^{-2})^2 \cdot 3m^{-3}n^3$.

8. 用科学记数法表示下列数:

0.001 01   0.000 02   0.000 000 567   0.000 000 301

9. 计算:

(1) $(2 \times 10^{-3}) \times (5 \times 10^{-3})$; (2) $(3 \times 10^{-5})^2 \div (3 \times 10^{-1})^2$.

16. 一个无盖长方体盒子的容积是 V.

   (1) 如果盒子底面是边长为 a 的正方形,这个盒子的表面积是多少?

   (2) 如果盒子底面是长为 b、宽为 c 的长方形,这个盒子的表面积是多少?

   (3) 上面两种情况下,如果盒子的底面面积相等,那么两种盒子的表面积相差多少?

   (不计算制造材料的厚度)

五、说板书设计

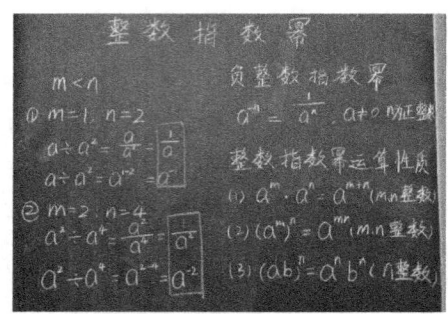

本节课板书设计如上图所示。左边是用特殊值探究负整数指数幂的过程,突破了本课的教学难点。右边是负整数指数幂的含义和整数指数幂的运算性质,突出了教学重点。这样的板书设计既条理清楚,又简单明了。

我的说课到此结束,谢谢大家!